南丹县革命老区发展史

中共南丹县委员会
南丹县人民政府 编著

广西人民出版社

图书在版编目（CIP）数据

南丹县革命老区发展史 / 中共南丹县委员会，南丹县人民政府编著 . — 南宁：广西人民出版社，2023.10

（全国革命老区县发展史丛书 . 广西卷）

ISBN 978-7-219-11687-6

Ⅰ . ①南… Ⅱ . ①中… ②南… Ⅲ . ①南丹县—地方史 Ⅳ . ① K296.74

中国国家版本馆 CIP 数据核字（2024）第 014829 号

南丹县革命老区发展史

NANDAN XIAN GEMING LAOQU FAZHANSHI

策　　划　韦鸿学　赵彦红

责任编辑　蓝雅琳　周娜娜　吴语诗　廖　献

责任校对　徐蓉晖

美术编辑　陈晓蕾

出版发行　广西人民出版社

社　　址　广西南宁市桂春路 6 号

邮　　编　530021

印　　刷　广西民族印刷包装集团有限公司

开　　本　787mm × 1092mm　1 / 16

印　　张　18.75

字　　数　298 千字

版　　次　2023 年 10 月　第 1 版

印　　次　2023 年 10 月　第 1 次印刷

书　　号　ISBN 978-7-219-11687-6

定　　价　100. 00 元

全国革命老区县发展史丛书·广西卷
编纂工作指导组

张少康　李先明　向济萍　潘文锋　黄善国　申绍君　覃韦初
苏如发　覃国安　陈连发　李世蒿　陈玉玉　周安瑶　覃志清
罗维鸿　黄五同　奉金年　王佳玉　石月娟　苏志球

《南丹县革命老区发展史》编委会

顾　　问　韦永山　覃康平　覃建军　梁瀚文
　　　　　　黄　克　吴贞儒　杨承勇　黄小耿
主　　任　莫晓明　唐　焰　韦礼科
副 主 任　梁彩艳
委　　员　黄盛乾　莫洪东　黎成龙　莫庭魁
　　　　　　罗万才　卢顺江
主　　编　黄盛乾
副 主 编　吴昌鸿　李运鸿
编纂小组　吴和青　龙永芳　罗勤章　韦克良
　　　　　　郁德忠　韦荣飞
总　　纂　李春连
编　　务　卢吉锋　黄永丽

总序

在举国欢庆新中国成立70周年前夕，中国老区建设促进会王健会长请我为《全国革命老区县发展史》丛书作序，作为一名在老区战斗过并得到老区人民生死相助的老兵，回首往事，心潮澎湃，感慨万千，深感义不容辞，欣然应允。

中国革命老区，是以毛泽东为代表的中国共产党人在领导人民推翻帝国主义、封建主义和官僚资本主义三座大山，争取民族独立和人民解放伟大斗争中建立的革命根据地。在这片红色的土地上，诞生了无数可歌可泣的革命英雄儿女，为后人树起了一座不朽的丰碑。她是新中国的摇篮，是党和军队的根。

在艰苦卓绝的战争年代，老区人民把自己的命运与中华民族的命运紧紧地联系在一起，与中国共产党和人民军队的命运紧紧地联系在一起，他们生死相依，患难与共。我曾亲历过战争年代，并得到过老区红哥红嫂的救助，切身感受到发生在身边的一幕幕撼天动地的革命故事，在那极其艰难的条件下，老区人民倾其所有、破家支前，不怕艰难困苦，不怕流血牺牲。“最后一碗米送去做军粮，最后一尺布送去做军装，最后一件老棉袄盖在担架上，最后一个亲骨肉送去上战场”，这是当时伟大的老区人民为建立新中国作出巨大牺牲的真实写照，它将永远镌刻在中国共产党、中国人民解放军、中华人民共和国的历史丰碑上。他们的光辉业绩永载史册，他们的革命精神必将影响一代又一代的革命新人，造就一代又一代的民族脊梁。

在社会主义革命和建设时期，革命老区和老区人民响应党的号召，面对落后的面貌、脆弱的经济、恶劣的生态环境，他们本色不变，精神不丢，自力更生，艰苦奋斗，干一行爱一行。始终坚持“革命理想高于天”，自觉做共产主义远大理想的坚定信仰者和忠实实践者，勇于向恶劣的自然环境和贫穷落后宣战，他们在各条战线上为国建功立业，用平凡的双手创造了一个又一个不平凡的奇迹，彰显了老区人的崇高精神和人格力量。

在改革开放的伟大进程中，老区人民解放思想，勇于创新，发奋图强，攻坚克难，老区的经济社会建设取得了辉煌成就。特别是在改变中国的面貌、中华民族的面貌、中国人民的面貌、中国共产党的面貌的伟大实践中发挥了至关重要的作用。老区人民既是改革开放的参与者，也是改革开放的推动者。

艰苦练意志，危难见精神。老区人民在近百年的革命战争、社会主义建设和改革开放的伟大实践中，孕育形成了伟大的老区精神：爱党信党、坚定不移的理想信念；舍生忘死、无私奉献的博大胸怀；不屈不挠、敢于胜利的英雄气概；自强不息、艰苦奋斗的顽强斗志；求真务实、开拓创新的科学态度；鱼水情深、生死相依的光荣传统。这是党和人民宝贵的精神财富、丰厚的政治资源，是凝心聚力、振奋民族精神的重要法宝，也是社会主义核心价值观的重要内容。

中国老区建设促进会怀着强烈的政治责任感和历史使命感，组织全国各地老促会人员克服困难，尽心竭力编纂《全国革命老区县发展史》丛书，记录老区的光辉历史和辉煌成就，传承红色基因，弘扬老区精神，是功在当代、利及千秋的一件大事。手捧这部丛书的部分书稿，读着书中的故事，倍感亲切，深感这部丛书具有资政、育人、存史的社会功能，有着重要的时代和历史价值。它是不忘初心、牢记使命的源头活水，是赞颂共产党、讴歌老区人民的一部精品力作，是弘扬老区精神、传承红色记忆的丰厚载体，是一项继承优秀传统文化、弘扬革命文化、发展社会主义先进文化，坚定“四个自信”的宏大文化工程。它必将成为一种文化品牌，为各界人士了解老区宣传老区支持老区提供一部有价值的研究史料。希望读者朋友们能从中了解并牢记这些为党和民族的利益不断奉献的老区人民，从中得到教益，汲取人生奋斗的精神动力。

新时代赋予新使命，新起点开启新征程。让我们更加紧密地团结在以习近平同志为核心的党中央周围，坚持以习近平新时代中国特色社会主义思想为指导，增强“四个意识”，坚定“四个自信”，做到“两个维护”，弘扬老区精神，铭记苦难辉煌。为实现“两个一百年”奋斗目标，实现中华民族伟大复兴的中国梦作出新的更大的贡献！

遲浩田

2019年4月11日

序

南丹，素有“中国锡都”的美称，这里物华天宝、资源丰富。南丹更是一方抵御外侮、反抗阶级压迫、争取民族独立自由的热土。明代俍兵抗倭，清代黎水保起义、沈槐山和杨祖卯起义、会党反清起义，均名垂史册。辛亥革命后，熊克丞、熊克武、莫逊业、莫树杰等南丹籍青年先后参加孙中山领导的护国运动、护法运动等革命斗争。中国共产党诞生后，作为早期右江农民运动组成部分的南丹，革命斗争风起云涌。大革命和土地革命战争时期，在广西农民运动领袖韦拔群的引领下，以韦国英、蓝志仁为主要代表的南丹籍进步青年先后加入中国共产党，他们带领革命群众在芑暮、那地、扬州等地先后建立农民协会、组织农民武装，开展农民运动和武装斗争，积极发展共产党员，建立了中共芑暮支部委员会和那地县苏维埃政权。从此，南丹的农民运动和革命斗争有了统一的领导力量，共产党员成为农民运动的骨干来源。抗日战争时期，南丹地方党组织和革命力量得到恢复、发展和壮大，南丹人民在中国共产党抗日民族统一战线旗帜指引下广泛开展抗日救亡运动，组织抗日武装，积极奔赴抗日前线，许多优秀儿女血染抗日沙场，体现了大无畏的革命英雄气概。解放战争时期，全县各族人民经过艰苦卓绝的斗争，终于在1950年1月迎来了南丹的和平解放，人民实现了当家做主，历史翻开了新的一页。从此，南丹人民和全国人民一道走上了社会主义康庄大道。

斗转星移、岁月峥嵘。南丹人民怀着希望与激昂，在中国共产党的带领下开展清匪反霸、减租退押、镇压反革命、抗美援朝、土地改革和社会改造运动，完成了农业、手工业和资本主义工商业社会主义改造，胜利完成从新民主主义到社会主义过渡，拨乱反正、励精图治，逐步从计划经济向市场经济转变。在社会主义现代化建设中，南丹县历届党委、政府团结带领全县各族人民解放思想、抓住机遇、锐意进取，南丹面貌发生了翻天覆地的变化，各项事业都得到了快速发展。

2013年1月18日，南丹被认定为革命老区县。这是对南丹光荣革命传统的褒扬，是南丹人民的荣耀，更是南丹人民的财富，为推动新时代南丹高质量发展、全面建成小康社会提供了强大精神动力。在上级党委、政府的正确领导下，南丹县委、县政府带领全县各族儿女大力弘扬革命先烈的革命精神，高举习近平新时代中国特色社会主义思想伟大旗帜，不忘初心、牢记使命，全面贯彻“五位一体”总体布局和“四个全面”战略布局，2017年南丹成为广西第二批、河池首个整县脱贫摘帽县，2020年实现了与全国同步全面建成小康社会的奋斗目标。如今的南丹，山河已无恙、旧貌展新颜。

为更好地贯彻习近平总书记关于“发扬红色资源优势，深入进行党史、军史、老区革命史优良传统教育，把红色基因代代传下去”的指示，按照中国老区建设促进会的部署，我们专门编写了《南丹县革命老区发展史》。全书以习近平新时代中国特色社会主义思想为指导，坚持辩证唯物主义和历史唯物主义史观，实事求是地记述了南丹人民在党的领导下，为创建和巩固右江革命根据地、抵抗日军侵略和和平解放南丹所作出的历史贡献，以及新中国成立以来特别是党的十八大以来南丹人民艰苦奋斗所取得的建设成就。

希望《南丹县革命老区发展史》的出版，能进一步弘扬南丹革命老区的优良传统，让南丹革命历史、红色基因世代相传，更好地起到存史、资政、育人作用，能为全县党员领导干部和广大人民群众进一步坚定共产主义信仰提供新的强大精神动力，激励全县共产党员和各族干部群众更加紧密地团结在以习近平同志为核心的党中央周围，不忘初心、砥砺前行，在南丹这片红色热土上努力创造无愧于历史、无愧于时代、无愧于人民的一流业绩，在新时代南丹高质量发展的新征程中赢得更大的胜利和荣光！

中共南丹县委员会

南丹县人民政府

2021年12月

编写说明

2017年6月，中国老区建设促进会组织全国各地老促会启动编纂《全国革命老区县发展史》丛书，按照“建立中国共产党、成立中华人民共和国、推进改革开放和中国特色社会主义事业”三大里程碑的历史脉络，系统书写革命老区百年历史，深入挖掘革命老区红色文化资源，这对于充实丰富中国革命史籍宝库，在新时代传承红色基因、弘扬革命精神、强固根本，对于激励人们在新的历史条件下夺取中国特色社会主义伟大胜利，实现中华民族伟大复兴的中国梦具有重要意义。

丛书编纂以习近平新时代中国特色社会主义思想为指导，以《中国共产党历史》《中国共产党的九十年》等重要文献为基本依据，以党的领导为核心，以老区人民为主体，以老区发展为主线，体现历史进程特征，突出时代发展特色，坚持辩证唯物主义和历史唯物主义相统一、历史真实性与内容可读性相统一的原则，书写革命老区从站起来、富起来到强起来的光辉革命史、不懈奋斗史、辉煌成就史，把老区人民的伟大贡献、伟大创造、伟大成就、伟大精神充分展示出来，形成一部具有厚重历史特征和鲜明时代特色的精品力作。这是一部培根铸魂、守正创新，既为历史立言，又为时代服务，字里行间流淌着红色血脉、催生着革命激情的传世之作。丛书将成为讴歌党讴歌人民讴歌时代、传播红色文化、为革命老区和老区人民树碑立传的重要载体。

丛书按照编年体与纪事本末体相结合、以编年体为主的编写体例确定框架结构，运用时经事纬、点面结合的方式记述史实，坚持人事结合、以事带人的原则处理人与事的关系，采取夹叙夹议、叙论结合以叙为主的方法展开内容，做到了史料与史论、历史与现实、政治与学术统一，文献性、学术性、知识性相兼容。

为编纂好《全国革命老区县发展史》丛书，打造红色文化品牌，中国老区建设促进会认真组织积极协调，提出政治立场鲜明、史料真实准确、思想论述深刻、历史维度厚重、时代特色突出、编写体例规范、篇目布局合理、审读把关严格、出版制作精良的编纂出版总要求，力求达到革命史籍精品的精神高度、思想深度、知识广度、语言力度，增强丛书的权威性和社会影响力。各省（区、市）、市（州、盟）、县（市、区、旗）老促会的同志，以强烈的使命感、责任感和紧迫感，勇于担当，积极作为，认真实施，组织由老促会成员、专家学者等参加的十余万人编纂队伍。编纂工作主体责任在县，省、市组织协调、有力指导、审读把关。各方面人员以高度负责的精神和科学严谨的态度，满腔热情地投入工作，为丛书编纂出版作出了重要贡献。丛书编纂工作还得到了党和国家有关部委，地方各级党委、政府及有关部门的大力支持和积极参与，社会各界也给予了热情帮助。中共中央政治局原委员、中央军委原副主席、原国务委员兼国防部长迟浩田上将，对老区人民怀有深厚感情，对革命老区建设发展十分关注，欣然为《全国革命老区县发展史》丛书作总序。

丛书由总册和1599部分册（每个革命老区县编纂1部分册）组成，共1600册。鉴于丛书所记述的史实内容多、时间跨度长和编纂时间紧，不妥之处，敬请批评指正。

中国老区建设促进会

目 录
CONTENTS

概述

山川秀美的有色金属之乡

南丹县位于广西壮族自治区西北部、云贵高原南麓，地处东经107°01′~107°55′、北纬24°42′~25°37′之间，北回归线以北。东与河池市环江毛南族自治县隔河相望，南、东南面与河池市金城江区接壤，西南面与河池市东兰县相连，西临河池市天峨县，北、西北、东北三面分别与贵州省黔南州的罗甸、平塘、独山、荔波四县交界。县境整个地形狭长，东西最大横距72千米、南北最大纵距106千米，总面积3916平方千米。

截至2020年，全县辖大厂、车河、城关、芒场、六寨、月里、吾隘、罗富等8个镇以及中堡、八圩、里湖等3个乡，共155个村（社区）。世居壮、汉、瑶、苗等11个民族，户籍总人口32.8万人、常住总人口27.56万人，其中城镇人口13.86万人，常住人口城镇化率50.31%。

第一节　地理区位和自然环境

南丹区位优势突出，是川、黔、渝进出东南沿海的重要枢纽，县城距自治区首府南宁市约290公里，距河池市

南丹县大厂矿田（南丹县山口林场供图）

金城江区约83公里，距柳州市约260公里。南丹是河池市唯一拥有“水、陆、空”立体式交通体系的县份，已经建成的兰海高速公路、黔桂铁路、210国道和被誉为“黄金水道”的红水河贯穿全境，河池金城江机场位于南丹县与金城江区交界处，荔波机场与南丹毗邻，南丹至荔波二级旅游公路已建成通车，南宁至贵阳高速铁路将南丹县纳入首府1小时经济圈内。即将建设的黔桂铁路增建二线工程将实现南丹通动车的愿望，交通十分便利。

南丹自然资源丰富，矿产资源得天独厚，可谓“无山不聚宝、无岭不藏金”，因矿种繁多而被称为“矿物学家的天堂”。县境已探明有锡、锑、钨、锌、铟等20多种有色金属，总储量达1100万吨，锡储量居全国首位，锑、铅储量居全国第二，享有“中国锡都”和“有色金属之乡”的美称，南丹方解石矿已探明储量1.25亿吨，碳酸钙含量达99.6%，品质居广西前列。

南丹农业资源丰富，全县盛产核桃、猕猴桃、长角辣椒、烟叶、黄腊李、瑶乡黑猪等地域性名特优产品，被农业农村部授予“中国长角辣椒之乡”“中国瑶山鸡之乡”“中国黄腊李基地”等称号；“六龙茶”荣获中国（成都）国际博览会金奖，“丹泉”牌白酒获中国驰名商标。全县共有现代特色农业示范区（园、点）175个，获“三品一标”产品认定36个，国家地理标志产品6个，数量均居河池全市前列。

南丹旅游资源丰富，县境山川秀美、风物奇特、民俗古朴，被徐霞客赞叹为“粤西第一奇胜”，是理想的民俗风情、生态观光、休闲康养旅游胜地。南丹冬无严寒、夏无酷暑，年平均气温16.9摄氏度，森林覆盖率达74.98%，特别是清新凉爽的夏天，更让人驻足忘返，是广西唯一达到全国

国内首个AAAA级工业旅游景区——南丹县“洞天酒海”景区（南丹县融媒体中心供图）

避暑旅游标准的城市，荣获“广西避暑旅游城市”“广西十大最美县城”等荣誉。全县有国家AAAA级景区3个、AAA级景区3个、全国工业旅游示范点2个、国家水利风景区1个、国家湿地公园1个、全国休闲农业与乡村旅游示范点2个、全国旅游扶贫示范点1个、全国乡村旅游重点村1个，一批重大景区正在建设，创建国家“全域旅游示范区”步伐不断加快。

第二节　建制沿革和历史人文

南丹历史悠久，今县境西北部（月里、六寨、里湖一带）古为夜郎国属地，汉属牂牁郡毋敛县地，隋属黔安郡，唐属黔州都督府，五代十国改属宜州，宋置南丹州、地州、那州，元改南丹安抚司，明复南丹州，那州、地州合并为那地州，清称南丹土州、那地土州。1918年，废南丹土州建南丹县；1923年，原那地土州划归河池县；1931年，原那地州并入南丹县；1934年，原那地土州所属的那地、吾隘及附近一带归南丹县，岜暮、坡结等地划归广西省政府设置的天峨县，长老、三旺一带归河池县。

1949年12月26日，中国人民解放军三十八军一一二师三三五团一营进驻南丹县城。1950年1月，南丹县和平解放；1月19日，南丹县人民政府成立，归属宜山专区专员公署；同月，中国共产党南丹县委员会设立，隶属中共宜山地委。1952年12月，桂西壮族自治区成立，南丹隶属之。1956年3月，桂西壮族自治区改称桂西壮族自治州，南丹隶属自治州。1957年12月，桂西壮族自治州撤销，南丹随属复称的宜山专区。1958年7月，经国务院批准，宜山专区更名柳州专区，南丹随属之。1965年5月，南丹县属新成立的河池专区。1971年，河池专区改称河池地区，南丹县归河池地区管辖。2002年11月1日，河池市正式挂牌成立，南丹县属河池市至今。

南丹文化资源丰富，有千年土司文化、千年矿冶文化、千年农耕文化、千年酿酒文化、原始古朴的民俗文化。南丹土司制度历经957年，是中国实行土司制度时间最早、持续时间最长的地方，留下了宋代锤揲鎏金银摩羯等10件国家一级文物、清嘉庆四年文告等9件国家二级文物等珍贵文物，以及目前广西唯一且国内规模最大、保存最完整、碑刻文字记载最多的明代土司炼丹遗址等辉煌灿烂的土司文化；白裤瑶铜鼓文

南丹县委、县政府办公大院全貌（南丹县人大常委会办公室供图）

化、婚丧文化、服饰文化、陀螺文化等民俗风情原始独特，现仍遗留着母系社会向父系社会过渡阶段的文化信息，联合国科教文组织认为是“民俗文化保留最完整的一个族群”，史学家和人类学家称之为“人类文明的活化石”。

南丹地灵人杰，各族人民勇于保家卫国、反抗阶级压迫。明嘉靖三十四年（1555年），1000多名俍兵随瓦氏夫人赴浙征倭，屡立战功名驰神州；土官莫惟武奉调统兵征战永福、桂平等地有功，朝廷赐建“粤西屏藩”坊，其坊刻“摅忠报国，崇整精徽”。明万历年间，莫伋奉调领兵任平叛播州之乱先锋，朝廷赐建“勋著西南”坊。清光绪十二年（1886年），黎水保组织瑶族群众反抗土官的统治；宣统元年（1909年），爆发沈槐山和杨祖卯领导的各族反清起义。1916年，韦山领导黄军揭竿起义。1930年初，那地县苏维埃政府成立，成为邓小平、张云逸、韦拔群等领导的广西右江革命根据地之一。1944年冬，中共河池地下党组织在县内宝藏村组织抗日人民武装游击队，在抗日战争中做了大量宣传发动和救亡工作。在解放战争中，这支武装游击队为争取桂西军政区司令部接受和平改编，为南丹1950年1月14日的和平解放作出了重要贡献。

第三节　经济发展和社会进步

南丹作为革命老区县，革命历史给南丹人民留下了弥足珍贵的红色文化资源遗产和财富。无数革命先烈不畏牺牲、前赴后继，用鲜血和生命给我们带来了和平。中华人民共和国成立后，南丹各族人民在社会主义革命和建设中，克服困难，不懈奋斗，取得了巨大的成就。党的十一届三中全会以来，历届县委、县政府坚持以经济建设为中心，先后制定和实施了搞活农村经济，引进技术、人才、资金等重大决策。同时正确处理改革、发展、稳定的关系，促进了社会的全面进步。党

南丹城区夜景一角（南丹县志办供图）

的十八大后，南丹县先后荣获国家“园林县城、农产品质量安全县、绿化模范县、电子商务进农村综合示范县、农村创新创业典型县”等5个国家级荣誉和广西“文明城市、园林城市、避暑旅游城市、全域旅游示范区、食品安全示范县、民营经济示范县、农产品质量安全县、民族团结进步示范县、十大最美县城、职工疗休养基地”等10个自治区级荣誉，2020年和全国、全区同步全面建成小康社会，南丹步入了新的历史发展时期。

综合实力不断实现新突破。经济总量持续壮大，1952年南丹生产总值仅有0.14亿元。2006年和2007年，南丹县连续两年荣膺“广西县域经济发展十佳县”，并被列入广西县域经济发展第一梯队，2010年获“广西科学发展进步县”，2020年全县生产总值达103.85亿元。财政收入快速增长，1952年南丹财政收入仅有17万元，1997年实现县级财政脱掉补贴帽、贫困人口基本脱贫的“双脱”目标，2020年财政收入达历史新高，为11.38亿元。

经济结构不断优化。南丹和平解放初期，农业在全县占主要地位，工业基础薄弱，服务业基本为“零”。70年来，南丹县农业基础日益巩固，农产品供给能力大幅提高，特色农产品不断丰富；工业生产能力迅速扩张；服务业稳步发展，对经济社会发展支撑和带动作用趋于上升。1952年，南丹县三次产业结构为53.6∶38.7∶7.7，呈现出典型的以农业为主的产业结构特征，为“一、二、三”型产业结构。1978年，三次产业调整为35.8：46.2：18.0，工业得到较好发展，服务业有所提升，产业结构转型为“二、一、三”型。随着服务业不断成长，2020年，全县三次产业比例为16.3：56.8：26.9，产业结构呈现出明显的“二、三、一”型。

城镇化水平显著提高。随着经济社会的不断发展和基础设施建设投入的不断加大，以及各项平衡城乡发展政策不断出台，南丹县城镇化进程不断推进。1952年，户籍人口城镇化率10.69%。2020年，城镇化率达50.31%。

基础设施建设不断加强。新中国成立70多年来，南丹县不断加强水利、道路、市政设施、扶贫安置等民生重大工程建设，基础设施建设快速发展，为全县经济社会持续快速发展奠定坚实基础。固定资产投资规模迅速扩大，1958年南丹全社会固定资产投资仅0.10亿元，2020年达46.81亿元。

教育事业全面进步。随着义务教育的普及，教育机构数和在校师生人数相比新中国成立初期得到大幅跃升。“十三五”期间，全县教育领域累计投入26.65亿元，比“十二五”增加61.22%，全县有高中2所，初中13所，小学（含教学点）153所，幼儿园118所。2020年，义务教育均衡发展以全市最高分通过国家验收及复审，全县共有高中2所、初中13所、小学（含教学点）133所、幼儿园107所。

医疗卫生条件不断完善。70多年来，南丹在基础设施、医疗设备、技术引进等建设上加大投入力度，基层医疗卫生服务体系不断完善，医疗条件持续改善。2020年，全县共有卫生机构195个，其中综合医院4个，乡镇卫生院12个，疾病预防控制中心1个，妇幼保健院1个，防保站1个，卫生监督执法机构1个，村卫生室128个，诊所45个。医疗卫生机构床位1146张，全县卫生技术人员1735人（其中执业医师376人）。

人民生活大幅改善。新中国成立以来，特别是改革开放以来，全县城乡居民生活有了大幅改善，消费能力得到提高，逐步解决了温饱问题，迈进了小康社会。2020年，城镇居民人均可支配收入37656元、人均消费性支出19757元；农村居民人均可支配收入13036元、人均消费性支出8610元。

如今的南丹，全县上下正全面落实“建设壮美广西　共圆复兴梦想”要求，坚定不移贯彻新发展理念、融入新发展格局，坚持稳中求进总基调，以推动高质量发展为主题，以深化改革为主线，以满足人民日益增长的美好生活需要为根本，全力实施打造“千亿产业、千亿园区、千亿南方，百亿丹泉酒、百亿碳酸钙、百亿大健康，新型工业样板城、避暑旅游宜居城、城乡融合振兴城、生态文明示范城、开放创新活力城”为主要内容的“三千三百五城”战略，不断加快迈入广西高质量发展先进县、“中国西部百强县”步伐，向着全面建成社会主义现代化强国的第二个百年奋斗目标阔步前进。

第一章

南丹峥嵘岁月

（1919年5月至1950年1月）

南丹是右江革命根据地的重要组成部分，是一片浸透烈士鲜血的红色土地和有着光荣革命传统的革命老区。土地革命时期，在邓小平、张云逸等领导的百色起义影响和鼓舞下，以广西农民运动领袖韦拔群为主要代表的早期共产党人在此传播和运用马克思主义，韦国英、蓝志仁、唐定邦等进步青年主动接受马克思主义教育和革命洗礼，成为农民运动骨干，中国共产党南丹地方组织、苏维埃政权得到建立和发展。抗日战争时期，在中国共产党抗日民族统一战线旗帜指引下，南丹人民开展了艰苦卓绝的斗争，为保卫祖国和抗战胜利付出了巨大的民族牺牲。解放战争时期，南丹县地方党组织和共产党员为迎接南丹的解放，积极发动和领导全县广大群众同国民党地方当局进行了艰苦的谈判和斗争，为建立人民政权作出了应有的贡献。

第一节　中国共产党南丹地方组织建立的条件准备和形成

一、马克思主义思想在南丹的传播

1917年，俄国十月革命一声炮响，为中国带来了马克思列宁主义。1919年，随着五四运动的爆发，那地土州那州哨青年张泽甫与同在贵州蔡锷护国军熊克丞部的韦拔群一道，通过各种渠道收集《新青年》《向导》等宣传马克思主义和社会主义思潮的民主进步书刊，从互相传阅中悟出革命道理，更加积极地宣传“拥护社会主义、提倡改革旧军制”等革命思想，号召士兵团结起来，反对军阀统治和腐败政府。同年，张泽甫带着马克思主义思想离开军营返回那地州，这是首次将马克思、恩格斯关于共产主义是人类最高理想的真理传播到南丹。

中国共产党成立以后，一些南丹籍进步青年先后接受马克思主义思想的熏陶倾向社会主义革命。1922年9月底，探求到革命真理的韦拔群到那地组织当地进步青年何绍祥、陆老昌、朱哲三、余长英、邓洪英（邓大毛）等在张泽甫家召开秘密会议，号召组织和发动农民革命运动。1923年，

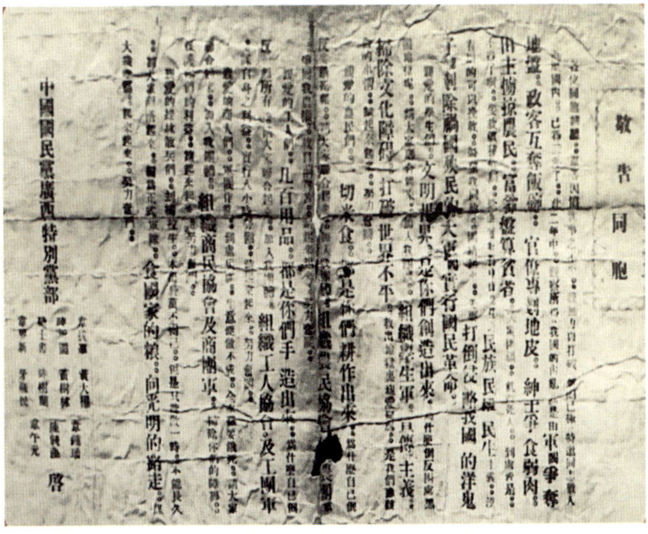
敬告同胞

中國國民黨廣西特別黨部 啓

韦拔群等在河池地区开展革命活动宣传的《敬告同胞》书（河池革命纪念馆供图）

那地土州邕暮哨（今天峨县邕暮乡）青年韦国英结识东兰革命领导人牙苏民，并开始在邕暮进行革命串联，向劳苦大众广泛宣传俄国十月革命和马克思主义真理，宣传农民自己武装自己、保卫自己，秘密建立革命组织。

正是上述活动，为马克思主义思想在南丹的传播起到了积极的推动作用，加速了南丹人民尤其是广大青年的觉醒，促进了农民运动在南丹的兴起，也为中国共产党南丹地方党组织和苏维埃政权的建立奠定了思想基础。

二、以邕暮为中心的南丹早期农民运动的兴起

南丹农民运动是在韦拔群领导下，受东兰农民运动的带动影响，以韦国英为主要代表的南丹籍进步青年组织发动，在那地土州邕暮哨首先开展起来的。

1922年10月之后，韦拔群派陈友三、陈恩深、廖源芳等先后到那地组织开展革命活动，扩大革命队伍。1923年春，韦拔群派遣牙苏民和邓洪英到邕暮哨组织发动农民革命运动。6月28日，板花、都楼、公昌、桥头等地28位进步青年带着自家收藏的鸟枪、大刀、长矛等简陋武器在都楼乡秘密成立邕暮临时农民自卫队，由韦国英、韦明峰两人领导，并提出“跟着拔哥闯天下”“不向官府交粮纳税、不给豪绅交租还债”等革命口号。邕暮农民自卫军归东兰县第三路农军指挥，成为南丹县第一支农民武装组织。刚建立不久，邕暮农民自卫军在牙苏民指挥下参与三打东兰县城的战斗，参战的农军战士得到十分难得的实战锻炼，革命情绪空前高涨。

1925年4月，在韦拔群的领导下，韦国英在邕暮加紧筹建农会组织，以都楼乡为中心，在板花、龙安、大甲、龙塔、平石等地相继建立革命同盟会，并在塘英、那州、登里、都隆一带开展革命宣传，得到农民群众的积极响应。11月1日，韦拔群在东兰武篆巴学村北帝岩（今列宁岩）创办广西农民运动讲习所，经牙苏民介绍，韦国英、韦明新参加首届学习。1926年初，韦拔群和牙苏民亲临邕暮区指导开展打土豪、分田地、开展土地革命工作，推动了邕暮农民运动的发展。2月，东兰农讲所学员提前结业，受韦拔群指派，韦国英担任南丹农民运动特派员，在那地发起农民革命运动，向劳苦大众广泛宣传革命道理，组织农民自卫军，开展艰苦卓绝的武装斗争。11月，在韦国英等人的努力下，邕暮区农民

协会正式成立，韦国英任会长。芑暮区农民协会的成立，标志着芑暮农民运动发展到了一个崭新的阶段，它是南丹、东兰、凤山交界区域成立最早的农民协会组织，有力推动了南丹农村社会的变革。芑暮农民运动掀起的反帝反封建革命斗争，成为南丹农民运动的先声，揭开了南丹农民运动的序幕。

1927年3月，为扩大革命影响，韦拔群派东兰县农军第三大队大队长陈友三、政委陈洪涛率30多名农军会合韦国英芑暮农军进入那地区，攻打罗炳、罗松、陆丹桂等团防武装，向群众宣传革命道理。6月，韦拔群指派韦国英在原那地州土司辖境筹建农民协会，要求把那地农民协会建设成为中国共产党领导下的强大的农民群众组织。7月，邓鹏、牙美元、韦国英、陈恩深率领东兰、芑暮农军成功突袭吾隘团防局，并打开粮仓救济贫苦群众。8月，按韦拔群命令，邓鹏、牙美元、韦国英等人到那地区筹备组织农民武装斗争，因条件不成熟，未能举行大规模的武装暴动，只攻击那地陆丹桂团防武装，但吸收了蓝志仁、储文良等一批思想进步的青年参加农军，并在那地及其附近的独田、塘谋等地开展游击斗争。9月，韦国英、韦明新、韦凤新、牙春贤、班统杰[①]等参加东兰第三届农讲所学习结业，在韦国英等人的努力下，芑暮地区普遍建立乡、村级农民协会组织，入会群众达2000余人，会员分布在12个行政乡（村）。

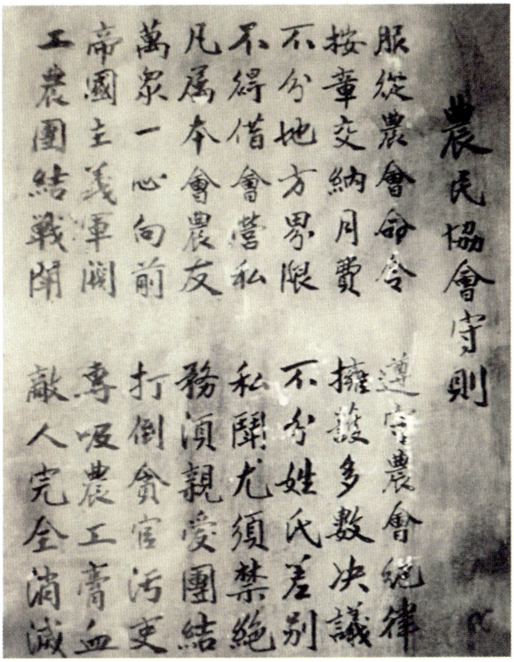
農民協會守則
服從農會命令
按章交納月費
不分地方畀限
不得借會營私
凡屬本會農友
萬衆一心向前
帝國主義軍閥
工農團結戰鬥
遵守農會紀律
擁護多數決議
不分姓氏差別
私鬪尤須禁絕
務須親愛團結
打倒貪官污吏
專吸農工膏血
敵人完全消滅

《农民协会守则》（河池革命纪念馆供图）

① 天峨县革命老区促进会：《天峨县革命老区发展史》，广西人民出版社，2021，第23页。

三、那地扬州农民运动的发展及其武装斗争

在右江革命风暴和东兰农民运动及芑暮区农民运动兴起的影响下，扬州进步青年唐定邦、蓝志仁等带领民众率先擎起反帝反封建革命旗帜。1928年初，那地、大厂、扬州、翁乐、南胃等地民众推举唐定邦、蓝志仁等人为代表，清算吾隘团防局长罗炳、副局长罗松使用群众捐款建那地小学款项收支账目，未取得最后胜利。以清算罗炳、罗松为导火线，增加了唐定邦和蓝志仁等进步青年反抗地主阶级统治、追求农民翻身解放的革命意志。由此，蓝志仁邀集唐定邦、朱哲三、姚道元等数位青年以经商作掩护，绕道吾隘到东兰拜见韦拔群寻求农民革命的革命真理，受到韦拔群亲自接见和倾心交谈，指出只有实行武装斗争，进行社会革命才是农民的出路。同时，为便于学习和积累斗争经验，韦拔群鼓励蓝志仁等青年联系实际刻苦钻研马列主义、返回南丹积极开展农民运动，并托付组织武装力量的任务。返回南丹后，蓝志仁、唐定邦、朱哲三、姚道元等在那地和扬州一带积极宣传共产主义思想，组织和发动群众建立起一支有12支枪的农军武装，并成立农民自卫队，接受韦拔群的领导。同年，为把南丹与东兰、凤山革命根据地连成一片，壮大武装力量，右江农民运动骨干、共产党员廖源芳带领家人及几名农会战士到罗富央哨创办国民小学，廖源芳自任校长。他利用晚上走村串户给学生辅导的机会向学生和群众宣传革命道理，把群众发动起来，还在罗富一带建立部分乡农民协会。廖源芳的革命活动和蓝志仁等人在那地开展的农民运动相互呼应，为后来扩大南丹农民运动的影响打下了基础。

1929年初，芑暮区农民运动稳步发展，成为东凤地区革命大本营之一。6月，经党组织推荐，由广西省政府主席俞作柏、广西编遣特派员李明瑞委派的进步人士覃国馨（兴）担任南丹县县长，并以合法身份大力支持恢复、发展农民协会和农军组织。同时，韦拔群派右江农民运动骨干、共产党员黄榜呈到南丹县开展工作。黄榜呈在对南丹县上层人士进行统战工作的同时，通过办识字夜校，启发教育学员学习文化，宣传共产党的主张，并发动群众建立农民协会、农民自卫军、妇女会等组织。8月，韦拔群再次派廖源芳到南丹开展农民运动工作，在覃国馨（兴）的赞同和支持下，采取一系列有力措施：一是广泛开展对群众宣传革命

道理，号召大家参加农会组织和农民自卫军；二是设法购买枪支弹药，发展壮大农民革命武装力量；三是把东兰县农运骨干牙苏民、韦超民、韦可飞、牙美元等人分配到各区乡做宣传发动工作；四是派韦超民接管县民团总局，黄翰庭到车河接管民团两个班的武装。与此同时，廖源芳还接收蓝志仁一批枪支弹药，并先后在南丹城厢、凡里、扬州、板德等地成立区、乡农民协会。

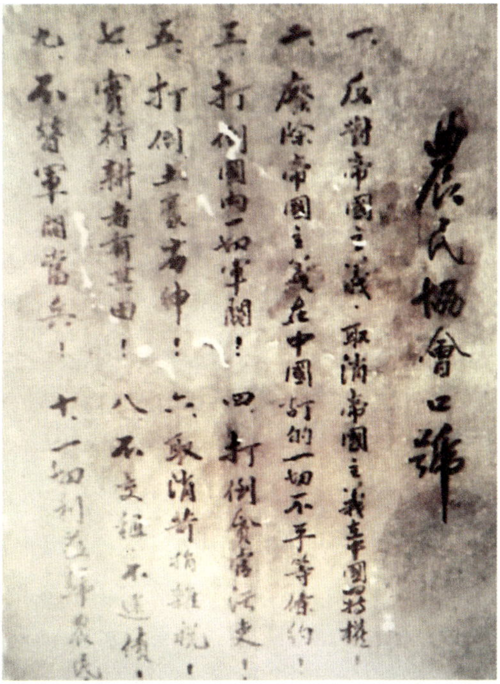
農民協會口號
一、反對帝國主義，取消帝國主義在中國特權，
二、廢除帝國主義在中國訂的一切不平等條約！
三、打倒國內一切軍閥！
四、打倒貪官污吏！
五、打倒土豪劣紳！
六、取消苛捐雜稅！
七、實行耕者有其田！
八、不交租不還債！
九、不替軍閥當兵！
十、一切利益歸農民

《农民协会口号》（河池革命纪念馆供图）

1929年8月，中共党员陈伯民被李明瑞、俞作柏委任为河池县县长后，积极开展农民运动，先后组建河池县农民协会、妇女会、青年会、工会等组织，为南丹农民运动的发展创造了有利条件。9月，陈伯民召集蓝志仁、唐定邦、朱哲三、陆兰谷和姚道元等革命骨干到河池，布置那地、扬州农民运动工作任务，并委任唐定邦为第11区（区公所设在吾隘）区长，蓝志仁为区武装队长，姚道元为副区长，朱哲三为教育司长，陆兰谷为财政管理员。蓝志仁等人返回南丹后，利用合法身份大胆开展农运工作，开始筹备组织建立苏维埃政权，与廖源芳一道在扬州建立区农会，先后建立起吾隘、五村、先堂、白马、塘谋等5个乡农会和丹炉、拉平、威亨、后州、拉浪、板德、南胃、翁乐、同贡、独田、昌里、凡里等12个村农会。在蓝志仁等人的带动和努力下，扬州、岜暮、那地3个妇女联合会顺利成立，妇女联合会积极协助农会做宣传政府和红军的政策法令，动员妇女参加革命。

同时，为打通那地与东兰的交通线，保护唐定邦、蓝志仁等在吾隘顺利开展工作，陈伯民调派都安、河池、东兰革命联合会领导下的武装部队30余人，由韦景年、陈守山率领挺进那地、吾隘，配合韦国英、蓝志仁领导的农军，攻打罗炳、罗松团防武装，建立和发展区乡农会。10月中旬，罗炳、罗松集结蒙吉甫、蒙子佳、罗明卿、陆丹桂和罗史臣等人组织200余人武装，趁夜袭击驻守吾隘的农民武装队，战斗相持数日。由于农民武装寡不敌众，韦景年、蓝志仁被迫率队突围，陆兰谷牺牲、姚道元被俘叛变，蓝志仁退往贵州省罗甸县凤亭乡蛮瓦村，唐定邦在当地隐蔽，朱哲三随韦景年率领余下的革命联合会两个班队伍渡过红水河与东兰县长江区的牙苏民部会合，随后撤返东兰。此次突围，革命联合会武装力量共牺牲7人、损失步枪7支。在吾隘战事告急时，陈伯民曾加派警卫队队长陆干廷率一个班共10人前往吾隘增援，在翁乐大村遭到韦仁武部20余人突然袭击，警卫队3人英勇牺牲，战士苏德利被俘，其余人员被冲散。

11月初，韦拔群派农军连长陈恩深率一连农军与长江区韦周年率领的数十名农军共同进击那地、吾隘一带获全胜。蓝志仁、唐定邦、朱哲三等先后回驻那地、扬州继续开展革命活动，逐步建立和恢复扬州、吾隘、五村、先堂、白马、塘谋等区乡村农民协会及农军组织，并筹备建立那地工农民主政府。数日后，陈恩深部奉令调回东兰，蓝志仁、唐定邦等在那地、扬州一带组织武装力量继续与团防武装周旋。

四、中国共产党南丹地方党组织的建立

随着南丹农民运动的兴起和发展，志愿加入党组织的革命骨干不断增多，中共右江工委、东兰县委看到南丹具备党员发展和建立党组织的群众基础，发展党员力量和建立南丹地方党组织的任务被提上日程。1929年11月中旬，受党组织的委派，中共东兰县委委员、组织部部长韦菁（韦拔群胞弟）和东兰县长江区党支部书记韦介硅到那地、岜暮一带进行发展党员、建立党组织活动。韦菁、韦介硅到达岜暮后即深入群众全面调查了解情况，加紧在农民运动骨干中物色入党对象。经过考察，韦国英、韦明新等2人先后被批准吸收为中国共产党预备党员。由此，韦国英成为南丹籍第一位共产党员。韦国英加入党组织后，积极参与创建南丹第一个党小组、第一个党支部，不仅为南丹党组织的创建发展打下了良好的思想理论基础，也为南丹农民运动的深入开展打下了扎实的组织基础。在吸收韦国英、韦明新等2人为中国共产党预备党员后，韦

菁、韦介硅经请示中共东兰县委书记严敏同意，随即在邑暮区板花村板桂屯成立邑暮党小组（隶属中共长江区支部），韦介硅任党小组组长，邑暮党小组成为南丹第一个党小组。

1930年3月，邑暮党小组吸收韦明三（韦国英胞弟）、韦景福、黄恒波、韦韩杰、苏登琪等5人加入党组织。4月，组织推荐蓝志仁到东兰武篆参加红七军第三纵队教导纵队训练班学习。其间，经韦国英推荐、张雍和介绍，蓝志仁加入中国共产党，使那地区有了第一位共产党员。5月，经韦国英推荐，那地、扬州革命骨干韦义昌、余长英等5人也在武篆参加培训班学习期间加入党组织，那地区党员人数增至6名。同月，邑暮党小组报经党组织同意，杨彩葵、班现平、牙永平等13人被吸收为中国共产党预备党员。6月，韦明日（韦国英胞弟）被邑暮党小组接收为预备党员；同月，在韦国英的指导下，那地县苏维埃政府所在地——那地区成立第一个党小组，蓝志仁任党小组组长。7月，韦菁、白汉云、黄凤芝根据东兰县委指示，在邑暮区板花、板桂一带开办革命政治培训班，吸收廖建文、廖凤姑、黄桂德等16名农会骨干入党，并代表党组织宣布批准韦国英和韦明新为中国共产党正式党员，举行南丹境内首次中国共产党党员入党宣誓仪式[①]，邑暮区党员人数增至37名。

随着邑暮区、那地区党组织从无到有，党员队伍迅速发展壮大，为加强对党员的教育、管理，发挥党组织在革命根据地建设中的战斗堡垒作用，1930年8月初，受中共东兰县委的委托，韦介硅在邑暮区隆安乡桐岭屯的者昌山林主持召开全体党员会议，代表中共东兰县委宣布正式成立中共邑暮支部委员会（时称太平支部，亦称日斜支部），韦明新任支部书记、黄恒波任组织委员、韦明三任宣传委员。中共邑暮支部委员会是南丹县第一个基层党组织，南丹也成为广西建立党支部最早的24个县之一。

中国共产党组织在邑暮区、那地区的建立，是南丹革命斗争史上的重大事件，揭开了南丹革命历史的新篇章。

---

① 誓词为："牺牲个人，严守秘密，阶级斗争，努力革命，服从党纪，永不叛党！"

第二节　那地苏维埃政权的建立和革命根据地的发展

一、那地临时革命委员会的成立

那地、岜暮、扬州等区农民协会相继成立，那地老街、三旺等19个乡农民协会以及长坡、巴里、高峰等3个工会先后诞生，急需有一个统一的领导中枢。为此，陈恩深、韦国英等人奉命筹建那地临时革命委员会。

为帮助南丹县顺利组建那地临时革命委员会，1928年11月，陈恩深按照韦拔群指示，带领一个加强连的东兰农军与韦国英率领的岜暮农军，突袭那地罗炳、罗松团防武装，并出击先堂、八学等地。农民军占领那地后，陈恩深和韦国英在那地街召开农军排级以上干部、各乡农会代表、那地街道贤达人士代表会议，商议成立那地临时革命委员会有关事宜。会议一致赞同由韦国英、陈恩深、何绍祥、陆老昌、朱哲三、张泽甫、唐定邦、蓝志仁等人组成那地临时革命委员会，推选韦国英为那地临时革命委员会主席，推选出文化委员黄恒波、财政委员张泽甫、粮食委员何瑞坤及副委员邓洪英、文书朱哲三、妇联主任韦水梅。那地临时革命委员会下设交通部、粮食部，并在吾隘设立财粮办事处。

那地临时革命委员会在革命形势极其严峻的情况下，实际上起到代行苏维埃临时政权的作用，是领导南丹县革命斗争的临时政权机构，对统一指挥领导区乡农会开展土地革命、建立和扩大革命武装等具有十分重要的作用。它是右江苏维埃红色政权成立以前，在广西农民运动领袖韦拔群的领导下，中国共产党在南丹建立的第一个人民政权组织，也是黔桂边界建立的第一个革命政权组织。

二、那地县区乡工农民主政府的建立

1929年12月11日，韦拔群率领的右江农民自卫军第一路军参加百色起义，全部编属中国工农红军第七军第三纵队，韦国英率领的岜暮特务营整编为第三纵队岜暮独立营。随后，韦国英被任命为营长。在红七军的领导和帮助下，1930年1月，韦拔群派陈恩深率一连红军第二次攻

占吾隘，进驻那地。不久，右江工农民主政府决定将那地临时革命委员会更名为那地县工农民主政府，并在那地临时革命委员会办公房召开那地县工农兵第一次代表大会。出席大会的有那地、扬州、岜暮等3个区和那地、吾隘、纳凡、亨七、公昌、先堂等17个乡以及板德、凡里、平村等15个村农会的代表，区乡赤卫队代表，红七军第三纵队二连指战员代表，大厂同车江工人代表，南丹县农民协会筹备委员会代表等共60余人。会上正式宣布成立那地县工农民主政府①，内设主席、裁判兼肃反委员、土地委员、财政委员、粮食委员和文化委员。

大会选举韦国英为那地县工农民主政府主席，韦义昌任裁判兼肃反委员，戴中华、韦金长、韦隆先、韦韩杰、何绍祥、蓝锦山等6人为兼肃反委员专职委员，陆腾汉任土地委员，张泽甫任财政委员，何绍祥任粮食委员，朱哲三任文化委员，政治委员李仁（韦拔群指派协助工作）。

会后举行盛大的工农民主政府成立庆祝大会，韦国英、韦义昌、陆腾汉、张泽甫、何绍祥、朱哲三等出席，陈恩深主持，那地、昌里、五村、凡里、扬州、南胃和吾隘等地群众共1000多人参加。韦国英在庆祝大会上宣读《共产党的十大政纲》，并作工农民主政府成立的意义和当前的形势与任务讲话，工人、农民、战士及妇女等各界代表均上台发言，表示拥护工农民主政府、拥护红军、拥护共产党。庆祝大会结束后，举行游行、唱山歌、教唱《国际歌》、表演白话剧等活动。

新生的那地县工农民主政府，管辖那地、扬州和岜暮3个区17个乡，共2万多人口，标志着南丹人民在中国共产党的领导下，建立了属于自己的政权组织，第一次行使了当家做主的权利。

1930年2月，那地区工农民主政府成立，何绍祥当选为主席，下设那地、吾隘、塘谋、五村等4个乡工农民主政府。同月，岜暮区工农民主政府在板花乡板桂村成立，韦明新当选为主席，该区所辖的那凡、亨七、那老、目七、大甲、索七、平石、升荣、公昌等9个乡工农民主政

---

① 那地县工农民主政府成立的明确日期有1930年1月4日、24日和2月4日三种说法。1984年8月1日南丹县委、县政府镌刻的《那地革命烈士纪念碑碑文》记载为1月4日；《南丹县志》记述为1月24日；廖庆堂著《韦国英传》（北京：团结出版社，2020）认为是2月4日。

府也相继成立。由于战事频繁，扬州区未能组织成立区乡工农民主政府，区农会所属的吾隘、五村、先堂、白马、塘谋等5个乡和丹炉、拉平、威亨、后州、拉浪、板德、南胃、翁乐、同贡、独田、昌里、凡里等12个村均保留农民协会组织。那地县工农民主政府主席韦国英让农民协会代行工农民主政府职权，任命蓝锦山为扬州区农民协会主席。

1930年5月，那地县工农民主政府更名为那地县苏维埃政府，并将办公驻地移至原那地土司衙署，各区乡工民民主政府相应变更为区乡苏维埃政府。

三、那地苏维埃政权领导下的根据地建设

那地苏维埃政权自成立起，“打土豪、分田地、建立苏维埃”的革命运动就得到南丹劳苦大众的热烈拥护和支持。随着革命形势迅速发展，那地根据地由小变大，由临时红色政权相继转变为正式的工农民主政府、苏维埃政府和革命委员会，推动了南丹革命斗争的深入发展，那地成为右江地区最令人瞩目的革命根据地之一。

（一）开展革命政治宣传

那地苏维埃政权高度重视政治宣传工作，革命宣传轰轰烈烈、声势浩大。在陈恩深连驻那地期间，政府、农会、妇女联合会干部与军队官兵共同组织政治宣传，进行了一系列活动，宣传“打倒帝国主义”“拥护苏维埃”“拥护共产党”“取消一切苛捐杂税”等，号召农民群众团结起来同地主作斗争。其间，还曾派出宣传队到扬州、南胃等地协助召开各种大小群众会议，选举干部和建立农会。

参加宣传工作的除南丹本地宣传员之外，东兰等地还派宣传队到南丹，其中有唐三妹、阳柳、韦金凤等女宣传员，宣传形式有教唱流行革命歌曲、写标语、圩期上街作口头宣传以及表演白话戏等。

（二）推行土地革命运动

为充分发动群众起来参加革命，那地苏维埃政权借鉴东兰县做法，结合根据地实际，制定了切实可行的各项政策，积极开展“打土豪、分田地”的土地革命运动。

那地临时革命委员会成立后，立即组织人民群众没收土豪劣绅、地主、贪官污吏的家产。首日在扬州区一次就没收大地主阳顺斋粮食2万

余斤，次日在昌里乡后州村没收罗姓、龙姓两户大地主的牛马共40余头（匹），在邦里乡没收土官罗姓户耕牛20余头。所没收的粮食和牛、马等财产，全部交由临时革命委员会处置，分发给贫苦农民。随后，那地各区乡农民反对地主豪绅的斗争向全县发展，把武装暴动推向高潮。

1929年冬，右江工农民主政府派遣农民工作特派员韦介硅、李维生、容伯、牙美元、韦显辉、韦维新等10余位同志到岜暮区指导土地革命工作，以点带面。指导组向那地临时革命委员会主席韦国英介绍右江根据地土地革命的总原则是没收地主和反革命土地分给无地或少地的贫苦农民，在具体做法上各地结合实际分步骤实施。在把握大方向后，那地临时革命委员会统一调查统计、统一平均分配，通过农民协会把封建地主阶级的土地、房屋、粮食、农具全部没收，同时每位农民也将自己原有土地交出，然后按人口平均分配，外来居住户同样分得一份。板花、板么、都楼、公昌、隆安、平石等乡都先后进行土改分田，板花乡每人分到4.75斤种子的田（以播种量计算面积的土办法，下同），都楼和平石乡每人分得7斤种子的田。分田分地活动结束后，韦国英会同岜暮区农民协会主席韦明新在板么乡桥头村巴槽田召开7个乡1000余人的农民大会，烧毁契约，镇压土豪劣绅，宣布不交租、不还债的决定，解放家奴（地主豪绅的长工、短工、丫鬟）200余人，岜暮区土地革命运动进入高潮。

1930年7月，那地县苏维埃政府讨论通过并宣布实行农业公社，岜暮区于10月全部实行土改分田。那地区、扬州区决定秋收后按平均分配原则推行，因团防武装的不断围攻未能得到真正实施。

那地苏维埃政权在开展“打土豪、分田地”工作中也注重团结一些开明的地主绅士，并吸收到革命队伍中。经过争取，扬州一家地主之子阳炳南从不对抗转为逐步接近、同情并支持革命，参加革命在农会中工作，一次就拿出4000元银毫支助革命，第四游击大队筹集粮食时，将家中全部余粮献出支援，部队往来也均供给粮食。那地开明绅士张泽甫、罗子恒赞成革命、支援革命，均被吸收参加政府和农会工作。1930年7月至8月间，为解决红军北上路径那地一带的粮食，县苏维埃政府财政委员张泽甫首先带头捐献粮食800余公斤，在其影响和带动下，数日即筹集粮食5000余公斤。

（三）壮大革命武装力量

革命与反革命的斗争，离不开武装力量的较量。那地苏维埃政权着力加强革命武装力量的建设，革命队伍在反“围剿”的锤炼中发展壮大。1930年1月上旬，岜暮区农民自卫军大队整合成立岜暮区赤卫军常备营，共500余人，韦国英兼任营长、李以仁任指导员、牙秀锋任副营长。2月14日，蓝志仁与唐定邦、阳孔姣、黄鸿章、马吉三、马其福、张新田、何瑞魁、陈老材、宁永鹏、龙显祥、衡吉恩、韦嘉耕等18人组织赤卫队员进行军事训练，宣布有关纪律要求。与此同时，农运骨干龙正册、何瑞金在南胃乡召开群众大会，联络何瑞坤、何瑞辉、龙达科等15名积极分子组织成立赤卫队，并很快发展到100余人的扬州区武装队，随后加入韦国英、蓝志仁领导的革命队伍。同年4月初，韦拔群配给扬州区武装队一批枪支、弹药，蓝志仁和蒋时明带着队伍到东兰去领取，返回南丹后，蓝志仁先后吸收扬州10余名进步青年以及八圩牙大部、南胃田金才和东兰马十一、邓六等民间武装接受改编，那地、扬州区赤卫队发展为100多支各式步枪、50多条鸟枪共180多人的队伍。是年4月中旬，经陈恩深举荐，扬州区武装赤卫队编入中国工农红军第七军第三纵队第四游击大队，韦拔群任命蓝志仁为大队长，蒋时明（后由牙美元接任）为政治指导员，朱哲三为参谋长。下辖3个连8个排9个班，一连连长李意仁（天峨人）、二连连长牙吉行（东兰人）、三连连长唐定邦①（扬州人），战士成员绝大部分来自大厂、扬州、那地、南胃等地农民以及少数小商贩、工人。该大队驻扎在那地，全力配合县苏维埃政府主席韦国英组织开展革命根据地的建设工作，在那地、扬州、翁乐、南胃、龙更、五村一带打击团防武装，取得节节胜利，影响日益扩大。5月，全县共有400余人枪。8月中秋之后，第三纵队派副官廖源芳率300多名红军到那地驻扎，同蓝志仁的第四游击大队一道巩固新生的人民政权。

---

① 韦举源韦福田主编《纪念那地苏维埃成立七十周年——那地革命根据地》（中共南丹县委宣传部，1999）第70页刊载文章《那地苏维埃政府的建立及第四游击大队的英勇斗争》（《南丹社会调查》1956年中央调查组）中记载三连连长为牙安；吕纯宏《第四游击大队的建立及战斗历程》［载《南丹党史资料选编（第1辑）》］认为三连连长为唐定邦。

红七军军部率十九、二十2个师约7000人离开河池后，1930年12月底至1931年1月初，韦国英、蓝志仁参加中共右江特委和中国工农第七军二十一师师部在恩隆县七里区乙圩乡大田峒（现属大化瑶族自治县羌圩乡）先后召开的红二十一师成立大会和党代会，原红七军第三纵队第四游击队未到河池整编的战士编入师部特务营第三连，蓝志仁调师部任副官并率部留下，直接受韦拔群指挥；那地、芭暮、扬州三个区的赤卫军整编为二十一师芭暮独立营，韦国英任营长、韦明三任指导员。与此同时，那地、芭暮、扬州等3个区的赤卫队也重新组建。1931年8月，中共右江特委在东兰泗孟丘拔屯召开扩大会议，决定执行中央的指示，因红第十九师、二十师划归中国工农红军第三军团建制（军团前委书记兼总指挥彭德怀），红七军番号取消，将红二十一师编为中国工农红军独立第三师（又称右江独立师）。蓝志仁率原第四游击大队七八十人编入芭暮独立营，韦国英任六十三团团长兼芭暮独立营营长，蓝志仁任六十三团政治指导员[①]兼芭暮独立营指导员。

（四）组织革命骨干培训

那地苏维埃政权的成立，极大地激发了南丹人民参加革命的积极性，中农、贫雇农共同参与到苏维埃政府工作和革命活动中。那地、扬州一带塘房、东览、马草田、黄花岭、板德、丹炉、德莫、板磨、威袍、里牙、板令、那地老街和新街、威亨、纳怀等村参加红军和赤卫队有318人，仅那地街就有11人参加红军（全部牺牲）。在县、区苏维埃政府及农会内任职12人，参加赤卫队127人。

随着革命形势的发展，各级工农民主政府抓紧配备干部，但干部急缺，不适应根据地开辟和工农民主政府政权建设发展的需要。为此，中共右江特委和二十一师党委派中共东兰县委委员、组织部部长韦菁到那地县组织领导干部培训工作。

1930年4月至7月，韦菁率白汉云、牙美元、陈国联等到芭暮区先后开办4期政治训练班、军事训练班和妇女训练班。教员有陈国联、黄凤芝、李以仁、韦荣白、黄大魁、韦仲权、黄庆秀等。学员来自南丹、东兰、凤山、那地、凌云等县，共120余名（其中有妇女学员18名）。训

---

① 河池革命纪念馆提供的记载显示蓝志仁职务为六十三团政委。

练班学习的重点内容是《共产党十大政纲》、苏维埃政权建设知识和军事基本常识等。男学员经过2个月培训后分赴各乡村向农民宣传革命道理并组织农民协会和赤卫队；女学员经过3个月培训后，一部分被分配到蓝志仁的第四游击大队，一部分被分配到芭暮区独立营，主要担任宣传员或工作人员，一部分则回到乡村，利用群众喜闻乐见的话剧、山歌等形式进行革命宣传，提高群众的思想觉悟。

（五）健全群团组织

那地苏维埃政权十分重视各级劳动妇女联合会的设立，在那地县工农民主政府成立时，一并成立那地县妇女联合会，选举韦水梅、唐三妹、阳柳、廖知梅、廖建文、杨彩葵等20余人为委员，韦水梅任主席。随后，在那地县妇女联合会的指导帮助下，扬州区、芭暮区妇女联合会相继成立。唐三妹任扬州区妇女联合会指导员，阳柳、张阿福、胡翠珠等10人为委员；韦金凤任芭暮区妇女联合会主席，王兴凤、杨彩葵任副主席，韦水梅、韦爱荣、韦玉兴、陆双琼、韦绿秀、王梅鲜、廖建文、韦玉新、陆双娥、韦水兰、韦若菊等18人为委员。

那地苏维埃政权在重视妇女工作的同时也重视少年儿童工作。1930年2月，扬州区和那地区先后成立童子团（后改为儿童团），团长陆老昌（又名陆世民），下设营、连、排长。童子团主要任务是站岗放哨，到各地探听情报和做勤务工作等。童子团既勇敢又灵活，曾到龙骨、八赖一带侦察敌情，然后向红军、赤卫队报告。

（六）整肃党政队伍

那地苏维埃政权成立后，党员队伍的发展总体上能执行党章的基本规定、结合南丹革命斗争的实际情况，党员的总体质量比较好，从组织上保持了党的无产阶级先锋队性质。但在发展党员时存在急剧性、群众性、照顾性，急于求成、追求数量，考察、考验时间短，被一些投机分子混入了党内。加上斗争环境的恶劣，战事不断，党员分散，党组织对党员的教育管理不够、不严，不少党员被腐蚀收买、背叛变节，给南丹革命事业造成了很大的损失。为此，中共芭暮支部委员会加强党的纪律建设，积极开展党内整顿工作，坚决清除党内变节分子。1931年12月底，经中共东兰县委同意，芭暮党支部在板么村召开支部党员大会，宣布开除韦义昌的党籍。此后，积极开展党内斗争，又开除韦凤华、韦龙新等蜕化变质的党员。通过整肃党员队伍，纯洁了党的组织，促成了党员战斗到底的决心，使那地根据地成为右江最后存在的一块革命根据地。

第三节　红七军对南丹革命斗争的支持

一、邓小平过境南丹和对南丹革命的指导

1930年4月，红七军、红八军总政委邓小平带着中共中央的重要指示，从上海经龙州、靖西、思林等县进东兰武篆红七军第三纵队驻地。5月初，邓小平听取韦拔群关于红七军主力在桂黔边游击并向河池一带移动的汇报后，决定从武篆出发前去迎接部队，以传达党中央对左右江革命工作的新指示。

5月14日清晨，邓小平携警卫营长李显一行15人，在牙美元、黄正文、黄明凯、牙有仕等4人的护送下从武篆出发，16日到达那地县苏维埃政府所在地投宿。

当晚，邓小平召集韦国英、蓝志仁及那地县区苏维埃政府干部和附近乡村农会代表，听取韦国英关于那地县农会、赤卫队、根据地等情况汇报以及蓝志仁关于请求上级派人指导南丹农民运动等建议，并对蓝志仁"自己翻装旧子弹、自制土枪土炮"的主意当场予以表扬，指出革命最后一定会取得胜利。汇报会上，邓小平与南丹革命骨干共同探讨"共耕社"问题，介绍东兰经验，并分析革命形势，鼓励南丹人民树立革命的信心和决心，巩固革命根据地，进一步发展自己的力量，将革命进行到底。17日清晨，邓小平按计划离开那地，下午到达大厂，进驻同车江"兴隆客栈"投宿，红七军主力已到达河池。

18日拂晓，邓小平一行离开大厂，黄昏时分到达河池县城与张云逸、李明瑞、陈豪人及红七军第一、第二纵队会合。在河池县城停留的两天时间里，邓小平正式就任红七军前委书记，他向军部和党员传达了党中央的指示，并研究回师右江问题。

二、红七军进驻那地和红军宗旨的宣传

1930年仲春，红七军军长张云逸率第一纵队一部1000余人到达那地。在驻扎期间，红军纪律严明、买卖公平，展现出工农子弟兵的优良形象。同时，那地县工农民主政府积极配合，大力开展红军宗旨和纪律的宣传。张云逸在那地主持召开了一次群众大会，附近乡村群众及赤卫军士兵约1000人参加，张云逸发表演讲，宣传红军的宗旨和纪律，号召南丹人民团结起来，坚持革命到底。经过两天的休整，张云逸率部队离开那地，经扬州、翁乐、大厂、车河、八步、枫木店、大山塘到达河池。

5月下旬，李明瑞、张云逸率领红七军第一、第二纵队从黔桂边游击返回到河池与邓小平汇合后，分别率部队经那地返回东兰。在那地期间，张云逸根据革命形势和那地的环境，提议将那地县工农民主政府更名为“那地县苏维埃政府”。至此，那地县苏维埃政府更加积极地率领南丹人民投入建设和保卫革命根据地的各项斗争。

三、红七军北上路经南丹

1930年9月下旬，红七军前敌委员会在恩隆县（今田东县）平马镇召开扩大会议，中心内容是动员北上江西。10月上旬，红七军第一、第二、第三纵队分别由平马、百色、田州出发，先后几路行军途经南丹县境前往河池。

张云逸军长率领军部及第三纵队部分红军，经板么、云榜进入古兰、吾隘到达那地。然后，经扬州、翁乐、大厂、车河、八步、枫木店、大山塘到达河池。张云逸在部队进驻河池后，即根据在那地获得的信息派第一纵队第一营长何莽、政治指导员黄一平率部前往寻找和迎接贵州边界黄草坝一带活动的袁振武红八军第一纵队400余人，在南丹境内与之会合一同前往河池。

第三纵队第三营第七连第三排排长莫必才率五六十名战士从东兰的切学到那地，在那地与第三营汇合后，在营长高潮的率领下，经昌里、思河、龙更、侣保到河池县的长老，再过金洞、大山塘到达河池。

红七军副军长胡斌率领第二纵队从东兰的长江渡过红水河进入吾隘

再到那地，在那地停留一日后经扬州、南胃、龙更、长老、金洞前往河池。

红七军、红八军总指挥李明瑞与第一纵队从云榜到达吾隘，然后分两路行军：一路直接出同贡、罗富到达南丹；一路由李明瑞率队进入那地，次日转五村过罗富到南丹与先期到达的另一部红军会合。第一纵队在南丹停留两日，在攻打车马岩洞的团防武装后，经堂汉、灰乐、车河、八步、枫木店前往河池。

第三纵队追击炮连，从东兰堂房渡过红水河抵达吾隘，再由吾隘到达那地，停留一夜后经昌里、思河、龙更、侣保、长老前往河池。

第四节　保卫苏维埃政权的反“围剿”斗争和革命根据地的丧失

一、那地区五次反围攻战斗和县苏维埃政府驻地的失陷

那地县是邓小平、张云逸、韦拔群等红七军领导决定创建的广西右江革命根据地的核心区之一，而那地县苏维埃政权所在地——那地，因其特殊的东联西接枢纽位置而成为国民党武装军事“会剿”及地方团防武装围攻的主要目标。

1930年1月，韦拔群决定派红七军第三纵队第一营营长陈恩深率一连红军从东兰武篆，经长江区攻打吾隘、那地团防武装。在陈恩深率领红军连在那地驻扎后，1月22日，河池、东兰、南丹等地团防600人联合对驻扎那地的红军发动第一次围攻。陈恩深组织和指挥红军及当地农会、赤卫队予以反击，毙敌50余人、生俘5人，缴获枪支4支、粉枪3支，我军无一伤亡，取得反围攻战斗的胜利。吾隘、那地、扬州、南胃等地群众纷纷送上白米、生猪等前来慰劳红军。红军除接受群众的白米外，其余慰问品均退还群众。

4月下旬，南丹、河池、东兰三县的团防武装力量向那地进行第二

次围攻。廖源芳率300多名红七军战士与蓝志仁的第四游击大队互相配合，采取先发制人策略，先后出击凡里、先堂、八学、长老等团防据点，均获胜利。这些胜利对巩固那地苏维埃政权起了很大的作用，打破了地方团防围攻那地的计划。

5月下旬，南丹、河池和东兰三县的团防武装力量按照国民党广西省当局“剿共”的布置，集结武装力量300多人采取大包围分进合击方式，分四路从东西南北同时对那地革命根据地进行第三次围攻。廖源芳和蓝志仁用少数兵力牵制三县团防武装力量的同时，集中优势兵力打击其主力，取得第三次反围攻的胜利。

7月，廖源芳奉命撤返东兰，第四游击大队留守那地根据地，板丁一带韦丑、韦卯、韦日新团防武装再次联合罗炳、罗松以及驻在红水河边的东兰县团防副局长陈子怀分三路围攻那地。蓝志仁率领农军主动出击，采取机智灵活的迂回战术，击毙击伤数人，缴获左轮、步枪等武器弹药和物资，打退了团防武装对那地的第四次围攻，进一步稳定了那地苏维埃政权。

1931年1月下旬，罗炳、罗松联合河池、东兰等地民团共1000余人，向那地的红军发动第五次大规模进攻。廖源芳部因弹药不足，主动撤退到吾隘，那地被民团武装占领。4月，廖源芳又转战到那地，群众热情支持红军战士英勇作战，赶走占领那地的民团武装，苏维埃政府恢复活动。7月，黄愚夫、李祖同经那地往东兰，当晚在苏维埃粮食部开会，会后居住粮食部，深夜被偷袭不幸牺牲，同时牺牲的有那地朱老五、何绍祥、陆水安等3人，苏维埃政府遭到破坏。夏秋之后，那地县苏维埃政府在那地的最后一个据点粮食部失守，罗炳、罗松民团武装乘虚占驻那地。

二、扬州区八次反“围剿”斗争和革命据点的失守

扬州是南丹、那地通往大厂、车河、长老、河池等地必经之路，自古为兵家必争之地。那地县苏维埃政府成立后，扬州区建立了较为完善的党政军群组织，开展了有声有色的根据地政治经济文化建设，并取得较好的成果。从1930年初到1932年末，国民党地方军事力量和河池、南丹、东兰等县地方武装先后八次向扬州发动进攻。当地的农会、赤卫队

配合红军坚持斗争，用鲜血和生命保卫革命根据地。

1930年4月下旬，吾隘团防局罗炳和罗松召集翁乐周瑞卿和周祖卿、那地罗贯之、长老容志堂、六排韦日新、大厂廖祖卿等到大厂，商议和布置“围剿”扬州军民的军事行动。4月25日，各路团防从东、西、北三面对扬州发动第一次“围剿”。面对各路团防“围剿”，第四游击大队采取各个击破的作战方针进行防守。25日早上至中午，各路团防向扬州发起数次进攻，均被击退。下午，团防发起总攻，蓝志仁率领红军战士和伤员撤往东兰县境，扬州群众在部分红军、农会和赤卫队的带领下全部安全撤退到黄花岭一带，扬州失守，40余间民房被毁。此役，第四游击大队共歼敌50余人，缴获枪支数十支。7月上旬，蓝志仁率第四游击大队联合思暮独立营突袭扬州罗炳、罗松驻地，夺回扬州革命根据地，取得第一次反“围剿”的胜利。

1930年8月初（中旬），罗炳、罗松和周瑞卿等纠集100余团防武装对扬州发动第二次“围剿”。指导员蒋时明和区农会主席蓝景（锦）山、赤卫队队长宁家（嘉）佑事先组织布防，紧急组织群众转移物资和牲畜，蒋时明迅即赴东兰报告蓝志仁。蓝志仁立即率队回援扬州，占据扬州数日的团防武装闻讯随即撤退。

1930年12月，韦国英奉命率思暮独立营和第四游击大队主力转战思暮战区，二十一师副官蓝志仁因病未随队转战，带一个班留守扬州。周瑞卿、廖祖卿、廖八卿与韦日新等民团联合组织武装400余人对扬州发动第三次“围剿”。面对敌众我寡不利形势，蓝志仁组织战士和赤卫队员埋伏扬州村口击毙击伤民团20余人，并迅即组织战士和赤卫队员退居水岩洞据险死守，抗击民团数次进攻。数日后，蓝志仁与一名红军战士乘敌不备，突围出洞外并到达东兰西山红二十一师师部报告。韦拔群、陈洪涛命令二十一师六十三团团长廖源芳和蓝志仁率领红军分两路向扬州、那地进击，围攻扬州的民团闻讯撤离。

1931年4月23日，罗炳、罗松、周瑞卿、韦日新等组织民团武装400余人对扬州发动第四次“围剿”。农会主席蓝锦山率村民将粮食、炊具等搬进水岩洞，退守水岩洞的部分红军与赤卫队据险阻敌50余天，民团久攻不下。6月初，随师部在东兰、凤山县及老鹏、八腊、向阳等地活动的二十一师副官蓝志仁奉命率师部特务连从东兰回援扬州，与坚守水若洞的军民里应外合粉碎了民团对扬州的第四次“围剿”，救出100余名群众，有力配合了东兰、凤山等县的反“围剿”斗争。

1931年9月，罗炳、罗松与东兰代理县长韦耀祖策划“围剿”留守东兰、南丹一带的红军，集中1个正规营军队和凤山、河池、南丹、东兰县民团1000余人对扬州发动第五次“围剿”，并采取围困、轰炸、烟熏、投毒等方式“围剿”。双方相持三个多月后，转战在邕暮等地的右江独立师六十三团政治指导员兼邕暮独立营指导员蓝志仁率队回师扬州，取得第五次反“围剿”胜利。

1932年2月，那地周瑞卿、廖祖卿、韦日新等组织60余人对扬州发动第六次“围剿”。农会和赤卫队采取死守的方法，10余天后，扬州区农会主席蓝锦山、赤卫队队长宁家佑率赤卫队组织群众夜间巧计出击打退围攻之敌，并缴获部分武器和粮食。后由蓝志仁带队回援扬州，并向驻守水岩洞的战士补充枪支弹药和物资。

1932年4月，罗炳、罗松联合武装300余人对扬州发动第七次“围剿”，扬州军民与之周旋近两个月。蓝志仁得知扬州遭到“围剿”，请求吾隘下游红军和邕暮红军渡过红水河后，兵分三路直取扬州解除水岩洞的围困。随后，蓝志仁率队攻打那地、翁乐、南胃3个民团武装，并缴

扬州水岩洞战斗遗址（南丹县委党史研究室供图）

获军用物资和粮食送至水岩洞，取得第七次反“围剿”胜利。

1932年9月，河池县派出1个正规连军队和河池、翁乐等地民团300余人，对扬州发动第八次“围剿”，并在村前村后布满岗哨，岩洞前层层设防，喊劝降话，向洞内开枪，软硬兼施。赤卫队与群众拼死抵抗对峙，10月，扬州水岩洞弹尽粮绝，黄鸿章伤无医治，在洞内逝世；红军战士张新田、蓝松甫（扬州区农会主席）、蓝顺基趁黑夜离洞寻找红军救援，被民团发现后光荣牺牲，洞内丧失战斗力被攻破，30余人被押送到河池县当局监禁，赤卫队长宁家（嘉）佑和队员陈林忠、陈其斌在河池英勇就义；4位年轻妇女张大妹、张亚福、韦三妹、何英鸾被索价卖到大厂、车河等地，胡翠珠等其余32名老弱妇孺于次年1月被强令保释回家。蓝志仁部红军战士阳孔姣、马三吉、马吉福在甘孟峒作战被冲散后，绕道回扬州探听消息，到黄花岭峒场时被捕，被押至南丹杀害。至此，扬州革命根据点失守。

三、岜暮区反“围剿”斗争受挫和革命根据地的丧失

1931年夏秋，那地根据点失陷后，县苏维埃政府与武装人员转移至岜暮区一带坚持斗争。12月22日，东兰县民团陈子怀、徐家昌，河池县民团邓传汤，那地民团罗松、张刚，凤山县民团龙达尊组织数百人分三路“围剿”岜暮区和红六十三团，岜暮区苏维埃政府肃反委员韦金长以及岜暮乡苏维埃政府干部韦金安、韦土生等在反击战中英勇牺牲，韦国英率余下人员向东兰边境那立、盘干、隆通大山峒一带转移。

1932年4月3日，韩彩凤率4000余人从六排区云榜乡丘英村渡口渡过红水河，向岜暮区革命中心都楼乡进攻。韦国英命驻板花乡红军连队到丘宜坡要隘埋伏阻击，韩彩凤部伤亡30余人，被缴获步枪3支、左轮1支。韩彩凤部受挫后继续追击红军，韦国英率部退至都楼。

9月，国民党广西省当局通缉韦拔群、陈洪涛、黄松坚、黄举平等右江独立师的核心人物，以5000块大洋悬赏韦国英、蓝志仁、牙永平等人的首级。随后，按照“军事经济政治同时并进”方针和“严密包围、来回搜索、缩网收鱼”策略，由罗活担任总指挥，率1个正规团和凌云、凤山、南丹、河池、东兰等五县民团5000余人向右江仅存的一块革命根据地岜暮苏区进行“围剿”，并从5个方向包围那地县苏维埃政府转移办

公驻地巴暮区都楼乡板桂村。

9月19日，凤山县民团司令龙达尊率100余人率先进抵巴暮区公昌乡熊简峒，韦国英指挥军民迎战并击退。同时，各路“围剿”力量已靠近巴暮中心区域形成严密包围之势。面对严峻的作战形势，为有效迎击10倍于己的军队和民团武装，保存革命力量，9月20日，韦国英、蓝志仁、黄桂德等在都楼旧红峒组织六十三团排级以上干部40余人召开紧急军事会议，最后作出三条决定：一是红军和赤卫队400余人队伍，分设五道防线。第一道防线设在都楼乡那凡拉雨峒、镜西峒一带，由韦明宣指挥，阻击由红水河边龙安方向来的罗活所率正规团；第二道防线设在隆表一带，由韦国英指挥，阻击从巴暮方向来的南丹罗松、河池杨仁甫民团；第三道防线设在甘孟岭上，由蓝志仁指挥，控制由公昌方向来的凌云黄昆山民团；第四道防线设在牙祥、隆孟一带，由韦明三指挥，拦截从东兰县那立乡方向来的凤山龙达尊民团；第五道防线设在都楼乡玉亭洞、巴骨洞、隆水洞一带，由黄桂德指挥[①]，控制从板花方向来的东兰陈子怀民团。二是由于敌强我弱，且红军为孤军作战，不能硬拼和久守阵地。三是根据作战形势，红军以夜战和突击战为主，力争决战三天三夜迅速击退敌人，若三日内不能突破，即撤出阵地作两路转移：一路由黄举平带领往右江上游，相约在黔桂边三江口一带会合，另一路由韦国英带领往更新、巴川、平乐方面打下桥头巩固红军据点。会议结束后，各路指挥员星夜兼程，到各自设防阵地进行防守和反击准备。

9月21日清晨，罗活指挥“围剿”力量发动全面进攻。第一道防线坚持一日后宣告失守，次日第二道防线遭合围被攻破弃守。23日，因弹粮缺乏、寡不敌众，第四和第五道防线相继被攻破，第一和第二防线撤退至第三道防线，第三道防线地势险峻，不能各阵地相互策应。罗活指挥“围剿”力量不断增兵，向第三道防线阵地步步紧逼和围困。各防线指挥员紧急计议，决定23日夜各防线再次猛攻后趁机突围。负责第三道

① 关于五道防线的指挥人员除第三道防线蓝志仁无不同之处外，其余均有不同的记载。中共南丹县委党史办公室编《中国共产党南丹县历史·第一卷（1926—1978）》（2008）第30至31页表述为：第一道防线由黄桂德指挥，第二道防线由韦明三指挥，第四道防线由韦国英指挥，第五道防线由韦明宣指挥。

防线的蓝志仁和第五道防线的黄桂德担负阻击任务，掩护战士突围。韦国英在战斗中脚部被子弹射穿受伤，在战士的救护下带伤突出重围，往黔桂边凌云方向转移，其余战士冲出包围圈转移，各防线失去联系。蓝志仁、黄桂德阵地失守，率仅剩80余名战士撤入甘孟山上拉好岩一带。拉好岩高耸入云，三面陡险，一面是悬崖。因悬崖下有一岩洞称拉好岩洞，故甘孟山亦称拉好岩。岩内储存着粮食并隐藏着蓝志仁等红军和赤卫队员的家属和革命群众。甘孟山上的红军和赤卫队员，占据有利地形，四面布阵。24日清晨，凌云县民团司令黄昆山率400余团丁向拉好岩阵地进行强攻，被蓝志仁率战士英勇击退。是日下午，东兰县陈子怀民团再次发起强攻也被击退。遭受惨重伤亡后，民团用重金收买当地民团人员韦承青、韦承业等7人伪装成平民百姓，于夜间摸进红军前沿阵地，佯装送粮支援红军，被蓝志仁识破。

25日上午，民团将60余名红军家属押到阵地，强迫他们向红军战士喊话，红军家属顽强反抗，全部遭到杀害。午后，民团再次向拉好岩发起更猛烈强攻，并源源不断增加兵力，步步向拉好岩顶推进，双方激战数小时后，甘孟山西北通道隘口及两处高地被攻破，30余名红军壮烈牺牲。面对不利局势，蓝志仁、黄桂德及随军女宣传员蓝彩娥等16人负责掩护，其余红军立即突围，撤离阵地。黄桂德在掩护战斗中被逮捕（后被杀害），突围人员安全撤离之后，红军只剩下蓝志仁和6名红军战士及2名女宣传员全部退守拉好岩顶，直到子弹打完、垒石滚完，蓝志仁、黄文明、韦明甫、黄德东、岩三、覃升汉、李葵（魁）、蓝彩娥、宁美娇等9位壮士英勇跳崖，除黄文明在半山腰被树枝挂住幸存外，其余均壮烈牺牲。

拉好岩顶红军战士全部阵亡后，民团将拉好岩洞团团围困，集中火力进行强攻侦探。蓝景（锦）山指导5名赤卫队员用仅有的一支枪和石头垒成的石门保护洞内老弱病残的革命群众和粮食，最后除韦兰妹幸存外，全部壮烈牺牲。

岜暮区红军和革命群众在反“围剿”斗争中遭受惨重损失，共牺牲红六十三团指战员及战士100余人、赤卫队31人、家属及群众82人，被抓走妇女300余人，被烧房屋211栋766间、粮仓58个，杀死和掳走耕牛844头，其他物资不计其数。

拉好岩战斗遗址（河池革命纪念馆供图）

拉好岩的失守，标志着那地革命根据地丧失，南丹人民革命斗争走向低潮，党在南丹的各项工作亦全部转入地下秘密活动。

第五节　抗日民族统一战线下的南丹军民保家卫国斗争

一、中共丹池支部的建立和南丹地方党组织的重建

1932年11月，右江独立师六十三团第三营营长韦汉超、指导员谭国联分别率领16人在东兰县都邑区果棉洞突围，失利后转移至贵州荔波一带隐蔽活动。1935年9月，韦汉超、谭国联转移至河池、南丹两县边界的拉索继续开展革命活动。国民党广西省当局得知韦汉超等人仍在丹池边境活动的消息，立即电令河池县县长"督饬民团严密搜剿、务悉捕获具报"。在严酷的斗争环境中，韦汉超、谭国联等共产党员怀着对革命必胜的信念，一面坚持向群众宣传共产党的革命主张，一方面多方查找突

围出来的革命同志。经过一段时间的努力，先后与突围到丹池边界一带的10余位同志取得联系。同月，中共思果中心县委书记陆浩仁得知丹池边革命斗争情况后，在曾任红军排长的谭培芬带领下到达丹池边，在拉索与韦汉超等人见面并听取革命斗争情况汇报。陆浩仁对韦汉超等人忠于革命的精神予以鼓励，并介绍右江上、下游革命斗争恢复情况，希望韦汉超等到东兰县西山与东兰县党组织联系。

1936年2月下旬，覃桂芬、覃怀恩、覃卜宠、韦金廷到达西山水洞，见到中共东兰中心县委书记黄举平和常委黄世新，覃桂芬作为丹池方面代表出席右江上游革命委员会成立大会并当选为粮食委员。会后，刚当选为右江上游革命委员会主席的黄举平认为革命形势发展很快，应尽快成立东兰、万冈、都安县和丹池边、凌凤边革命委员会，并决定派中共东兰中心县委常委韦钟权（韦挺生）到丹池边协助工作。3月，韦钟权带着右江上游革命委员会文件随覃桂芬到达长老。随后，韦钟权等人到达拉索，韦汉超等按上级指示加紧开展党组织的恢复和建设工作。6月，中共丹池支部在拉索成立，韦汉超任书记。7月，成立中共拉索支部，黄焕民任支部书记，黄焕民离任后覃二继任支部书记，党员有覃卜丁（覃乙思）、莫树兰、韦正标、韦孔仁等人。同月，成立大厂支部（又称南丹支部），韦仕英任支部书记。9月，成立中共翁昂支部，谭耀机任书记。1937年9月，中共长老（现属河池）支部在长老六角村肯社屯成立，书记谭秀明，副书记韦达如，党员有韦凌宝、黄保金等五六人。12月，中共荔波（现属贵州省）支部成立，韦汉超任书记。同时，中共丹池支部改为中共丹池特支，韦仕英任书记。这些党组织在南丹建立，有力推动了丹池边界的武装斗争，对领导丹池边界抗日救亡运动的开展，为保存革命实力和发展新力量打下了基础。

1939年春，随着抗战形势和斗争环境的变化，多数党员离开南丹执行任务，南丹地方党组织活动终止。

二、丹池边革命委员会的成立与活动

1936年4月，按照右江上游革命委员会指示精神，韦钟权等人组织韦寿昌、何世贤、王叶长等各地代表30余人在容贯（长老平村后面坡）

召开建立丹池边革命委员会筹备会，到会同志全部拥护成立丹池边革命委员会。

1937年8月，中共广西省工委派林鹤逸（何云）到东兰指导工作，东兰中心县委在西山水洞召开右江上游各县共90余人参加的党政干部会议，丹池边方面派覃桂芬、韦仕英、黄武、覃绍权、黄月响等5人出席。林鹤逸在会上传达党中央关于解决“西安事变”的重大决策和搞好国共合作、联合各党派团结对外、一致抗日的指示。会后，为加强对丹池边革命工作的领导，右江上游革命委员会主席黄举平决定再派中共东兰县委书记黄焕民到南丹指导筹建革命委员会。9月中旬，在南丹、河池、思恩、天峨、宜北、贵州荔波等县边界活动的20余名革命骨干汇集到南丹县拉索召开丹池边革命委员会成立大会。由于与会人数较多，为保证安全，代表们白天下田和群众一起搞秋收，晚上开会，会议持续约一周，最后选举成立丹池边革命委员会（主席：韦汉超；副主席：谭国联；组织委员：韦仕英；宣传委员：覃桂芬、韦寿昌；军事委员：何希贤、韦寿书）。办公地点设在拉索，管辖荔波、宜北、思恩、容江、天峨、南丹、河池、东兰的河东，都安与河池交界的七百弄等地区。管辖范围分为6个区，各区成立革命委员会，设立主席、副主席、组织委员、宣传委员、军事委员、财粮委员。与此同时，在拉索和八圩拉池也建立革命同盟，南丹由此成为右江上游革命根据地的重要组成部分。

丹池边革命委员会成立后，委员会的成员奔赴各区开展革命活动：韦汉超、何孟机、梁元等人到思恩、宜北等地，谭国联、谭敏初等人到荔波、容江、天河等地，覃桂芬等人到都安、东兰、南丹一带，韦仕英、韦灵定等人到河池长老、三旺一带，韦钟权到大厂、拉索等地，何希贤在后方负责接收来信和接待来访。各区革命委员会积极向群众宣传右江上游革命委员会编写印发的《敬告群众书》等文告，号召人民觉悟起来，参加各种革命同盟组织，积极参加抗日救国运动。同时宣传抗日民族统一战线，在各地组织“乡抗日会”，把“游击队”改为“抗日义勇军”，宣传和动员应征青年入伍赴前线参加抗日。

1939年1月后，由于韦汉超、谭国联等相继遇难，韦仕英等转移到黔桂两省边界隐蔽，丹池边革命委员会随之解体。

三、南丹人民奔赴抗日前线和抗日救亡斗争的开展

1937年卢沟桥事变后，南丹社会各界有钱出钱、有力出力、捐款捐物，分三批次出征支援抗日前线。[①]1937年9月，新编一七五师在南宁成立，莫树杰任师长。1939年，南丹各城乡相继成立救国同盟组织，广泛开展各种形式的抗日宣传活动。在南丹中学、八圩中心小学、六寨中心小学等机关、学校，地下党员以及教师组织编写、编排、演出抗日救国节目，演唱《大刀向鬼子的头上砍去》《义勇军进行曲》《杀鬼子·保家乡》等抗日歌曲，高喊"打倒日本帝国主义""日本鬼子滚出中国"等口号，增强了南丹广大人民群众为中华民族求生存、求解放的抗日意识。同年夏，南丹籍共产党员张浩如受中共柳州地下党组织指派，以探亲名义回到南丹，在城厢、芒场等公路沿线圩镇秘密开展抗日宣传活动，团

1994年拍摄的位于县城铜江公园坡脚的南丹抗日宣传活动遗迹，该遗址现已不存在（南丹县文化馆供图）

① 2015年9月，在中国抗日战争暨世界反法西斯战争胜利70周年之际，中共南丹县委员会、南丹县人民政府按照党中央决定，向沙洪涛、莫仁芳、石宗安、兰民世、王炳汉、刘树山、龙光琼等7位健在的抗战老战士发放了中共中央、国务院、中央军委颁发的"中国人民抗日战争胜利70周年"纪念章，以表彰他们的历史功勋、彰显他们的荣誉地位。

结学校进步教师对学生进行爱国主义教育。

从1937年卢沟桥事变全民族抗战开始，至1945年8月日本无条件投降，南丹子弟兵在江苏、湖北、河南、安徽、湖南、浙江、江西、广西等正面战场浴血奋战、不怕牺牲，共有一五一师四五二团上尉连长王寿廷、一七一师一〇二一团少尉连副罗怀玉等51位抗日将士壮烈殉国。[①]

四、南丹军民抗击日本侵略的战斗和县境沦陷

1944年11月10日，桂林、柳州失陷，从湘、粤、桂退走南丹线的数万军队及数十万难民沿黔桂铁路和从柳州、河池经南丹公路线向大后方逃难。

日本侵略军立即尾追沿黔桂铁路向宜山、河池等县展开迅猛进攻，并先后占领南丹周边的河池、思恩、都安等县，兵锋直指大后方贵阳和陪都重庆，南丹的战略地位瞬时凸显。全县各社会团体、各族人民纷纷起来抗击日本侵略者。

11月23日，日本侵略军由河池兵分三路从大厂方向、丹池公路线、黔桂铁路线向南丹发起猛烈攻击，九十七军布防将士、莫树杰指挥的地方民团武装和南丹广大民众奋起抵抗。一六六师四九八团、一九六师五八八团在高峰阵地同装扮“柳州警察大队”的日军一〇四联队激战，打死日军100多名，但150多名守军将士阵亡；一六六师四九八团一个营在金猫坳、落花桥与日本侵略军战斗，伤亡惨重。24日，日本侵略军1000多人在猛烈向大山塘阵地炮击后，扑向守军的前沿阵地，

① 河南商城忠烈祠记录南丹县51位抗日将士名单为：莫盛福、杜老桥、罗怀玉、刘再文、陈继修、唐兴荣、莫仁伦、韦松明、宁永恩、何凤龙、陶兴荣、罗才、艾老四、韦云恩、衡世荣、龙金、朱启华、罗尚宽、邓朝辉、张福林、陈现新、甘桂廷、韦英权、谢瑞通、刘正富、覃道华、韦金甫、莫定魁、莫正吉、彭宗林、陆寿仁、莫贵荣、谢大安、何德福、韦有三、陆芳春、陈继清、杨秀成、郭清云、汪海流、王寿廷、王志成、李富长、何升学、覃凤吉、陆家仁、韦刚来、宁远华、王正卿、罗吉保、张玉山。2015年9月，在中国抗日战争暨世界反法西斯战争胜利70周年之际，中共南丹县委员会、南丹县人民政府拨出款项在六寨镇中山公园西南坡脚修建“南丹抗日纪念碑”，镌刻纪念碑文及51位抗日烈士名单，以缅怀先烈、教育后人。

一六六师四九六团将士与日军开展肉搏战，战况异常惨烈，主力伤亡殆尽。

27日，一九六师五八六团300名将士在方田（今翁乐村荒田）歼敌500余人，大平战役歼敌数百人。同日，车河毛坪山、堂皇坡以及八圩牛栏关阵地被日本侵略军突破，日本侵略军一一六联队第一大队长古贺春一被击重伤后死亡。28日，南丹核心阵地打锡坳、大土坪被日本侵略军攻破，日本侵略军占领南丹城，南丹县城沦陷。第四战区长官部急撤去独山，第九十七军残兵退往六寨往独山、都匀，国民党南丹县当局退至六寨拉堡圩躲避，南丹民团指挥部和警备区部队向南丹县属黄江乡、龙腊乡转移，莫树杰率部分官兵在南丹飞机场拉要方向的甲界山成立指挥所，以500余人的部队随地召集民团与日本侵略军周旋于甲界附近的板谢、移州、挽白、拉希、道理等村袭扰敌后，使敌人日夜不得安宁，交通常被阻断。日本侵略军占领南丹城后，大部沿丹池公路继续往北进犯，一部取道罗富、央哨、黄江、邦里、才怀、巴定出六寨进贵州麻尾。九十七军在南丹有组织抵抗日军进攻的战事基本结束，从贵州赶来增援的九十三军及九十八军一部用汽车运达南丹后因日军装备精良，加之寡不敌众也自行撤离，九十七军前线部队退到南丹城南约8公里的许家村一带布防。

从日本侵略军11月23日向南丹发起进攻至11月30日从六寨出桂境，全县军民累计与日本侵略军作战18次，付出了巨大代价。除在南丹境内毙敌500余人外，我方一六六师副营长黄本荣等军民阵亡1822人、被俘735人，损失野炮、山炮、速射炮、重机枪、轻机枪、掷弹筒、步枪共560余门（挺、支），载重汽车5辆，机车16辆，车皮200节；全县17个乡151个村有12个乡86个村受到日军侵害，日军途经之处，到处枪杀、刺杀百姓，奸淫掳掠，无恶不作，给南丹人民带来了空前的灾难。据不完全统计，南丹县被日本侵略军杀害3352人、受重伤210人、轻伤1840人，造成直接经济损失223.3亿多元（国币，下同），间接经济损失1.69亿多元，还有140个机关团体遭受破坏（其中包括68所学校及60个村公所），南丹境内的黔桂公路有67公里，乡村公路有414公里遭受破坏，损失值30亿元，乡村电话损失值0.18亿元。矿业损失更为惨重，损失价值达186.5亿元。被劫后的南丹县城，一片死寂。昔日繁华的街道、饭店、酒楼、茶店，变成一片废墟，残垣断壁举目皆是，大车小车塞满道途。公路上被捣毁的汽车一辆接着一辆，饿死、冻死、累死的难民随处可见。

五、抗日游击斗争的兴起和南丹抗战的最后胜利

1944年11月，中共河池特委书记罗恒新受上级党组织的派遣，到丹池边界地区开展抗日斗争活动，同时建立人民武装。当时，斗争形势相当恶劣，日军岗哨林立，绝大多数群众向山坡上躲藏避难，罗恒新只能充分发挥在南丹龙藏一带有许多亲戚的作用，以走亲访友形式深入各村寨，秘密进行抗日宣传和组织活动。罗恒新先后到龙藏、宝藏、拉角、拉考、岜腊等村寨，培养革命力量，准备组建人民抗日游击队。不久，先后发展韦钊、罗宗孟、杨懋、罗启魁等4人为中共预备党员。为扩大活动范围，壮大党组织和革命力量，罗恒新进行工作区域分工，派罗宗孟到板坡一带活动，韦钊、莫韩到南丹、八圩方向工作，杨懋留在宝藏一带协助罗恒新壮大党组织，准备建立抗日武装。韦钊、莫韩主要在八圩各个学校进行活动，利用《新华日报》等资料，宣传共产党抗日救国的主张，教学生和群众唱抗日歌曲，如《大刀进行曲》《黎明曲》《八路军军歌》等，鼓舞民众的抗日斗志。罗恒新等共产党员的活动，宣传了共产党的抗日救国主张，发展和壮大了党的力量，培养了革命骨干。

12月初，日本侵略军进攻贵州黔南受阻，十三师团沿原路溃逃南丹，南丹军民尾随追击。12月10日至13日，先后收复六寨、南丹城、车河，16日收复大山塘西边山地，南丹县境光复，成为河池第三个光复的县。此后，日本侵略军退守大山塘东边的若干个小山头，与中国军队在河池、南丹边界对峙拉锯战长达5个多月。

1945年5月，中国军队大反攻，日本侵略军被反攻的我军民全部驱出南丹，从南丹、河池边界经宜山县撤到柳州缴械投降。8月，日本无条件投降，全县军民振奋，城中百姓家家户户挂起国旗并上街游行。9月，投笔从戎的战士沙洪涛随部队在海口参加海南地区的受降仪式，成为见证日本军国主义失败的南丹优秀子弟兵代表。

第六节　抗战胜利后的南丹革命形势发展

一、爱国民主运动的兴起和半隐蔽半公开的斗争

1945年8月，中共河池特委书记罗恒新奉上级党组织的指示，调回河池工委工作，韦钊（剑）、杨懋、罗宗孟等人继续留在南丹的宝藏、平村等地坚持活动，罗宗孟负责河池、板坡一带，韦钊等负责八圩、南丹一带，主要宣传党的主张、壮大人民力量。1946年6月后，共产党在南丹的活动完全进入秘密状态。1947年夏，韦钊等联络学生在八圩掀起反饥饿、反内战、反迫害的学潮运动，后又转移到家乡以走亲访友形式继续秘密活动，先后又发展了河池县长老乡上房村杨发奎，中房村罗善辉、罗善明、罗善矣为地下党员及南丹县宝藏村莫量京、韦秀廷、梁五哥、莫启福等11人为革命骨干力量，组织农民抗征、抗捐、抗租，同时还开展爱国民主运动。

1948年8月，中共柳州地方党组织特派在柳州参加柳北游击队的南丹县昌里籍学生罗恩荣及柳城县籍同学梁丰（凤）、覃焕民，带着党组织交给的任务和《告广西同胞书》等宣传资料及进步刊物到南丹开展革命联络活动，并以那地作为组织活动地点。在那地，他们首批发展进步青年蓝展昌（后改名为蓝晶）、宁云才、罗文忠等7人参加组织活动。8月24日，罗恩荣、梁丰、蓝展昌、宁云才集中在凡里村后面的拉岜田，秘密召开中坚骨干成员会议，并成立“长老游击大队那地联络组”，发展了龙水兰、蓝永祥、罗达高、韦振开等4名进步青年加入联络组。

9月上旬，宁云才陪同罗恩荣以自荐教书为掩护，到吾隘、罗富、罗腾等地搜集国民党保安部队的情报，秘密送达长老游击队。中旬，罗恩荣说服其父亲罗明卿支持革命，蓝容萱、蓝旺春、蓝晃春等11人参加联络组。至此，联络队伍发展至30余人。随着联络组人员不断增多，罗恩荣、梁丰、覃焕民着手准备建立地方武装，并先后与河池县长老游击队和东兰县切学游击队取得联系，后因各方面条件不成熟未建成。其间，“广西爱国民主青年会”领导人之一刘明文（中共党员、南丹人）回到南丹，先后结交在南丹中学就读的黎自华、韩丰云、周光熙、韦一德、黄

润滇、李炳仁、莫柱刚等7名进步学生，他们以“南丹爱国民主青年小组”的名义进行宣传工作，并以刘明文家作为活动地点，秘密制作和书写革命标语和传单，到县城各要道和街中心张贴。在革命联络组活动下，板德、凡里民众公开与那地乡公所进行抗丁、抗粮、抗税斗争，其影响轰动全乡。

二、宝藏游击队的建立和武装斗争的准备

抗战时期，中共河池特委书记罗恒新深入宝藏、平村开展抗日斗争活动并秘密发展韦钊、杨懋、罗宗孟、罗启魁等4名共产党员，为宝藏游击队的建立打下了一定的组织基础。抗战胜利后，随着革命形势的发展需要，党组织决定成立宝藏游击小组。1948年1月，杨懋、韦钊、莫与京、莫量京、莫正修、莫韩、莫绍光、罗善辉等在宝藏村拉角屯背后坡竹林里召开宝藏游击小组成立大会，提出以“打倒国民党反动派，解放劳苦人民，建立新中国”和“抗粮、抗兵、抗税，打倒土豪劣绅”为宗旨的革命行动纲领。会上，推选莫量京担任游击小组长，罗善辉任副组长，杨懋负责宣传发动工作，莫韩负责情报联络工作。

游击小组成立后，经过2个多月的活动，于1948年3月在木乱坡召开会议，吸收墨村莫桂山、莫桂友、韦庆成、罗忠心，拉考容盛强、容盛康、容盛辉，岜腊莫正修、莫桂福、莫桂荣，棠村罗咏儿以及智背罗高尚等40余名新队员加入游击小组，游击小组武装力量逐步壮大。为便于活动，游击小组于5月4日在拉考月芽坡召开会议，决定将游击小组扩编为平村、宝藏2个小分队，分队长分别由罗善辉和莫量京担任。7月，九圩游击队支队长韦景光到宝藏分队召开会议，着手组建长老游击大队（把河池长老、平村和南丹宝藏3个分队合并），要求各分队迅速发展队员，扩大游击队武装力量。会后，宝藏分队根据会议精神，积极发展新队员。8月中旬，成立桂西人民解放军第十支队长老游击大队，韦希珍任大队长，大队下设3个中队，宝藏游击分队升格为第三中队（即宝藏中队），莫与京任中队长，罗善辉任副中队长，韦钊任指导员。中队下设3个分队，第一分队长罗善辉（兼），第二分队队长莫量京，第三分队队长莫正修。9月，中共右江地委根据上级指示，将桂西人民解放军编入中国人民解放军滇桂黔边纵队桂西区建制，宝藏中队（第三中队）编入

中国人民解放军滇桂黔边纵队桂西区第十支队长老大队第三中队。至此，宝藏中队已有队员130余人，枪支85支。

三、宝藏游击队的游击战和配合南下解放军的战斗

宝藏游击队组建后，先后与国民党地方武装进行大小战斗13次，并在战斗中不断扩大队伍，为争取桂西军政区接受和平改编及南丹和平解放起到了一定的促进作用。

1949年2月，长老游击队与国民党保安团莫礼衡部在河池县保平弄六区激战，由于游击队子弹奇缺，处于相持不下局面。宝藏中队得知情况后，当夜冒雨急行军赶赴支援，次日抵达目的地配合长老游击队展开战斗。3月，驻扎光隆（今都安下坳乡光隆村）的游击队第十支队将河池县田粮主任田德高枪决，国民党河池县副县长莫限才闻讯后带领全县警兵将游击队围困。宝藏中队得到报告后，立即组织精干队员赶赴支援。次日，宝藏中队又配合长老游击队解放长老乡，并没收税款、粮库，组织群众搬运10万余斤粮食供游击队使用。7月中旬，莫树杰保安团2个营进攻东兰游击区，在遭到打击后向九圩、下坳、板坡一带撤离。支队获得情况后，决定在电达一带截击，不慎行动计划被保安团密探得悉。保安团得到消息后，把撤离路线改经宝藏、平村等游击区再往河池。支队随即命令宝藏中队出兵在高洞予以阻击，中队长莫与京立即率领50余名队员赶赴高洞埋伏，次日拂晓与保安团在高洞交战，打退保安团3次进攻。由于力量悬殊，战斗持续10余小时，处于相持状态。支队命令三旺游击队从保安团背后出击，配合宝藏中队发起第4次进攻，至下午三四时许，终于迫使保安团不得不向板坡方向撤退，进入支队布好的包围圈，遭受游击队沉重打击。保安团在遭到重重打击后，千方百计想撤回河池县城。宝藏中队奉大队命令，在丹池公路之要道——隘口设防，以切断保安团后路，阻止其撤往河池。8月初，保安团向隘口逼近，集中火力冲击游击队阵地，宝藏中队凭借有利地形打退保安团2次进攻，击毙连长、班长和士兵各1名，后因游击队弹药不足撤离战斗。8月初，保安团进攻九圩，抢走耕牛40多头，并抓走数名群众。支队命令各游击中队集中力量沿途设防，解救被抓群众。宝藏中队接到命令后，连夜赶赴大山塘阵地埋伏，打退保安团2

次反扑，击毁军车1辆，击毙4人、打伤若干人，被抓群众全部逃脱，耕牛也全部回到群众手中。

11月中旬，河池县长莫限才运送一车武器到南丹，在河池大山塘遭到宝藏中队和板坡游击队、大杨村游击队阻击。由于力量悬殊，游击队不得不撤出战斗。11月下旬，国民党蒋介石嫡系部队第十七兵团司令刘嘉树的第一〇〇军（军长杜鼎）和第一〇三军（军长黄一华）在贵州境内与中国人民解放军第二野战军第五兵团交战后退至南丹。刘嘉树将该兵团分为两路撤退：刘嘉树亲自率领杜鼎的第一〇〇军走右路，经罗富出吾隘渡红水河；以黄一华的第一〇三军走左路，出大山塘往河池一带。解放军第一五一师获悉情况后，命令宝藏中队在拉友、板月一带待命。当刘嘉树的右路部队在吾隘强行渡河后，沿途被游击队截击，伤亡惨重，遂向东兰、凤山方向撤离。其左路军转至大山塘往河池，在拉友、板月一带被解放军歼灭。此役国民党军伤亡3000余人，师长潘汉逵以及26名官佐被俘，一大批武器被缴。

11月26日，河池独立营配合解放军第一五一师解放河池县城后，当日下午，驻河池的中国人民解放军第四野战军第十三兵团第三十八军一一二师三三五团副团长庞坦直奉命率领该团一营解放军向南丹县奔袭。宝藏中队和兄弟游击队在河池独立营政委韦景光率领下配合解放军向南丹进击，并凭借着熟悉地形为解放军引路。当距南丹县城约15里时，与保安团约一半兵力遭遇，保安团均被解放军前卫第二连第二排歼灭。行至打昔坳时，守哨的国民党士兵不战而退，宝藏中队占领哨所。次日清晨5时许，解放军和游击队到达县城附近，决定以二连为前卫由南向北挺进，并担任主攻任务，一连以1个排的兵力迅速占领南宇山上制高点。宝藏中队长莫与京安排熟悉地形的游击队员为解放军做向导，拔掉五枫坡和街旁土坡国民党部队机枪组；与此同时，二连迅速赶至南丹县城西南，抢占有利地形，三连赶至城北，一连的二排和三排进至城东南，对南丹县城形成四周包围之势。此时，解放军和宝藏游击队沉重打击了从贵州撤退暂在南丹县城的国民党第一〇三军汽车队。此战，俘获国民党200余人，缴获汽车10余辆、机枪2挺、步枪100余支。战斗结束后，解放军乘坐缴获的10余辆汽车返回河池。

第七节　劝和促谈及南丹和平解放

一、人民解放军对国民党华中区桂西军政区的军事包围

1949年6月，人民解放军以雷霆万钧之势向白崇禧亲手部署的衡宝防线发起攻击，广西全境共产党游击队日益壮大，广西绥靖公署主任李品仙依游击队活动区域情况把全省划分为四个“剿区”，莫树杰负责宜山、柳州“剿区”，并于6月下旬在宜山成立“剿匪”指挥所。白崇禧布置实施“总体战”，将广西全省划为“桂北、桂东、桂西、桂南、桂中、桂黔”六个军政区进行分治。桂西军政区设在南丹，司令官莫树杰兼新编十五军军长。11月2日，莫树杰根据“总体战”要求，在宜山成立桂西军政区司令部。11月7日，人民解放军遵照中央军委指示，南下广西，发动广西战役。第四野战军以十三兵团的2个军组成西路军进行突击迂回，沿黔桂边向西南进攻；在广东的第二野战军四兵团与第四野战军的四十三军组成南路军，向黔桂边境进击；北路大军集结在湘桂路及其以东地区突进，国民党桂西军政区部队往云南和雷州半岛的道路完全被封住。在桂西一带，覃宝龙领导的都宜忻人民解放总队和韦景光领导的河

1949年12月驻扎河池的人民解放军第三十八军一五一师（河池革命纪念馆供图）

池人民游击队，不断打击各县国民党武装，对桂西军政区“政权”步步逼近。11月中旬，莫树杰将桂西军政区司令部连同家属由宜山迁至南丹。11月15日，中国人民解放军十三兵团率第三十八军、第三十九军从邻近河池的贵州省从江县进入广西境内。11月21日至25日，解放军第二野战军部队占领南丹以西、北的贵州独山县和荔波县，军至麻尾按兵不动；南丹以东、南的宜北、天河、思恩、金城江也先后由解放军第四野战军部队占领，于河池驻兵待命，桂西军政区面临被解放军四面包围的局面。

11月26日，莫树杰下令桂西军政区司令部紧急向南丹县城以西约120里紧靠天峨县边境的黄江乡罗腾村转移。11月下旬，随着东兰、万冈、宜山县城的解放，桂西军政区司令部已完全陷于解放军的重重包围之中。

二、争取和平的政治努力

1949年12月中旬，广西全境基本解放，为尽量减少战争给桂西人民群众带来的痛苦，广西省委第二副书记、广西军区第一副政委、十三兵团政委莫文骅和省委第三副书记何伟决定对莫树杰部给以军事压力的同时，又展开政治攻势，特别是利用宜山军分区副司令员王汉昭和宋厚礽、郭炳祺（原国民党柳州警备司令部少将参谋长）、周坦宴等人和莫树杰的私人关系对莫树杰进行政治争取工作。12月中旬，在莫文骅的安排下，与莫树杰有故交的郭炳祺和已投诚的原桂西军政区司令部政务处处长宋厚礽，随三十八军副军长卢绍武和政治部主任吴岱到宜山，在三十八军政治联络部部长吕本支的具体指导下，协助宜山军区副司令王汉昭开展对莫树杰的政治争取工作，并分别写信给莫树杰及其幕僚，说明共产党政策，争取和平改编。

12月20日，驻贵州独山县的解放军1个连，向南丹月里、六寨、雅陇一带进击，因未遇抵抗随即撤走。21日，莫树杰派其胞弟莫树贤秘密到独山接触解放军，探听解放军方面的态度，得到解放军第二野战军一位师长热情接待，并表示欢迎。22日，解放军第三十八军一一二师1个连和右江独立营1个连沿丹池公路攻入南丹县城，掩护送信人云献龙（南丹县人，原国民党保安团十连连长，1949年11月在柳州被解放军改编）从宜山沿黔桂铁路进入南丹。攻入南丹县城的解放军对驻县城的国民党一排保安队员鸣枪警告，收缴其武器，随后在县城张贴布告和书写宣传标语，深受县城人民的欢迎。解放军在完成武装送信任务后撤出南丹县城返回河池，信件几经周折转至莫树杰手中。莫树杰几经权衡、反复审时度势，终于以大局和包括南丹在内的桂西北人民为重，作出接受和平改编的决定。随后，立即指令王简临用桂西军政区司令官莫树杰的名义，分别给解放军十三兵团副司令黄永胜和宜山军区副司令王汉昭写信，表示愿意和谈。

三、和平商谈与南丹和平解放

莫树杰表示愿意和谈后，即于1949年12月29日派周竞、王简临2人由罗腾起程，前往柳州商谈和平改编事宜。

1950年1月2日晚，周竞、王简临到达宜山，受到三十八军联络部长吕本支和宜山军区副司令王汉昭接见，吕本支表示兵团部正在向南宁移动，代表无需到柳州，可在宜山就近协商。3日上午，周竞、王简临开始与吕本支和王汉昭商谈莫树杰部接受和平改编事宜。经双方协商，原则上达成协议，唯有关于桂西军政区部队（不包括县以下常备队）集中改编的地点存在异议，解放军主张在河池县金城江，周竞、王简临主张在南丹，双方在这一问题上未取得一致意见。4日下午，周竞、王简临携带协议，在解放军驻河池县的一一二师政治部主任李际泰陪同下，前往南丹征询莫树杰意见。8日，莫树杰对所达成的协议和解放军提出的条件表示同意，对河池县金城江作为改编地点也无异议。当晚，莫树杰即电召黄翰庭于9日赶至罗腾，面商有关谈判事宜。同时决定以黄翰庭为全权代表，由周竞协同，到河池与解放军代表签字。10日，黄翰庭、周竞由罗腾起程，莫树杰同时派参谋处副处长吴志雄带一部无线电台进驻南丹县城以便与解放军联络。12日，黄翰庭、周竞到达河池。13日双方继续会谈，解放军出席会谈的有宜山军分区政委张伟烈、副司令员王汉昭，解放军第三十八军联络部部长吕本支，一一二师政治部主任李际泰；桂西军政区出席的有副司令官黄翰庭，参谋长周竞，原政务处处长宋厚礽。双方就改编的部队到达金城江的时间和集中的伙食补给，以及其他一些具体问题进行协商和讨论，最后全部达成协议。

1950年1月14日上午10时，以李际泰为全权代表的中国人民解放军第三十八军与以黄翰庭为全权代表的中国国民党桂西军政区关于《和平改编决议案》签字仪式在河池县城举行。出席签字仪式的人员解放军方面有解放军第三十八军一一二师政治部主任李际泰，政治联络部部长吕本支，宜山军分区政委张伟烈、副司令员王汉昭；国民党桂西军政区方面有桂西军政区副司令黄翰庭、参谋长周竞、秘书主任王简临。列席签字仪式的有宋厚礽。李际泰、黄翰庭分别代表双方在《和平改编决议案》上签字，并宣布协议即日起生效。《和平改编决议案》的签订，使包括南丹、天峨等县在内的桂西北数十万民众避免了一场战争。

协议签字后，解放军成立了由吕本支、李际泰、张伟烈、王汉昭等4人组成的改编委员会，吕本支为主任委员，下设行政科、总务科、联络科、军事科，负责改编的具体事宜。当晚，即电报莫树杰，让其将接受和平改编的部队先召集到南丹准备。

16日，黄翰庭、周竞和宋厚礽回到南丹时，部队已集结完毕，莫树杰在南丹发出通电，接受和平改编。18日，桂西军政区司令部以及撤至南丹的南京"总统府"特务总队2个连和后勤总部1个监护营由黄翰庭带领离开南丹前往河池县金城江接受和平改编，而莫树杰则于当日回至六寨龙马庄家中休养，治疗眼疾。20日，改编部队到达金城江时，受到解放军领导和1000余名群众的欢迎，并举行盛大的欢迎会。22日，桂西军政区官兵正式接受和平改编。除天峨县常备队在吾隘、南丹县常备队在南丹县城改编不计外，到金城江接受和平改编的有1330人，其中军官190人，步枪、手枪624支，重机枪8挺，轻机枪53挺，弹药70000发，火炮9门，卡车3辆，吉普车1辆，电台13部，电话机24部。此外，还有军马51匹，其他军用物资一批。交接后，有军官等99人，解放军根据其自愿送往桂林军政大学学习；对愿回家的104人，解放军均计程资遣；对愿参军的士兵，将其编入解放军第三十八军一一二师。

南丹历史从此翻开了新的一页，在中国共产党的领导下，南丹人民和全国人民一道走上了社会主义康庄大道。

第二章

社会主义建设艰辛探索

（1950年1月至1978年12月）

1950年1月14日，南丹和平解放，人民实现了当家做主。从此，中国共产党南丹县地方党组织担负起建设新政权、巩固新政权和发展国民经济等重要历史使命。勤劳智慧的南丹人民在党的领导下，开展了一系列巩固政权的斗争，全面贯彻民族区域自治制度，分步进行土地改革，胜利完成了恢复国民经济和对农业、手工业、资本主义工商业的社会主义改造任务，发展了教育、文化、卫生等各项社会事业。1956年党的八大召开后，南丹县委带领全县人民开始了艰难的社会主义建设探索，取得了一定的成就。后来虽然受"文化大革命"等影响，南丹县各方面的建设受到了干扰，但在全县人民群众的共同努力下，仍然取得了一定的发展，为改革开放奠定了基础。

第一节　人民政权的建立巩固和社会主义过渡时期总路线的贯彻

一、和平接管政权和县区党政军机构的建立

1950年1月14日，南丹实现和平解放。随后，南丹县

委、县政府宣告成立，游击战争时期建立的中共滇桂黔边委及宝藏游击中队撤销。县委、县政府成立后，统一领导全县工作，并不断完善内设机构，同时相继建立各区委、区政府及乡级党组织、人民政权组织等。

（一）和平接管南丹地方政权

根据《和平改编决议案》中关于“南丹县政府除主要负责人外，其余雇职人员暂留，由解放军派人前往接收”的规定，1950年1月14日，孙霖、赵培然、吉飞率领华北人民革命大学36名学生离开河池步行进入南丹。1月19日，南丹县人民政府成立，在孙霖的领导下，开始接收原国民党南丹县府等机构组织及档案。南丹县城接管工作较为顺利，商店照常营业、学校照常上课、人民正常生活。

（二）县委及其领导机构的建立

1950年1月，经中共庆远地委批准，中国共产党南丹县委员会成立，副县长孙霖任县委副书记并主持工作，县委成员赵培然、吉飞以及3位县委领导人员均属中共庆远地委委派。2月，中共庆远地委改称中共宜山地委，南丹县委隶属中共宜山地委领导。1950年初至1952年夏，县委先后由孙霖、赵培然副书记主持工作。其间，组织部、宣传部、统战部相继组建，赵培然任组织部部长、王醒民任宣传部部长、覃宝龙兼统战部部长。1952年6月，上级党委任命的首任县委书记吴笑湘到任。1953年3月，吴笑湘离任，赵培然接任县委书记；4月，县委纪律检查委员会设立，赵培然兼任县纪委书记。1954年4月，县委书记赵培然离任，由刘庆仙同志接任；11月，刘庆仙离任，由李文达副书记主持县委工作；12月，县委设立常务委员会，中共宜山地委任命李文达、张斌、胡顺禄、张喜福、葛长山5位同志为县委常务委员会委员。1954年至1955年，县委秘书处、财委、农业部、工业部、直属机关总支委员会相继组建。

（三）县政府及其职能部门的组建

县政府成立后未配备县长人选，1月至5月，由副县长孙霖主持工作。5月，孙霖调离，广西省人民政府委任覃宝龙为代理县长。7月11日，宜山行政区专员公署民宗第186号令转奉广西省人民政府5月27日电令任黄翰庭为县副县长。1950年1月至1954年3月，县政府相继组建办公室、公安局、粮食科、民政科、税务局、建设科、财政科、工商科、文教科、卫生科、司法科、供销合作社以及中国人民银行南丹县支行13个机构。1954年7月，办公室改称秘书室，撤销建设科设农林水利科，增设人事科、计划统计科、手工业管理科、交通科、监察委员会、财委会、财粮贸办公室。1955年8月设计划委员会，至此，县政府共组建21个工作部门。1955年10月，根据广西省人民委员会指示，县政府撤销，设立县人民委员会，职能部门秘书室改为办公室，文教科分为文化科和教育科，农林水利科分为农牧科、林业科、水利科。

1955年拍摄的南丹县人民政府（南丹县文物管理所供图）

（四）人民武装组织机构的组建

1950年1月，中共滇桂黔边委撤销，县政府以原宝藏游击中队为基础，组建县武装主力大队，莫与京任大队长、冯尚忠任副政委，属地方部队建制，负责县内治安工作。县武装主力大队下辖车河中队、八圩小场中队、罗富中队、芒场中队，共180人枪。同时组建属地方政权机构的县民兵支队，为营级单位，支队长由部队配备团职或较强的营职干部担任，支队部设参谋3人、干事2人，均为现役军人，供给关系由县主力大队代管，在地方党委领导下，专管全县民兵工作。县民兵支队下辖各区民兵大队，共300人枪。1951年12月，根据广西军区指示，成立中国人民解放军南丹县人民武装部，赵利兴任部长。1952年1月，地方武装进行整编，县武装主力大队和民兵支队并入县人民武装部，撤销各区中队和民兵大队，成立区人民武装部，配现役的部长、参谋、干事各1人，列入县武装部编制；6月，县人民武装部设军事、政工两个股。1954年8月，根据广西军区整编部署，中国人民解放军南丹县人民武装部改为南丹县兵役局，葛长山任局长、于文藻任副政委（政委由县委书记刘庆仙兼任），下设动员、征集、统计、预备役军官、民兵5个科；同时撤销各区人民武装部，只保留一名武装助理员。

（五）区乡党政机构的组建

县委、县政府成立后，严格遵守《和平改编决议案》的规定，但随着匪患形势的严峻和剿匪斗争的开展，接管政权后全面废除县内乡村保甲制度，县直机构和区委、区公所相继建立，区委书记由南下干部担任、区长多数由南丹本地干部任职。1950年3月2日，河池县县长韦景光派莫与京带领河池县大队及民兵到达车河，协助建立车河区公所、车河区武装中队，任命卢永禄（八步拉建人）为副区长（代行区长职责，区长王鹏于1950年11月到任）、莫正修为中队长，其他工作人员有15人左右。由此，车河区公所成为南丹县首个区级人民政权。1951年2月，第五区（六寨）党委成立，刘岚峰任区委书记，六寨区党委成为南丹县首个设立的区级党委；4月，八圩较大规模剿匪战斗结束，在车河区武装中队协助下，县委立即派随同部队剿匪的刘岚峰建立第二区（八圩）党委，同时建立区公所，赵玉珍任区长；5月，第三区（罗富）党委、区公所建立，王鹏任区长（区委书记赵建华于

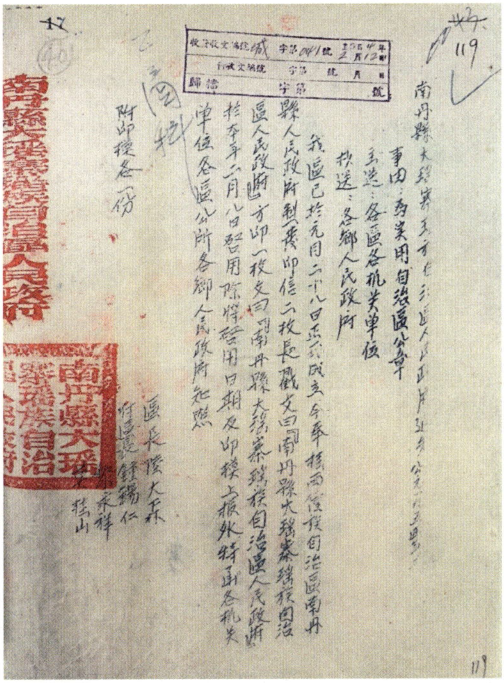
事由：為啓用自治區公章
主送：各區各機關單位
抄送：各鄉人民政府
我區已於元月二十八日正式成立，今奉頒發自治區南丹縣人民政府製發印信二枚，長戳文曰「南丹縣大瑶寨瑶族自治區人民政府」，方印一枚文曰「南丹縣大瑶寨瑶族自治區人民政府」，於本年二月八日啓用，除將啓用日期及印模上報外，特函各機關單位各區公所各鄉人民政府知照
附印模各一份
區長 陸大森

1954年2月12日颁布的大瑶寨瑶族自治区人民政府启用印章通知（南丹县档案馆供图）

1953年3月到任)；6月，第四区（芒场）党委、区公所建立，莫炳星任区长（区委书记刘盛祥于1952年到任）。1953年，月里乡从南丹划归天峨县（当年9月成立月里区）。同年9月，车河区拆分为车河区（区委书记李开泰、区长胡久安）和小场区（区长赵玉珍，区委书记陆荣辉于1955年9月到任，小场区于1954年1月改为第二区）。1954年1月28日，为贯彻党的民族区域自治政策，第二区（八圩）改为大瑶寨瑶族自治区，并成立区委、区政府，张喜福任区委书记（后由朱义能接任）、陆大森任区政府主席。

1955年底，全县共建立6个区委、1个机关党委，大部分乡建立党支部，未建立党支部的乡也建立了党小组。1956年1月，月里复归南丹县，仍称月里区，宋自友任区委书记（副区长莫仁武于1958年1月任区长）。至此，全县7个区以及84个乡级人民政权框架全部建立，乡名基本沿袭旧制。

二、新生政权的巩固和经济社会秩序的稳定

中国共产党南丹县委员会、南丹县人民政府成立后，新生的人民政权和国民经济发展面临很大的困难。为此，党领导南丹人民开展了一系列巩固新生政权的斗争，为恢复国民经济发展作出了极大努力。

（一）清匪反霸斗争稳定社会秩序

南丹和平解放初期，黔桂边界有土匪近2万人，在南丹县内活动的有六大股二十二小股，大多为拒不接受和平改编的国民党顽固势力。为巩固新生的人民政权，保护人民群众的生命财产安全，南丹县根据中央人民政府《惩治反革命条例》和广西省委《关于剿匪工作的指示》精神，把剿匪工作列为最紧迫的政治任务，摆在一切工作的首位，广泛发动群众，配合解放军部队，集中地方武装，采取军事进剿与政治攻势相结合措施，在全县开展历时近两年的大规模剿匪斗争。

1950年5月至7月，驻南丹境内的解放军第一一五师进军八圩，在塘管、高卡坳、关东、夹聋、水井坳、汉禾地一带展开战斗，共击毙土匪近20人、俘虏100余人。其间，李明才率瑶族兄弟10余人投向解放军，成为八圩第一支瑶族民兵。8月15日，解放军派出第五二〇团以及八圩民兵100余人，对七圩、洞左、黄金坳的土匪进行围剿，活捉匪众

23人，缴获长短枪15支。战斗中，瑶族民兵兰老龙光荣牺牲。

7月下旬，解放军第五十八军第一七四师奉命到宜山地区，接替第一一五师剿匪任务。8月5日，第一七四师师长郭庆祥、政委贺亦然、参谋长刘始明、政治部主任浦通修在宜山发布《剿匪动员令》，动员全体军民将剿匪进行到底，不达目的誓不休。同日，县委成立以少数军转干部和华北革命大学赵建东、陈志、李润等为骨干，以两届培训班培训的青年为主体的武装工作队，由县委委员、财粮科长王稼祥率领，向通往河池公路沿线出击。各区也成立武装工作小组，沿通往县城道路两侧活动。8月16日凌晨，罗松桥、莫限才、罗民中及其部下温少强、王章立、莫耘、胡绍云等组织12000人分六路包围攻打南丹县城。南丹驻军仅一个连和一个重机枪排以及县武装主力大队和干部勤杂人员共400余人，面对20倍的敌我悬殊形势，副县长黄翰庭、组织部部长赵培然、公安局局长吉飞和驻城解放军第五二〇团三营副营长张星华统一指挥，分兵把守县城各要道进行还击。战斗至8月19日夜，人民解放军和县武装主力大队虽有一些伤亡，但仍坚守各个阵地。是日，解放军驻宜山第一七四师获悉南丹县城被围后，连夜派出一个炮兵营和一个步兵营驾驶铁甲车赶至八圩，步行经牛栏关于8月20日上午赶至小场一带，当日下午派一个连的兵力增援南丹县城。8月22日夜，解放军分三路行动，一路占领牛角坳、一路占领车马山、一路占领虎形山，对罗民中、罗松桥匪部形成包围。8月23日天明后，全面向匪军发起攻击，重创胡绍云匪部，各路匪军全线溃散至月里、大厂、那地、吾隘、罗富、黄江、七圩、里湖、翁昂等地，最终取得县城保卫战的胜利，基本上安定了南丹县城局面，保卫了新生的人民政权。

11月10日，解放军第二十一兵团第五十二军第二一四师康副师长到宜山，与军分区司令员郭庆祥、政委贺亦然、参谋长刘始明等人研究，重新布置南丹、天峨剿匪事宜，南丹由第二一四师第六四一团及第一七四师第五二〇团负责。11月上旬，解放军河南省军区第十五团第三营进入巴平乡一带。11月中旬，按照县委指示，由县公安局、县大队、县武工队50余人组成工作组，配合部队对堂汉、车河进行重点剿匪，彻底肃清了这一带匪军。12月20日，解放军第五二二团进入六寨麻阳、弄撒、瑶易及麻尾一带。

从1951年1月起，解放军将围攻南丹县城失败溃散的匪军包围于贵州荔波和广西天峨、南丹境内，采取穿插分割、各个击破的方针，历经多次战役将匪军剿灭。2月14日，黔桂两省驻独山、南丹县境内的解放军剿匪部队根据上级“军事进剿、政治攻势、发动群众”的战略方针，对南丹六寨、月里及平塘四寨形成铁壁合围之势，前后歼灭匪军数百名，缴获高射机枪1挺、轻机枪3挺、美式步枪3支、驳壳枪3支、其他步枪210支。2月20日，解放军某连在芒场中队的配合下，100余名匪军被迫缴械投降，缴获长短枪140余支、轻机枪3挺、电话机1部及各种物资一大批。同月，县城驻军部队、公安局、民兵和车河驻军、民兵中队进入大厂铜坑、大平一带，毙伤匪兵10余人、俘虏100余人，缴获机枪1挺、步枪100余支、子弹2000余发。3月下旬，第五二〇团三营在里湖瑶山缴获匪军武器一批。4月，解放军第五二〇团三营接上级命令进驻八圩，在地方武装力量配合下，在七圩、八圩、甲坪、利乐、牛栏关一带实施进剿，并在关东车站、塘管、黄金坳、甲坪温家寨等地展开激战。4月中旬，解放军第二十一兵团第六四〇团三营进入那地、吾隘、黄江一带开展围剿。至1951年底，全县共击毙和生俘土匪8539人、收缴各种枪支8000余支、迫击炮4门。

在剿匪斗争中，南丹人民配合解放军部队连续作战、英勇顽强，涌现出一批英雄个人和英雄集体，在1951年8月广西军区第二届剿匪庆功大会上，南丹县代表罗世固、吴连英（罗大嫂）、陆老矮、李明才被评为积极分子，吴连英被授予“剿匪英雄”称号。同时也有山东籍王有才（排长），河南籍余治中、刘马虎、吴三魁、张建成、吴伟烈、殷长安、张记武等解放军战士和赵建东等南下干部以及崔天明等26位优秀南丹儿女被追认为革命烈士。

（二）整顿经济秩序和组织生产救灾

和平接管南丹政权后，县政府停止广西银行南丹办事处、中国农民银行南丹办事处和南丹县银行、南丹县合作金库等机构的运行，废止金圆券和银圆券。为打击囤积物资、哄抬物价等投机行为，县委、县政府于1950年3月着手创建国营南丹县贸易支公司，经营百货、食品及土特产购销业务。1950年4月，成立中国人民银行南丹县支行，规定人民币为唯一合法的流通货币，面值为100元至50000元，共8种（同时县内仍有银圆流通，每圆折人民币1万元）。

1950年，县委、县政府在全县范围内进行减租退押、减租减息运动。全县共分为车河、八圩、罗富、芒场、六寨5个区，首先在车河、八圩、芒场、六寨进行。开展的方法是，责令占有土地的地主给租种田地的农民减少租谷，退还农民被掠夺的田地和房屋抵押的契约。对于执行责令的地主，政府不予追究；对于动摇的地主，政府予以劝说警告；对于不执行责令的地主，进行斗争打击。全县斗争地主151户、富农148户、富裕中农33户，减租的地主408户、富农768户、富裕中农198户，退押的地主123户、富农129户。减租退押运动至1951年9月结束。没收地主金子229.3两、银子105.7两、银毫4954.4元，全县地主、富农共退出谷子209.7万公斤，分给1.06万户4.7万余贫苦农民（占全县人口的48.64%）。

1950年，县委、县政府带领全县农民大力开荒造田造地。1950年底，全县耕地面积增至20.6万余亩（其中水田16万余亩、旱地4.6万余亩），农业人均2.28亩，比1949年分别增加5.6万余亩、0.39亩，粮食总产量达2.31万吨，农民人均纯收入15万元（折现币15元）。1951年，农民群众开展有史以来首次冬耕冬种，翻出地近4.5万亩、冬种作物3.2万余亩。同年，为解决一批濒临断炊的贫苦农民的生活困难，县政府向5280户1.5万余人发放救济粮7.12万公斤、救济款8301万元（折现币8301元），拨出专款163万元（折现币163元）慰问和救济少数民族。

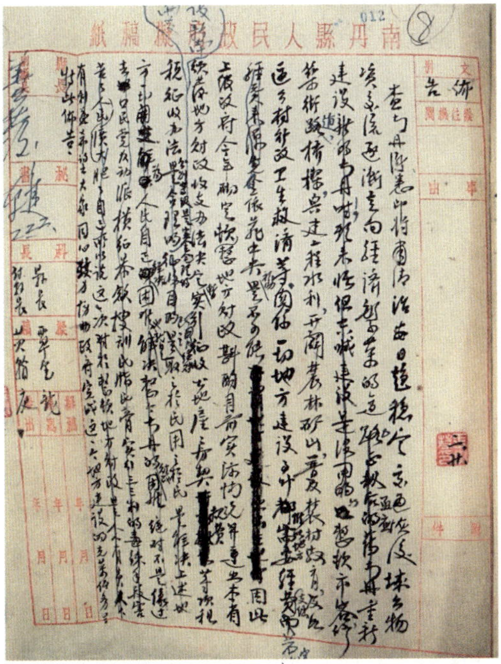

1951年2月22日，南丹县人民政府颁布关于暂实行征收公地产房地契规费等项租税征收办法的布告（南丹县档案馆供图）

（三）开展“镇反”“肃反”运动

从1950年12月上旬开始，南丹县遵照“镇压与宽大相结合”的政策，公开审判“土匪、恶霸、反动党团骨干、特务、反动会道门头子”5个方面的反革命分子，先后在城厢、八圩、堂汉、扬州等地召开群众大会，就地处决了一批反革命分子。1953年至1956年4月，全面开展镇压反革命运动，经过三个阶段的斗争，共逮捕反革命分子2634人（其中处决427人、判处死缓24人、有期徒刑840人、管制75人、教育释放处理1268人）。1955年8月至1956年4月，在全县范围内开展肃清暗藏反革命分子运动。通过学习文件进行思想动员、开展“三查”（即一查思想、二查工作、三查反革命分子的社会基础及破坏活动）、发动群众检举揭发、清查定案4个步骤，共挖掘反革命线索265条，由县公安干警、地方民兵前后5次搜捕，先后有120人向公安机关投案，逮捕漏匪、特务、恶霸、反动党团骨干分子、反动会道门分子72人，缴获各种枪支14支、子弹378发、手榴弹1枚、刺刀22把、大烟30两、吗啡20两以及各种文件、证件25件，挖出隐藏和混入革命队伍的反革命分子64人。在革命队伍内经清查处理，受党纪政纪处分44人（其中开除党籍14人、留党察看6人、撤销党内职务2人、警告17人、劝告5人）。

在开展肃清暗藏反革命分子运动期间，南丹县还会同天峨、东兰两县共同组织力量侦破清剿了以兰飞为首的反革命组织。

（四）实施土地改革

1952年8月起，南丹县遵照中央人民政府颁发的《关于土地问题的指示》《中国土地法大纲》《中华人民共和国土地改革法》和中共广西省委制定的《关于少数民族地区土地改革实施方案》进行土地改革。截至1954年5月，全县土地改革全部结束。

南丹县土地改革总原则是“满足贫雇、填坑补缺、根据需要、有利生产、评比决定”，一个乡全过程一般为一个半月至两个月时间。大体上分两类地区进行，一类是壮族、汉族居住区，另一类是以瑶族、苗族、毛南族等为主的居住区。在壮族、汉族居住区，土地改革分两批进行：第一批在第一区（车河）、第二区（八圩）、第三区（罗富）、第四区（芒场）、第五区（六寨）的59个乡进行，于1952年8月5日开始至11月结束；第二批在第五区（六寨）的19个乡进行，于1953年3月开始，至6

月结束。瑶族、苗族、毛南族等民族聚居或杂居区19个乡于1954年初春开始，至同年5月结束。

南丹和平解放初期，由于干部及领导力量奇缺，宜山专区专员公署提请广西省人民政府批准，南丹县、天峨县为一个土地改革大队，土地改革大队指挥部设在小场火车站，土地改革大队长由宜山县委组织部部长李云生担任，同时兼任土地改革大队政委，宜山专区办公室秘书长姚康成担任副大队长，主管南丹县土地改革，宜山县委组织部副部长章瑞林主管天峨县土地改革。由于天峨、南丹干部少，仅靠本县干部难以完成土地改革任务。为此，广西省、宜山专区组织一支580余人土地改革队伍赴南丹、天峨支援土地改革，参加南丹县的省、专区干部为280余人，但力量仍然不足。为此，南丹县特地从农村、街道抽调一些具有高小文化以上、家庭出身好的中青年50余人进行培训，补充为土地改革工作人员。另外，还将南丹县第一、第二期干校培训班毕业学员抽出大部分参加土地改革工作，全县土地改革工作队伍550余人。土地改革大队下设有中队，原则上每个区为一个中队，全县5个区共分为直属（中队长姚康成）、拉要（中队长黄英，后由贾峰接任）、罗富（中队长赵建华）、芒场（中队长王凤桐，后为兰宴春）、六寨（中队长蓝岱培）、月里（中队长蓝岱培兼）6个中队。中队下设分队，以连片乡为一个分队，少数人口多、辖区大的乡为一个分队，全县共设17个分队。1954年，在瑶族、苗族、毛南族等民族聚居或杂居区土地改革时，下设12个分队。在人员分配上，每个中队和分队都搭配有省、专区、县工作队人员。乡和村都成立土地改革领导小组，由乡党委（支部）书记、乡长、农会代表、妇女代表以及土地改革工作队的代表组成，一般5人至7人，具体负责领导全乡和各村的土地改革工作。

南丹县土地改革大体分为六个步骤进行。第一步为学习培训，土地改革大队在吸收农村骨干和干校学员为队员时，以土地改革法和土地改革政策界限、工作步骤、方法为主要内容进行为期一周的学习培训。第二步为宣传发动，整个土地改革工作人员配齐，进行全体动员后，各土地改革中队、分队于1952年8月5日全部入村，进行全面宣传发动工作。第三步为扎根串联、建立农会，在宣传发动的同时，工作队积极建立农村基本阶级队伍。经过串联发动，每个村寨均有一批可靠的群众成为土

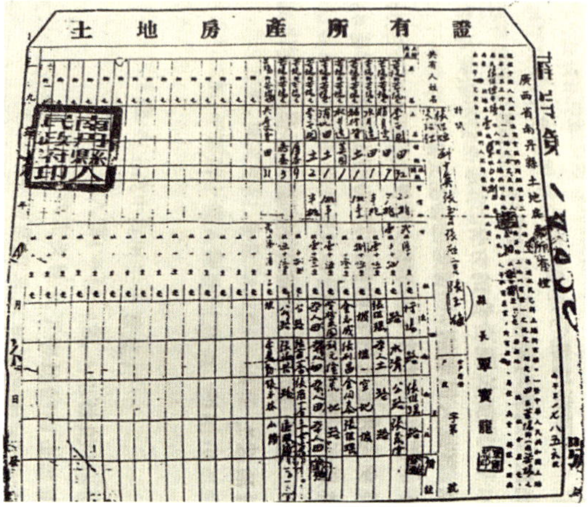

1953年4月，南丹县人民政府颁发土地房产所有证（南丹县档案馆供图）

地改革根子，由其为骨干力量成立乡村农会组织。全县农会会员22186人，占全县人口7.6万余人的29.2%，其中雇农2505人，约占会员总数（下同）11.3%；贫农1.2163万人，约占54.8%；中农6772人，约占30.5%；小贩210人，约占0.9%；其他536人，约占2.4%。乡村基本权利属于农会，农会在土地改革工作队的支持、指导和帮助下开展本乡土地改革。第四步为申冤诉苦，由乡村土地改革工作队和乡村农会组织苦大仇深的农民申冤诉苦，分为大会诉和小会诉，让苦大仇深的农民倒出世代苦水，唤起阶级仇恨。第五步为划分阶级，采取先自报、后评议、经批准，最后张榜公布确定阶级成分的办法，将全县农村划分为地主、富农、中农、贫农、雇农5个阶级。全县总人口17906户、76590人，其中划为地主成分的612户、占全县总户数（下同）的3.39%，人口3878人、占全县人口（下同）的5.05%；富农670户、占3.71%，人口3803人、占4.95%；中农5212户、占28.87%，人口26488人、占34.5%；贫农7889户、占43.7%，人口33320人、占43.4%；雇农2539户、占14.06%，人口6206人、占8.08%；小土地出租306户、占1.7%，人口634人、占0.83%；小商贩344户、占1.91%，人口1203人、占1.57%；其他334户、占1.9%，人口1058人、占1.39%。第六步为没收财产、分田分地，全县共斗争地主恶霸305人，没收或征收地主、富农和中农所占土地6.28余万亩，占全县田地总数的41.7%，没收稻谷268.5万余公斤、房屋4297间、耕牛3035头、农具3433件、日用家具6.3万余件、水踈13座，分得果实农民1.1797万户（占全县总农户数的65.35%）、4.6077万人（占全县总农业人口的60%）。土地分配额最低的地区每人平均1亩，最高的达到每人3亩。全县平均每人占有田地贫农2.02亩、雇农2.27亩、中农1.81亩，地主及富农留有田地1.49亩，实现了“耕者有其田”的目标。

1952年12月，县土地改革大队根据群众意见和反映，遵照上级指示，成立土地改革复查工作委员会部并开始布置全县土地改革复查工作。1953年春，全县土地改革复查工作全部结束。复查后，下等中农和佃农一律划为下中农。全县农村阶级成分为：地主599户、富农507户、中农4709户、贫农7884户、雇农2346户、小土地出租318户。土地改革复查后，在整个土地改革复查中被斗争的地主101人，其中被判死刑3人，判有期徒刑30人。另有被管制的地主分子193人，占地主总数的62%。在复查、斗争地主同时，没收、征收田37946亩，粮食42187斤。

（五）开展抗美援朝运动

1950年10月，全国掀起抗美援朝运动。县委积极响应党中央号召，于11月13日召开抗美援朝动员大会，并把“订立爱国公约、生产捐献和拥军优属”作为三大任务来完成。会后，全县迅速掀起声势浩大的抗美援朝、保家卫国运动热潮，县、区、乡相继成立抗美援朝保卫和平委员会。同时，县委根据上级党委有关指示精神，号召全县人民群众开展募捐活动。当年全县捐款共计24.153亿元（旧版人民币），相当于当年全县财政总收入的14.15%。同时，全县还捐献鞋子800余双、稻谷10万斤。由于深入、广泛、全面地宣传发动群众，广大人民觉悟大大提高，南丹各族青年的爱国热情空前高涨，踊跃报名参加中国人民志愿军。短短几天，全县就有1000多人报名参加志愿军，因名额有限，只有89人被批准参加中国人民志愿军赴朝鲜参战。此外，在1951年3月，县大队主力二连全体指战员近200名官兵已先期开赴抗美援朝前线参战。在朝鲜战场上，全县有14位优秀子弟兵因献出年轻而宝贵的生命被追认为革命烈士，其中韦吉业、卢宝仁（又名卢宝彬）2人获追记一等功。

（六）开展“三反”“五反”运动

1951年12月，按照党中央的指示和广西省委统一部署，南丹县在党政机关内部开展“反贪污、反浪费、反官僚主义”的“三反”运动，重点是查处本县革命队伍内贪赃枉法分子。“三反”运动按照“学习文件、提高思想认识、解除思想顾虑，领导带头、个人检查、民主评议，‘打老虎’、追赃定案，退赃、进行思想建设”4个步骤和“犯有贪污达60万元

（旧版人民币）者给予刑事处罚，不足60万元（旧版人民币）者除退赃外受党纪政纪处分”的规定，分两次进行：第一次从1951年12月开始，至1952年上半年结束；第二次从1952年下半年开始至1952年底结束。“三反”运动开始后，县委成立“三反”学习委员会，委员会主任由县委主要领导担任，副主任由省工作队负责人担任，委员由县委组织部、县公安局领导组成。全县共组织5个“打虎队”，捉到贪污者7人，查获款项40亿元（旧版人民币）。同时，县委根据中共中央《关于在“三反”和整党运动中党纪处理问题的指示精神》和中央人民政府1952年3月11日公布的《关于处理贪污、浪费和克服官僚主义错误的若干规定》，对犯有官僚主义、浪费行为的加强教育，严重官僚主义造成重大损失的，视其认识和悔改态度，分别给予党纪、行政处分。“三反”运动中，全县共查出违法乱纪党员干部和贪污盗窃分子案件32件，给予党纪、政纪处分33人，其中开除7人、记大过6人、记小过5人、警告5人、撤职5人、劳动改造5人。

1953年6月，在县委的领导下，全县在资本主义工商业社会主义改造中进行“反行贿，反偷税、漏税，反盗骗国家财产，反偷工减料、反盗窃国家经济情报”的“五反”运动，将私营工商户分为守法的、半守法半违法的、严重违法的和完全违法的四种类型。对违法户按照“过去从宽，今后从严；多数从宽，少数从严；坦白从宽，抗拒从严；工业从宽，商业从严；普通商业从宽，投机商业从严”的原则进行处理。这次运动在本县查出的主要问题是偷税、漏税，对偷税漏税者，一般的令其补交税款，手段恶劣者除补交税款外，被处以50%至100%的罚款。这次运动打击了私商的不法行为，在私营企业中建立了工人监督机制并实行民主改革。

（七）调整改造社会事业

教育文化卫生事业的改造和发展。教育方面：1949年，南丹县有初中1所（南丹县国民中学）、学生86人，小学17所、学生582人。和平接管政权后，县政府对中小学教育实行“维持现状、逐步改造”的方针。1951年4月，县政府设立文教科。1952年底，全县有中学1所、小学135所、教职工257人、学生8301人。文化方面：1950年起，先后建立文化馆、新华书店、档案馆、广播站、文工团、电影队、图书馆、文学艺术界联合会等文化组织。卫生方面：1950年1月，县政府接管县卫生院，更名为南丹县人民政府卫生院，开设病床9张、人员7人（其中医师1人、医士2人、行政人员1人、工勤人员3人）。1950年5月，成立县防疫委员会。1952年，成立县爱国卫生运动委员会；同年县卫生院增设防保股，妇幼保健工作由防保股妇幼保健组负责，有效减少产妇及新生儿的死亡率。同时，自1952年起，县内部分厂矿、学校等企事业单位陆续设立医疗卫生机构。

禁毒、禁赌和禁娼。1952年8月，南丹县成立禁烟禁毒委员会，区设分会，乡设小组。宣传发动群众抵制吸毒贩毒行为，同时大力揭发检举吸毒贩毒行为。1952年，全县共查出有制毒、贩毒、运毒470件557人，缴获大烟8368两，各种毒具127件，逮捕毒贩114人，管制42人，枪决1人。对一般吸毒者，责成本人立下戒毒公约，再犯者从严惩处。经过反复宣传，采取各种强力措施，并惩罚顽固违法分子，使县内祸害人民百余年的烟毒得到禁绝，也挽救、改造、教育了一批吸毒贩毒分子。同时，县政府严令禁止赌博行为，大力查禁赌场，没收赌具，捣毁赌窝，聚赌恶习基本肃清。此外，县政府对暗娼做到发现一个、查禁一个，县境娼妓基本绝迹。

宣传贯彻《中华人民共和国婚姻法》。1950年12月，南丹县民主妇女联合会成立，代县长覃宝龙兼管妇联工作，各区公所成立后相继成立民主妇女联合会。1952年2月24日，县民主妇女联合会召开第一届代表大会，将宣传贯彻婚姻法作为全县妇女工作的重要内容之一，利用各种会议，运用广播、黑板报等宣传平台，重点宣讲实行婚姻法的好处，实行男女权利平等、一夫一妻、婚姻自由等。1951年至1953年，县法院审理婚姻案件660多件。通过宣传贯彻《中华人民共和国婚姻法》，提高了全县妇女的地位，她们在巩固人民政权等各项工作中发挥了重要作用。

（八）实行白裤瑶聚居区"直接过渡"民主改革

白裤瑶作为瑶族的一个支系，由于历朝历代统治者的歧视与压迫以及溃败的族群竞争，白裤瑶被迫躲进高山峡谷、原始密林中。为民族自保，他们采取土地为氏族公社公有的生产资料占有方式以及原始平均分配的原则，沿袭刀耕火种、采集狩猎、野放野牧、广种薄收、刻木记事

大瑶寨瑶族自治区人民政府成立时修建的办公住宿房（南丹县人大常委会办公室供图）

的生产生活方式。直到新中国成立时，白裤瑶仍然保留着浓厚的原始氏族关系残余和原始宗教文化形态，社会发育程度极低。

南丹和平解放初期，党和政府对境内的白裤瑶给予特殊照顾，通过实施“直接过渡”等民主改革措施，使白裤瑶从保持浓厚原始公社残余直接进入社会主义社会大家庭。对于白裤瑶地主、富农一律采取不批斗、不诉苦，没收的土地还按照其家庭人口比例留足所需部分，对他们的房屋、财产也不没收，有个别白裤瑶地主、富农子弟还被吸收到革命队伍中来，从事党政机关工作。

1950年至1951年，中央人民政府先后两次派出专家学者考察团到南丹白裤瑶聚居区进行调查。这两次调查之后确定居住在黔桂交界南丹境内的白裤瑶为“南丹大瑶寨瑶族”，1952年设立瑶寨区，辖八圩、七圩、里湖3个乡。

1954年1月，为贯彻落实党的民族平等团结政策，实行民族区域自治，设立“大瑶寨瑶族自治区”，成立区政府，并设立区委，书记由县委选派干部担任，政府组成人员则在区委领导下民主选举区长、副区长（1954年2月改称主席、副主席），主席由白裤瑶干部担任，副主席5人中有3人是白裤瑶。

三、民主政治建设的起步

中共南丹县委、县政府和平接管政权后，扎实推进南丹社会主义民主政治建设，为推动全县经济社会各项事业发展提供了坚强政治保障。

（一）各界人民代表会议的召开

1950年11月29日，南丹县首届各界人民代表会议在县城召开，出席代表124人。会议听取剿匪工作报告，讨论建立地方武装、保卫社会治安、完成征粮工作任务，县政府代县长覃宝龙作中心议题报告。南丹县首届各界人民代表会议的召开，标志着全县人民在中国共产党的领导下，团结一致，以代表会议组织形式体现了党的统一战线理论和政治协商制度，密切了党和政府与各界群众的联系，极大地激发了各界群众参政议政的热情。县各界人民代表大会代表每届任期一年（即代表每次都要进行推选），代表产生方式采取政府邀请和群众推举的办法。从1950年11月至1953年8月，全县共召开各界人民代表会议7次，在各次会议中，会议代表就党在各个阶段的中心任务和全县政治、经济、文化、社会以及民族区域自治等方面的重大问题进行协商和讨论，使党和政府的工作得到各界人士的支持和监督。各界人民代表会议制度的建立，对于提高全县人民群众的政治觉悟、推进基层政权建设、恢复和发展经济、促进社会和谐发挥了十分重要的作用。在加强党和政府同人民群众的联系、人民协助开展各项工作上取得了很好的效果，同时为过渡到人民代表大会制度积累了经验。

（二）统一战线工作的初步开展

1951年7月，中共南丹县委统一战线工作部成立，由县长覃宝龙兼任部长。1953年8月，成立县工商业联合会，并召开第一届工商联代表大会。县委认真做好联络和团结爱国民主人士的工作，1952年召开的县第三届各界人民代表会议有12名党外人士代表参加。

（三）人民团体的建立完善

1950年9月，成立中国新民主主义青年团南丹县工作委员会筹备组。工作委员会设书记1人、组织部部长1人、宣传部部长1人、学校部部长1人，赵培然兼任书记，宋建军任副书记。不久，各区、乡相继建立新民主主义青年团组织。1950年12月，南丹县民主妇女联合会成立，县长覃宝龙兼管妇联工作。1951年5月，县工会联合会筹备处成立，由副主席姜连举主持日常工作；6月，县工商业联合会成立。

四、社会主义改造任务的基本完成和社会主义经济制度的建立

1952年6月，南丹县开始进行对农业、手工业和资本主义工商业的社会主义改造。1953年冬，社会主义工业化和对农业、手工业、资本主义工商业的改造在县内深入开展。1956年底，南丹县在基本完成社会主义"三大改造"任务后，基本实现由生产资料私有制到公有制的根本转变，农业、手工业和工商业的生产被纳入国家计划轨道，社会生产、人民生活消费进入计划经济时代。

（一）对农业的社会主义改造

1952年6月，中共中央发布了过渡时期的总路线，全县农民积极拥护总路线，生产和合作运动迅速开展起来，最先组织起来的一批互助组、合作社多数是由干部、党员、劳模、积极分子、军烈属等按照"自愿""互利"的规定带头组织。1952年，附城韦猛飞和中平崖秀波、崖建寒等成立第一批互助组。在他们的带动下，由几户到几十户，按照"自愿互利、等价交换"原则进行换工互助。互助组内选出组长、记工员等，将各户土地、耕畜、劳力、农具等组织起来互助互利，经济收支仍由各户自理。1952年底，全县有互助组187个，入组农户1246户，占总农户数的6.3%；全县粮食产量2571.5万公斤，比1951年增产171.6万公斤，增长7.1%。到1953年初，达到468个，入组农户3721户，占总农户数的17.31%。由于互助组是社会主义生产关系变革的互助合作组织，人民政府也在技术和财物方面给予大力支持。

1953年冬，南丹县在生产互助的基础上，加快组织生产合作社，年底入组入社农户达9750户，占总户数的45.21%。合作社组织形式是土地入股、统一经营。劳动力入社评级定分、劳动评工记分、丈量土地入社定量定组，实行四六分红（土地占四、劳力占六）；耕牛、农具折价入社，转成公有化股金；种子、肥料折价入社，转成生产费股金。入社后，实行"五统一"，即劳力由社统一调配、田地由社统一经营、耕牛由社统一使用、生产收入由社统一核算、劳力和土地比例由社统一划定。到

1955年底，全县农业生产初级合作社发展到416个，入社农户9561户，入组入社农户达14414户，占总农户数的59.95%，其中已有2个初级社107户进入高级社的组织形式。随后，按照中央要求和广西省委“提前在1956年秋收前完成各县的高级农业合作化任务”的部署，县委、县政府不断加快对初级农业社进行扩大、合并升级工作。1956年，全县互助组和初级农业合作社纷纷升格为高级农业合作社，取消了初级农业合作社时土地、耕牛、大型农具的分红。1956年底，全县建立起高级社97个18353户、初级社27个862户、互助组156个1448户，参加互助合作组织的农户达21961户，占全县农户数的88.2%。至此，全县除瑶族、苗族等民族聚居区和边远壮族、汉族地区外，全部实现合作化，基本完成对农业的社会主义改造。

但由于高级社建立的速度过快、规模过大，超出了生产力发展的水平，因此，高级社建立后出现不少问题，农民生产积极性低下。1956年底，近三分之一的农业社出现不同程度减产，全县粮食比1955年减产481.9万公斤，部分社员收入比入社前减少。于是，县境出现一股退社风，1043户社员（占入社户数的5.56%）要求退社。

为解决退社问题，1957年下半年起，对农业社进行整顿，培训农业社领导骨干，健全规章制度，制定生产规划，使社员看到农业社可以预期的发展远景，广大社员受到鼓舞，农业社得以巩固下来。1957年底，全县高级社发展到125个，参加户数20711户；白裤瑶地区有长年互助组142个，参加农户1250户。

（二）对手工业的社会主义改造

南丹和平解放初期，全县个体手工业有汽车修理3户、五金白铁修造4户、棉纺印染8户、工艺雕刻2户、印刷1户、缝纫44户，钟表修理2户、综合修配2户、木器加工6户、小铁器农具加工7户，从业人员240多人。其中除了3户是小业主外，余者大多数是手工业无产者，从业人员来自各省、市、县。

1954年4月，缝纫手工业者首先组织起来，成立缝纫生产合作社，从事服装生产，从业人员34人。7月，县政府设置负责管理手工业的手工业管理科，领导手工业顺利地完成社会主义改造。9月，成立铁木社。

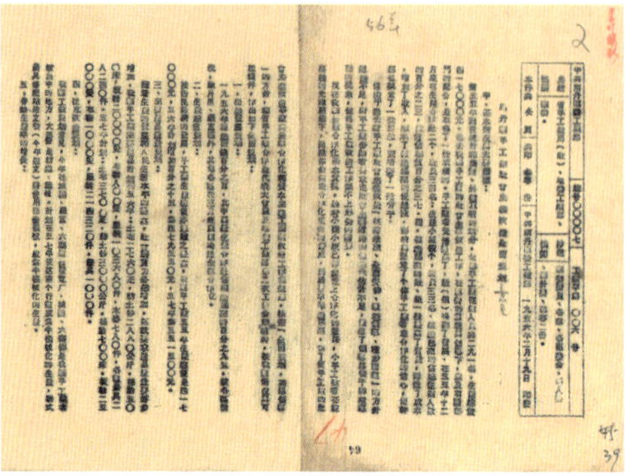

1956年2月，南丹县印发手工业社会主义改造全面规划意见（南丹县档案馆供图）

1956年8月，南丹县手工业联合社成立，领导和组织各行业个体手工业者相继成立综合社、棉纺社、制鞋社、造纸社、砖社等手工业合作社；各区乡成立6个手工业合作社、4个行业组。全县共有13个合作化手工业社、4个行业生产组、职工403人。1956年底，全县手工业系统组织起合作社12个、社员246人，合作小组5个共33人，参加合作组织的共279人，组织面达99.2%，全县对手工业的社会主义改造至此胜利完成。

（三）对私营工商业的社会主义改造

南丹县对资本主义工商业的社会主义改造就是对私营工商业的社会主义改造。南丹县私营商业无批发商，零售商摊贩多，坐商少，流动商贩多，固定商贩少，其性质为半农半商多，专业商少。1951年5月，县政府设立工商科，主管全县工商业及市场管理工作。1953年，全县个体和私营商业565户、从业人员662人，1954年下降至278户317人，1955年为258户290人。

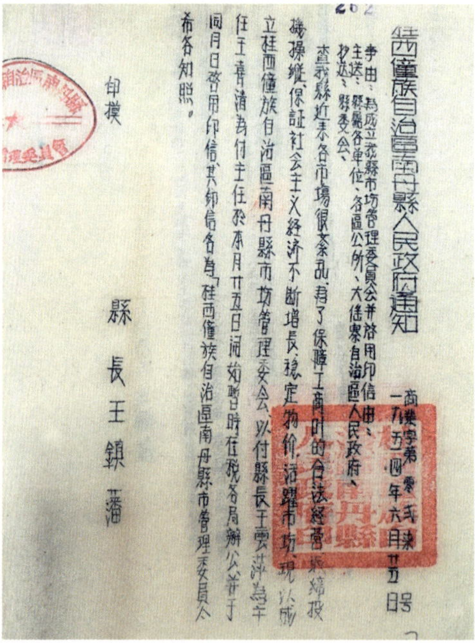
廣西僮族自治區南丹縣人民政府通知
商供字第零弍柒
一九五四年六月廿五日
事由：為成立我縣市場管理委員會並啟用印信由。
主送：縣屬各單位、各區公所、大瑤寨自治區人民政府、
抄送：縣委會。
查我縣近來各市場很紊亂，為了保護工商業的合法經營，維護繼續保証社會主義經濟不斷增長，穩定物價，活躍市場，現決成立桂西僮族自治區南丹縣市場管理委員會，以付縣長王雲濟為主任，王青湄為付主任，於本月廿五日開始暫時在稅務局辦公，並于同月日啟用印信，其印信名為「桂西僮族自治區南丹縣市場管理委員會」希各知照。
印模
縣長王鎮藩

1954年6月25日，南丹县颁发维护工商业稳定的通知（南丹县档案馆供图）

1956年，县委、县政府在抓好国营商业的同时，积极推进对私营工商业的社会主义改造，将原有私营商业改造成公私合营商业和合作商业。资金较小、经营规模不大的商贩组织为合作性质的集体商业；资金较多、经营规模较大的私营

商业从业人员和全部资金，包括固定资产和流动资金，转为公私合营商业。实行公私合营时，由私营商业主自愿提出申请，商业主管部门对其实有财产进行清理估价，确定私方股额。从业人员全部留店工作，保留原来工资；国营商业派出代表参与企业领导担任经理，有一定威望和工作能力的私方人员担任副经理，所有公私合营商店均由国营专业公司归口统一领导。

截至1956年底，全县私营商业参加公私合营272家，占从商户数的90%，组织起公私合营商店2家（即棉布公私合营店、杂货公私合营店）、合作商店9家、合作小组3个。

五、过渡时期的南丹各项事业建设

南丹县委、县政府在领导全县人民开展新民主主义建设和社会主义改造进程中，不断加强各项事业建设。

（一）基层党团组织建设的加强

中共南丹县委成立时有中共党员29名，党员多为部队和县政府的现役军人，有2个农村基层党委、2个村基层党支部及1个机关党支部。1952年至1953年，全县涌现出大批有社会主义觉悟、有组织和领导能力的坚强骨干，党组织开始在机关和基层区委直属机关以及农村人员中发展党员。随着农业合作化工作的开展，各级党组织注意培养在合作化进程中涌现出来的互助组积极分子、生产模范、优秀农村干部和青年团员，对在农业合作化运动中涌现出的1633名先进骨干，经过培养发展成为党员408人。同时，注意培养妇女干部。1954年，全县新提拔脱产妇女干部27人，共有妇女社长1人、乡级女统计员32人、女互助组长82人。

1956年3月，全县7个区全部设立党委，建立起机关党支部16个，84个乡中建立党支部79个、占建党面的94%，共产党员由1950年的29名发展到965名，建立起团支部104个、建团面达123.8%，团员2342名；选拔县级干部8人、区级干部25人，吸收新干部和试用干部105人，培养妇女社长508人，其他女干部144人，为南丹全面建设社会主义作了组织准备。

（二）人民代表大会制度在南丹的确立

1953年9月起，南丹县结合全国第一次人口普查，调整区、乡行政区

選字第伍號

當選證書

第　號

廖文彦　當選爲南丹縣人民代表大會代表

此證

南丹縣選舉委員會主席

一九五四年　月　日

1954年3月，南丹县颁发县第一届人民代表大会代表当选证（南丹县人大常委会办公室供图）

划，进行选民登记，开展基层普选，选举人民代表组成县、区人民代表大会（以下简称人大）。1954年3月，南丹县进行首次空前规模的基层普选，凡年满18周岁、有选举权的本县公民，均参加县、区两级人大的选举，区人大代表直接由选民选举产生，县人大代表间接选举产生（即由选民选举出席区人大代表，再由区人大选举出席县人大代表）。为抓好普选工作，县人民法院在一区（车河）、三区（罗富）、四区（芒场）、五区（六寨）建立4个普选人民法庭。5月上旬，普选工作全面结束，全县76个乡选出区人大代表1191人，区公所干部由区人大选举产生，乡一级干部也进行调整。同时，由区人大选出县人大代表137人。

1954年6月30日至7月4日，南丹县第一届人民代表大会第一次会议在县城召开，出席大会代表142人。大会听取副县长王云萍作《桂西壮族自治区南丹县人民政府四年来的工作总结报告》、八圩区委书记张喜福作《宪法草案报告》、县委宣传部副部长张斌作《当前中心工作的报告》，审查县政府4年来的工作报告。会议选举王镇藩为县长，张喜福为第一副县长，黎文富为第二副县长，王云萍为副县长，李德贵为县人民法院院长；选举王云萍、覃宝龙、陆大森、崖秀波、罗朝飞等5人为出席桂西壮族自治区（州）人民代表大会代表。这次大会的召

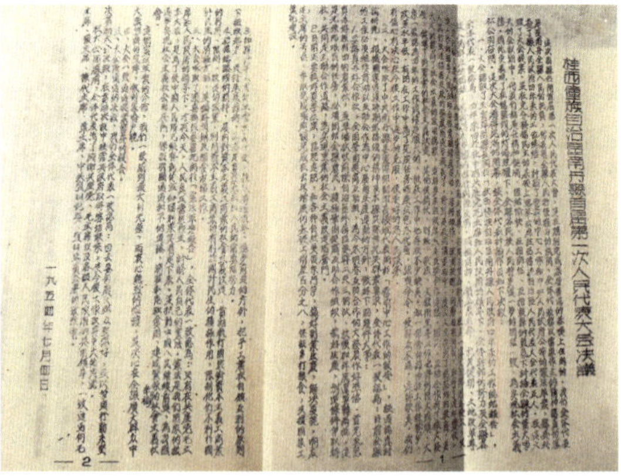

1954年7月4日，南丹县第一届人民代表大会第一次会议作出的决议（南丹县档案馆供图）

1955年10月10日，南丹县第一届人民代表大会第二次会议全体代表合影（南丹县人大常委会办公室供图）

开，标志着人民代表大会制度在南丹正式确立。

1955年10月7日至10日，南丹县第一届人民代表大会第二次会议在县城召开，出席大会代表91人，选举产生县人民委员会委员13人。会后，南丹县人民政府正式改称为南丹县人民委员会。这次大会，标志着南丹的政权建设进入了一个新阶段。

（三）工农业生产的恢复

工业基础初步建立。1951年，全县工业总产值1.7万元。到1956年，南丹逐步创建酿酒厂、电厂、城关供水厂、农具厂等县办骨干企业。同时抓好矿业经济，1952年8月16日成立中国有色广西分局丹桂管理处，12月10日成立平桂矿务局第一分厂。通过技术革新，全县工业不断发展，1956年，全县工业总产值达913.7万元。

粮食作物和畜牧生产发展迅速。1952年，全县粮食（稻谷、玉米、小麦、黄豆、旱谷）总产量2235.18万公斤，饲养耕牛30740头、生猪28116头、鸡鸭58916只。1954年，全县粮食总产量达2971.64万公斤，饲养耕牛36314头、生猪37859头、鸡鸭64701只。1956年，全县农业总产值603.59万元，粮食播种面积28.8万亩，粮食产量达3.2万吨。

林业发展迅速。1951年，全县大造经济林和用材林，截至1952年，共造油桐3500亩。1953年至1954年，共造松、杉、油桐2828亩（其中松1279亩、杉849亩、油桐700亩）。1955年，国营山口林场和农业生产合作社建立后，由一家一户造林转为国营和集体造林，当年造林10955亩。

粮棉油实现统购统销。1953年10月，南丹县根据国家粮食统购统销的规定，对城镇居民和农业缺粮户（稻谷地区低于180公斤、主杂地区低于160公斤）实行计划供应粮食，全县征购粮食入库747万公斤。1954年春，首次实行统销，全县实销粮食293.5万公斤，调出粮食205.5万公斤，上年度入库粮食实现结余。1955年9月，南丹县根据广西省人民委员会《广西省市镇粮食定量供应》规定，对市镇居民按其劳动差别和年龄大小进行分等定量、分月凭证供应粮食，每人每月最高供应24斤至27斤（第一等级特重体力）、最低2.5斤至5斤（第一等级不满三周岁）。11月1日起，实行食用油计划定量供应，每人每月定量供应0.2斤。

（四）教文卫事业的恢复和发展

教育方面：1953年，县办1所独立幼儿园，入园儿童17人。1953年末，全面贯彻政务院《关于扫除文盲的决定》，大部分村、街都开办工农夜学班。截至1955年，共组织64所民办学校、19个扫盲小组、94名群众教师，参加民办学校的群众2974人。

1953年起，贯彻“整顿巩固、提高质量、重点发展、稳步前进”方针，对原有学校进行整顿。截至1955年，全县有小学108所，教职工

1953年12月18日，里湖中心校少数民族师生合影（南丹县文化馆供图）

258人，在校学生6855人。1956年7月，增设六寨初级中学，称“南丹县第二中学”，县内有2所中学，教职工有33人，学生496人。

文化方面：1955年10月，文教科拆分为文化科和教育科。1956年7月1日，县委机关报《南丹县报》正式创刊，对学习贯彻党的方针政策、推动各项工作开展发挥了重要作用。同年12月21日，成立南丹县推行壮文委员会，在县委领导下负责具体推行壮文工作。

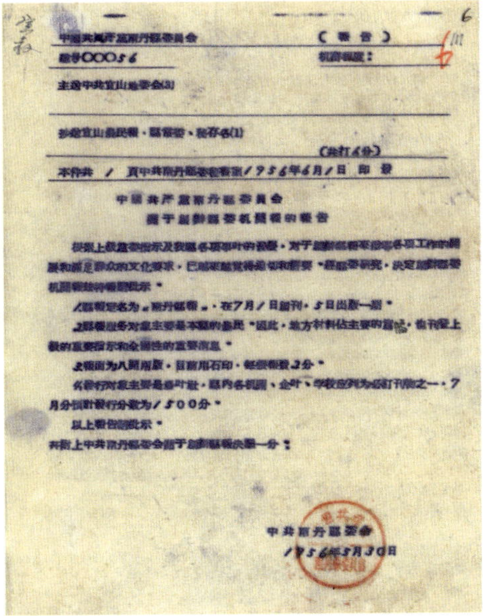
中国共产党南丹县委员会
关于创办县委机关报的报告
以上报告请批示。
中共南丹县委会
1956年5月30日

1956年6月1日印发的《关于创办县委机关报的报告》（南丹县档案馆供图）

卫生事业方面：1953年，县政府设立卫生科，县政府卫生院改名为县卫生院，分设医疗、防疫2个股，开设病床15张，人员增至23人。1956年10月，县卫生院更名为县人民医院，人员增至31人，病床发展到30张，成为全县第一所综合性医院。截至1956年，全县（不含驻县厂矿企业和县办厂矿企业等）共建有卫生机构9个、床位30张，各类卫生技术人员48人。

第二节　社会主义建设的全面起步和艰难进展

一、中共南丹县第一次代表大会的召开和中共八大精神的贯彻

1956年4月14日至18日，中国共产党南丹县第一次代表大会在县城召开。这是南丹首次党代会，出席大会代表244人、列席代表21人，代表全县965名党员。大会总结“三反”“五反”运动经验，贯彻中央关于

“逐步实现对农业的社会主义改造”的指示，听取县委所作的工作报告，研究如何对农业进行社会主义改造及整社工作，选举产生中共南丹县第一届委员会委员、常委、书记、副书记，选举出席广西省第一次党代会代表。

在充分发扬民主的基础上，李文达、陈国良、李成文、于振祥、黎文富、张喜福、腾柏琨、傅春阳、胡顺禄、葛长山、李德贵、于文藻等12人当选为县委委员，杜春友、迟中民为县委候补委员，李文达、李德贵、黎文富、刘庆为出席广西省第一次党代会代表。在一届一次全体会议上，选举李文达、张喜福为县委书记，胡顺禄为第一副书记，陈国良为第二副书记，李文达、张喜福、胡顺禄、陈国良、葛长山当选为县委常务委员会委员。这次大会的召开，对于加快完成南丹县社会主义“三大改造”任务、实现“一五”计划目标具有决定性意义，为南丹全面开展社会主义建设奠定了思想保障和组织基础。6月14日，中共宜山地委在审批中共南丹县一届一次全体会议选举结果时，任张喜福为县委书记（李文达调任中共宜山地委宣传部副部长）。

1956年9月，中国共产党第八次全国代表大会在北京召开。党的八大精神传达到南丹后，全县迅速掀起学习热潮。县委及时召开常委会，对学习贯彻党的八大精神作专门研究安排，县直各单位及各区一律以行政为单位、支部为核心进行编组学习，指定支书、支委、小组长为学习组长，并在学习中注意吸收党外群众参加。全县参加学习的县直单位31个、人数360人，区直单位240人。

县委还根据党的八大提出的“三个主体、三个补充”方针，要求各级领导认真处理转高级社时遗留的问题，落实党的农村经济政策，并集中力量实施开荒造田、兴修水利和推广科学种田、改良品种、增施肥料、防治自然灾害、促进农业增产以及加强对商业、财政、金融工作的领导等一系列推动生产建设发展的措施，为全面建设社会主义奠定了基础。

二、工作重心的转移和“一五”计划的完成

1956年12月24日至26日，南丹县第二届人民代表大会第一次会议在县城召开，出席代表135人，主席团由13人组成。会议审议通过

《1955年、1956年人民委员会工作报告》和1957年工作任务，选举张喜福、潘海彪、于振祥、李文秀、韦建尧、王老二、张友英、崖秀波、曾广育、陆大森、罗治平、黎文富、韦志英、李开泰、赵顺浩等15人为县第二届人民委员会委员，选举潘海彪为县长，李文秀、黎文富为副县长，韦东明为县人民法院院长。会议提出1957年的任务是以整顿农业社为中心，搞好副业生产，继续贯彻“以粮为主、发展多种经济作物”的方针，争取社员和个体农民增加收入，在县人民委员会的领导下，加强民族团结，共同为建设社会主义而奋斗。南丹县第二届人民代表大会第一次会议的召开，标志着全县工作重心开始逐渐转移到社会主义建设和发展生产力上来。

1957年，全县生产总值2480万元、财政总收入98万元、全社会固定资产投资213万元、全部工业总产值1136万元、全部农业（农林牧渔业）总产值592万元、粮食总产量3.57万吨、社会消费品零售总额582万元、农民人均纯收入41元，为南丹和平解放以来最高水平。同年，县委、县人民委员会带领全县人民全面完成了“一五”计划。

农业方面：由于社会主义生产关系的确立，党在农村经济政策的成功实施，农村各项经济迅速发展。到1957年，全县开荒造田造地扩大耕地面积4330亩，兴修大型水利工程622处，增加旱涝保收田17700亩；粮食总产量达到3.57万吨、平均亩产115斤，比1950年分别增长54.96%和15%。1953年至1957年，全县粮食年平均产量（下同）32476吨、棉花241吨、油茶籽4837吨、生猪年末平均头数45535头、大牲畜年末平均头数16595头，完成造林14104亩、木材收购1501立方米。

工业方面：县电厂1953年开始送电，1957年送电29230千瓦时。手工业实现合作化后到1957年底，加入互助组有51人，占全县手工业者的93.8%。1957年，全县手工业总产值78.5万元。

商业方面：1957年1月，将原有的两个民族贸易公司及食品、药材、食油等国营商店及供销社合并，组成县民族贸易管理局，同时保存县供销合作社名称。在此基础上，修建圩亭，整顿市场，疏通流通，促进经济繁荣。1957年，各种农副产品收购总额达88.7万元，销售总额达到41.7万元，财政收入达到98万元（其中工商税收50万元），分别比1950年增加1倍至3倍。

交通运输方面：1956年至1957年夏，全县发动群众用30万个工日修筑完成40.5公里的丹峨公路。

邮电方面：1957年，实现乡（村）乡通电话，党和政府的各种指示文件，人民来往信函可以一日到区、三日到乡（社）。

教育方面：学校教育在原有129所中小学的基础上，新发展18所小学、35个班，有小学生1139人、中学生603人。1957年1月，成立县壮文学校，有教职员工14人，办两期培训班，毕业234人。此外，还在瑶寨区重点发展小学教育，方便少数民族儿童上学。

卫生防疫方面：坚持贯彻以预防为主、医疗为辅的方针。1957年，免费为少数民族群众治疗。同时，还在里湖增设卫生所1所，县城设立麻风防治所1所，专治麻风病。此外，还高度重视新法接生，培养了134名接生员和143名保健员，设立17个卫生室、100个保健箱。

随着“一五”计划的实施和任务的完成，全县人民生活得到明显改善。1957年，粮食消耗总量4319万公斤，平均每人319公斤；社会商品销售总额达582万元，平均每人购买商品42.9元，按当时价格可购买猪肉102斤，或购买食盐195斤、土布306尺。其间，虽发生数次水、旱、虫、风、雹等灾害，但县政府发放300余万元救济款和物资，并很快恢复生产。由于生活水平提高，全县人口增长较快。1957年，全县总人口达到13.5万余人，比1950年增长41.52%。

三、整风运动和反右派斗争

1957年4月，中共中央发出《关于整风运动的指示》，要求在全党重新进行普遍的反官僚主义、宗派主义、主观主义的整风运动，全县首先在县区机关干部中开始整风。6月，中共中央向各级党组织发出《关于组织力量准备反击右派分子进攻的指示》后，南丹县的整风运动也起了变化，县委决定放手让群众大鸣、大放，以揭开矛盾、暴露右派，在彻底鸣放的基础上展开大辩论。随后，声势浩大的对右派言论的反击、批判和斗争在全县迅速掀起。8月23日，根据上级指示精神，全县开展一场反击“地、富、反、坏”分子的斗争，至9月3日结束，被打击的“地、富、反、坏”分子共454人。为把运动推向高潮，9月6日至24日，县委组织县、区及社干部474人召开全县三级干部会议，要求各级党组织深入农村，放手发动群众大鸣大放，贯彻实行“大胆地放、彻底地放、狠狠地放”方针。

1957年11月2日，中共南丹县委成立整风运动领导小组，县委书记王瑛任组长。运动首先在文化教育界进行，然后在全县铺开。当年11月寒假，全县中、小学教师500余人集中宜山专区进行整风，其余行政、企事业单位干部职工在县城写大字报。在鸣放、整改中，全县共鸣放意见5400万条，正确的意见都得到了整改。

1957年12月初，一场反击资产阶级右派进攻的斗争在全县开展。首批对象是区机关干部职工，第二批是学校教师。反右派斗争的扩大化，使南丹许多党员干部、知识分子不敢向党组织如实反映工作情况和群众意见、不敢抵制不正之风、不敢说心里话，使主观主义、官僚主义和宗派主义得不到及时有效的纠正。

四、“大跃进”运动和人民公社化运动

1958年5月，党的八大二次会议通过了“鼓足干劲、力争上游、多快好省地建设社会主义”的总路线。南丹县根据总路线和广西省委的指示精神，以前所未有之势，通过多种途径、运用各种手段大张旗鼓地宣传总路线。随后，“大跃进”运动和人民公社化运动在全县范围内兴起。

（一）“大跃进”运动

1958年6月，南丹县召开“向亩产稻谷800公斤进军”誓师大会，到会人数716人（其中党员435人）。会上，县委要求大力批判一切不符合总路线的思想作风，进一步把宣传贯彻总路线推向新的高潮。8月13日，县委再次召开大会，县、区、乡、社四级干部共2500余人参加，提出六大措施，除要求加强田间管理外，还要求动员全县党员干部及全体民众大搞“卫星田”。1959年1月，全县开展以“爱国、爱集体、爱食堂”为中心的自报存粮运动，共报存粮1750万斤。3月至5月，开展“反瞒产”运动，共核出“瞒产”粮食26万斤，对“核出”粮食较多的队给予奖励，同时对112名“瞒产”干部进行批评和处理。随后，南丹县掀起农业“大跃进”高潮。生产计划上的高指标以及违反农业生产规律行为，导致全县粮食进一步减产和高征购以及回销指标减少，部分公

社、大队发生饥荒。

1958年8月，县委召开全县工业三级干部大会，在全县范围内掀起“大炼钢铁”的群众运动，并规划在月里牙林、大厂铜坑、小场大平等地开采铁矿，利用土法上马冶炼生铁。会后，县委、县人民委员会不顾南丹既不产铁矿、又不产焦煤，无条件发展钢铁工业的客观事实，办起3个钢铁厂、筑起土高炉15525个。全县共组织10万人的钢铁大军，并从忻城县借调9500人来支援，继续砍柴、烧炭、挖矿、建高炉。“大炼钢铁”运动造成大量宝贵的森林资源被毁，生态平衡遭受破坏；矿产资源被浪费；因建高炉而拆掉民房等，使群众蒙受巨大的损失；全县90%以上强劳动力被抽去钢铁前线，余下老弱劳动力在家搞秋收，不少稻谷因得不到及时收割，造成倒伏、出芽、霉烂在田里，使当年粮食总产量由1957年的6951万斤下降到4918万斤，减产29.2%。

（二）人民公社化运动

1957年下半年，南丹县的高级农业合作社经过“大辩论”仍然不能合理解决按劳分配问题。1958年8月27日，县委在县城广场召开万人大会，庆祝人民公社成立，以高级农业社为基础加以扩大或者合并，升格成以乡为单位的大社，实行政社合一，以公社为基本核算单位，工农商学兵相结合，生产组织与国家政权融为一体。县城万人大会召开后，南丹县第一个人民公社——东方红（芒场）人民公社诞生，社长李文秀（女）。随后，上游（车河）人民公社、跃进（罗富）人民公社、火星（六寨）人民公社、红旗（小场）人民公社、先进（月里）人民公社、大瑶寨人民公社在几天时间内全部完成组建。公社规模相当于原来的区，全县7个人民公社下设84个生产大队、1659个生产小队。全县实现人民公社化后，农村除田地、耕牛、大型农具在农业合作社已归公社所有，余下的山林、草地以及宅基地、粮食、畜、禽等生活资料全部归公社所有，并可在各队间无偿调拨。

五、整风整社

1959年初，南丹县人民公社内部集体食堂陆续解散。4月，县委、县人民委员会按照自治区党委《关于整顿和巩固人民公社的指示》精神，认真贯彻“统一领导、队为基础”“三级核算、自负盈亏”“按劳分配、承认差别”等原则，根据县境山多路陡、居住分散的特点缩小社队规模，将原来的7个公社、84个大队划分为15个公社（即八圩公社拆分为大瑶寨八圩公社和里湖公社，新增红河（吾隘）人民公社、红星（巴定）人民公社以及翁乐、黄江、巴平、中堡、城关公社）、139个大队、1574个生产队。6月，制定出台《南丹县委关于整顿和建设人民公社中若干具体问题处理的意见》，内容涉及人民公社的统一领导、根本基础、分级核算、分配计划、物资调拨、按劳分配、财产账目清算等方面。

1961年1月，根据中央和自治区党委部署，南丹县开展以反“五风”为主要内容的整风整社运动。县委从县直机关抽调200余人组成工作队，对全县各公社逐一进行整顿并再次划小公社规模，公社数量从15个细化为18个（即新增拉堡、甲木、七圩3个公社），并设立大厂镇和城关镇，生产大队维持139个不变、生产小队由1574个细化为1899个。除加强政治教育、健全领导班子外，对少数执意坚持单干农民采取强制措施，全部解散集体食堂，集中力量组织群众生产度荒。同时，对农业实行“三包一奖四固定”（即包工、包产、包田土，超产奖励，耕牛、农具、山林、田土固定到队）。经过整顿，人民公社趋向稳定。

六、调整恢复和生产自救

1962年9月，根据中共柳州地委《关于恢复区乡体制几个问题的通知》精神，全县恢复车河、大瑶寨（自治区）、罗富、芒场、六寨、小场、月里7个区，撤销公社建制，保留大厂、城关2个镇。同时，把139个生产大队升格为公社，1899个生产队升格为大队，进一步划小生产队，一般为20户左右，全县共划生产队2017个，并重新把田土、水源、山林和劳力、耕牛、农具等固定到生产队，执行包工、包产、包成本、超产奖励的“三包一奖”责任制，彻底清理“一平二调”进行退赔，划清各级财务账目，宣布以生产队为核算单位的体制30年不变。生产队实行“按劳分配、多劳多得，不劳动不得食”的原则，社员的自留地、自留山及房屋宅基永归社员个人使用，并允许社员开荒造田造地，熟荒3年不征公粮、不派购粮，生荒5年不征公粮、不派购粮；提倡社员开展家庭饲养业，开展多种经营。这些措施，符合广大群众的愿望，得到热烈拥护。

为帮助人民公社恢复生产和群众渡过生活难关，根据自治区党委和中共柳州地委指示，南丹县迅速开展轰轰烈烈的生产救灾运动，大量增加返销粮，发放大批救济粮和农业贷款。1962年，全县粮食总产量达到5755.9万斤，比1961年增产16.7%；生猪存栏数2.9万头，比1961年增长1.8倍；耕牛存栏数3.02万头，比1961年增加39头。其他如木薯、黄豆、棉花、花生、甘蔗、烟叶、桐油、水果生产都有较大的恢复和发展。1962年和1963年，发放各种救济款37.94万元、少数民族困难补助款13.2万元、修筑饮水工程款5万元、“四病”防治及社会免费医疗款3.45万元；发放御寒棉毯4220床、布票1.54万尺。同时，在分配上恢复按劳取酬制度，口粮实行“三分配”（基本口粮、工分粮、饲料分配粮）及其他农副产品均按人分配。这些努力，对帮助全县人民恢复生产、恢复健康、安排好生活起到了巨大的作用。

七、开展社会主义教育运动

1962年开始，南丹县根据党的八届十中全会精神，结合农村生产，开展社会主义教育运动（以下简称“社教”运动）。1964年1月，县委派出“社教”运动工作队进驻附城公社进行“社教”试点。工作队从1月8日入村，至5月12日结束，整个试点工作历时三个月零十七天。工作队入村后，一面组织群众开展生产，一面宣传政策，白天参加劳动，晚上召开贫下中农座谈会，通过诉苦、串联、了解阶级斗争动态，其中包括干部政治、经济、思想方面的错误，为下一步组织阶级队伍，开展对敌斗争和批资批修做好准备。

1964年12月至1965年1月，县委根据《关于目前农村工作中若干问题的决定（草案）》的有关规定，在全县开展“清政治、清经济、清组织、清思想”的“四清”运动，主要对象是县、区、公社的党政企事业干部及生产队干部。1964年12月，按照中共柳州地委决定，南丹县奉命抽调由县、社、大队近百名干部组成“四清”工作队，赴融安参加“四清”运动，至1965年7月结束。1965年8月，河池地区成立，按中共河池地委决定，县委又奉命抽调大部分县、社、大队干部组成“四清”工作团，赴河池县参加“四清”试点，历时11个月，至1966年9月结束。

在“四清”运动中，全县共清出人民币49675元、粮票10853斤、布票1180尺。同时，揭露出“四不清”案件24件并进行组织处理，被开除党籍4人、留党察看5人、撤销党内职务1人、严重警告11人、警告2人、撤销行政职务1人。

南丹县历时3年的“社教”运动，虽然对纠正全县干部思想作风和公社经营管理上的一些问题起到一定的作用，但由于不断扩大阶级斗争的严峻形势，并把大小不同性质的问题都当作阶级斗争或者是阶级斗争的反映，否定了一些有利于搞活经济、调动群众生产积极性的正确措施，扩大了打击面，使不少基层干部受到了伤害。

八、国民经济调整任务的完成

1961年1月，党的八届九中全会正式决定对国民经济实行“调整、巩固、充实、提高”的“八字”方针，表明经济建设转入调整阶段。1962年，在第二届县委二次代表会议上，进一步传达贯彻自治区党委、中共柳州地委关于整顿和建设人民公社会议精神，作出了有关人民公社体制、社员在经济活动方面的生产费用和行政管理、分配比例、账目管理、劳动力使用安排、生产方式等方面规定。1964年3月，中共南丹县第三次代表大会召开后，进一步加快了调整步伐，全县各个经济部门在新的基础上实现了恢复和比较协调的发展。

工业生产方面：在全民办工业的口号下，县工业有一定的发展。但因盲目发展，有些企业因技术不过关，导致产品质量低、成本高、效益差。经过调整和整顿，有一批企业保留下来，成为县工业的骨干企业。县办工业保留下来4家，社队工业保留下来24家。拉么锌矿到1963年上交给自治区时已经是年产值109万元的盈利企业。1965年，全县工业总产值恢复至1314万元，接近1960年的1497万元。同时，还培养了一支技术骨干队伍，积累了办厂经验，也为南丹县的工业发展奠定了基础。

农业生产方面：虽然经历了三年困难时期，但1963年至1965年仍呈现增长，1965年农业总产值达1235.23万元，比1960年的369.61万元增长865.62万元。1965年，全县粮食产量近3.3万吨，比1960年的2.3万多吨增长约1万吨。

1965年9月9日，大厂矿务局拉么选厂竣工典礼纪念合影（南丹县委宣传部供图）

交通建设方面：1964年至1966年，经铁道部批准，柳州铁路局在站距较长的八圩至瑶寨区间增建关东车站，关西至南丹站区间岜益村附近增建拉易车站，南丹至星店站区间增建关上车站。至此，县境火车站达12个，有效地缩短了会车时间，促进了列车安全正点运行，同时也为甲坪、拉易、关上等村群众提供了方便的交通条件。

财政收入方面：20世纪50年代年均财政收入额为73.63万元，1962年开始纠正“五风一化”（“共产风”、高指标风、瞎指挥风、浮夸风、强迫命令风和干部特殊化），财政收入比1957年上升11.36%。1963年至1965年经济调整时期，贯彻执行“八字”方针，生产有所发展，三年财政总收入360万元，年均财政收入达到120万元。

各项事业都得到发展：党中央于20世纪60年代在调整国民经济的过程中，制定了农村人民公社、工业、商业、教育、科学、文化等方面的工作条例草案，比较系统地总结了社会主义建设的经验。在党中央的路线、方针、政策指引和上级党委的领导下，南丹的教育、文化、卫生等事业从无到有、从小到大，发展变化也比较明显。

第三节　社会主义事业在曲折中发展

一、“文化大革命”的爆发

1966年6月16日，南丹县召开县委常委会会议，并成立中共南丹县“文化大革命”领导小组，由此拉开了南丹“文化大革命”序幕。6月18日，南丹中学开始停课“闹革命”。6月25日，南丹中学大批判专栏、大小字报铺天盖地，学校领导被批判。7月12日后，全县中小学相继停课“闹革命”。

1967年2月，党政、公检法司等机关及部分企事业单位开始处于停顿瘫痪状态。3月后，全县党、政、财、文教机关全部陷入瘫痪，社会局势混乱。

1967年3月9日，县人民武装部与党政系统及群众组织协商，成立南丹县“抓革命、促生产”指挥部。至3月下旬，各区、公社亦分别建立“抓革命、促生产”领导班子。领导机构成立后，通过抓阶级斗争，开展“农业学大寨、工业学大庆”等群众运动。

1968年3月17日，县人武部主持召开代表大会，到会的1018名代表以无记名投票方式，选举生产南丹县革命委员会（以下简称县革委会），并代行县人民代表大会、人民委员会职能。此后，机关单位、学校相继成立革命委员会或革命领导小组，各区、公社也陆续成立革命委员会。县革委会成立后，领导全县进行“斗、批、改”运动。

二、中共南丹县第四次代表大会的召开

1971年2月27日至3月2日，中国共产党南丹县第四次代表大会在县城召开，应出席大会代表406人，实际到会代表386人，代表全县3088名党员。大会的主要议程是学习自治区第三次党代表大会精神，县革委会整党建党领导小组向大会作工作报告，选举中国共产党南丹县第四届委员会。

韦武琼代表南丹县革命委员会整党建党领导小组，向大会作报告。该报告回顾总结了南丹“文化大革命”以来的情况，提出在今后的工作中，认真进行思想和政治路线方面的教育，继续搞好党的思想建设和组

织建设，进一步贯彻执行“抓革命、促生产、促工作、促备战”的伟大战略方针，夺取工农业生产的更大胜利。

大会选举产生了中共南丹县第四届委员会，委员27人、候补委员4人。同时，县革委会党的核心小组撤销。至此，县委机构在被夺权4年后重新建立起来，县委组成部门以及县革委会相关局、室、委也陆续恢复。

在当时的历史条件下，南丹县第四次党代会提出要以“两个阶级、两条道路、两条路线斗争为纲，进一步巩固无产阶级专政”等“左”的口号，把“左”的错误加以肯定。这次大会后，各公社也相继组织召开党代表会议，选举产生了公社党委会，全县135个基层组织得到恢复，群团组织亦相应得到恢复。

1973年，根据中央和自治区党委指示，全县各条战线的批林运动同党内整风、批判极左思潮结合起来，努力恢复生产秩序和工作秩序。1974年，批林整风又同批孔结合起来。

1975年2月初，南丹县根据党的十届二中全会精神，从稳定农村、发展农业入手，开展全面整顿工作，掀起大办农业、大办工业的热潮。全县各级班子带领全县人民大干快上，狠抓农业、工业建设，各行各业在整顿中发展。

1976年10月14日，党中央公布粉碎“四人帮”的消息，“文化大革命”结束。

三、南丹的各项事业发展状况

“文化大革命”期间，南丹的经济和社会发展受到一定的影响。十年中，除前两年经济略有下降外，其他年份呈现增长趋势，尤其是工业增长2.7倍，其他事业也有所发展。

（一）农业相对稳定发展

“文化大革命”期间，全县农业生产受到冲击，但在全县人民的共同努力下，粮食总产量除1966年和1972年比上年下降外，其余年份均比上年增长。1971年起，南丹县分批次组织“三分之一”工作队（因党的基本路线教育工作队下村的覆盖面要达到三分之一而得名）进驻各大队开展工作，当年粮食总产量首次突破亿斤大关。1972年起，全县掀起农业学大寨热潮，开展搞定向爆破、挖山填沟、造田造地的群众运动。截至1976年，共造田造地5100余亩、砌墙保土6500亩，新建和初修山塘水库排灌工程319处，增加有效库容1050.6万立方米，有效灌溉面积9.24万亩。

（二）工业发展状况良好

“文化大革命”爆发后，南丹不少厂矿企业被迫停工停产。1968年，县属地方国营企业6个，职工343人，固定资产原值78.79万元，工业总产值51.54万元，税收8.82万元，亏损15.75万元。1969年，县革委会把工业学大庆作为实施“抓革命、促生产”方针的主要内容之一，工业经济开始止跌回升。之后，县委和县革委加强对全县工业发展的领导，对原有企业进行调整充实和加强管理，新建了茶山锑矿、麻阳汞矿、拉易水泥厂、铜坑铁矿、化工厂、软木厂等一批企业，产值及经济效益不断提高，1976年工业总产值767.69万元。同时二轻及乡镇工业也得到壮大和发展。同年，二轻工业职工217人，产值为105.2万元；乡镇工业产值为172万元。

1970年建成的县水泥厂（南丹县委宣传部供图）

（三）教育文化事业波折起伏

教育事业领域。1966年，全县有小学151所、中学15所，农村幼儿园、托儿所相继解散，只保留县保育院。同年9月，全县中小学停课。

1967年成立县革委政工组，下设文教小组，学校陆续复课，但学校强调学工、学农、学军，不重视文化课教学。1969年，成立县教育革命委员会，中学招生取消文化考试，实行推荐入学；同时，不顾当时教学设备及师资不足等实际情况，要求“生产大队办初中，人民公社办高中”，致使中学盲目发展。1970年，全县普通中学共有8所。1976年，全县有小学99所、中学15所、附中15处，在校小学生近3.5万人、中学生近1.1万人，中小学校数量、学生数量均为南丹历史之最，但实际上削减基础文化知识教学，教育质量大大降低。

文化事业领域。席卷城乡的“破四旧”对南丹文化历史造成了极大的摧残、破坏和误读，大批珍贵的文化遗产毁于一旦，造成无可弥补的损失。与此同时，全县文化宣传部门数量发展迅速。县直单位的文化馆工作人员由3人增加到8人，文艺宣传队增加26人，每年拨款3.55万元；电影放映队增加到11个共37人，观众人数年达到189万人次；有线广播架设了专用线，全县93%的生产队和85%的社员可以听到广播。

（四）卫生事业得到一定程度的发展

1969年，根据上级部署，全县学习推广上海川沙县江镇公社和湖北省长阳县乐园公社办农村合作医疗的经验，县革委在车河公社堂汉大队进行合作医疗试点工作，召开现场会，随后普及全县。将“半农半医”改称为“赤脚医生”，大队卫生室改称为“合作医疗站”。至1974年，全县实行合作医疗的大队占96.6%，有“赤脚医生”135人（其中女医生17人）、接生员168人，平均每个大队1.6人；有生产队不脱产卫生员889人，平均每队0.6人。截至1976年，全县卫生机构13家、床位数250张、卫生技术人员269人。

20世纪60年代的县人民医院住院部（南丹县人民医院供图）

（五）知识青年上山下乡

1969年，南丹县首批200余名知识青年下乡插队后，县内持续掀起上山下乡热潮。1972年，全县安置到农村插队的知识青年521人。1974年，县革委会设立知识青年上山下乡领导小组。截至1978年10月，全县先后动员和安置知识青年3635人（含历届、应届高中毕业生及下放人员和回乡知识青年），分布在车河、小场、六寨、瑶寨、芒场、月里、罗富、大厂等8个公社（镇）36个大队、216个生产队，安置到山口林场的知识青年分为1971年和1974年两批共343人。

1971年国营南丹县山林场知青民兵训练后合影（南丹县山口林场供图）

从1971年起，有部分知识青年通过招工、招生、病退、独生子女、参军等名义回城。1972年到1978年，陆续在上山下乡知识青年中招工2017人，分别安置在厂、场、矿山等国营或集体单位工作，另有1618名知青通过招干、参军，因病回城或转至外地安置等不同渠道先后离开农村。至1979年7月底，除有极少数与当地农民结婚定居农村或其他原因外，其余全部回城得到妥善安置，南丹县知识青年上山下乡工作结束。

四、徘徊前进中的两年

党中央粉碎“四人帮”后，按照上级部署，南丹县委立即带领全县人民开展批判“四人帮”的群众运动。通过开展揭批“四人帮”的斗争，全县各项工作局面不断好转。在农村中，认真落实经济政策，将收归生产队的社员自留地等归还原主，1977年，全县粮食总产量6.87万吨，每人有粮800斤。在整顿社会秩序中，清查了县内受“四人帮”影响而成立的帮派组织；1978年11月，全县解散红卫兵组织工作结束；教育战线清理毒害，1978年成立县招生办公室，设立“南丹师范”（校址在县城五枫坡脚，学生完成3年学制毕业后纳入国家分配计划）；同年10月16日，各中小学恢复自主权，学校开始建立或恢复各项规章制度；文化战线重新肯定了新中国成立后南丹文化战线各个方面取得的成绩。与此同时，全县各行业、各部门也逐步纠正各种“左”的规章制度，逐渐恢复正常的生产和工作秩序。

1977年，县委把“抓纲治国一年初见成效，三年大见成效”作为一切工作的指导思想，提出“大战七年，加速建成大寨县”的口号，掀起“建设大寨县”全县群众性运动，工业学大庆运动再次升温，开展整党整风和恢复县委纪律检查委员会。

1978年10月16日至18日，中国共产党南丹县第五次代表大会在县城召开，选举产生了中国共产党南丹县第五届委员会。中共南丹县第五届委员会带领干部解放思想、转变观念，认真研究部署南丹工作重点转移的具体措施着手解决南丹和平解放以来的历史遗留问题、平反冤假错案等，各项工作逐步打开新局面，开启了南丹以经济建设为中心的新时期，迈出了改革开放的历史转折新步伐。

第三章

改革开放推进社会各项发展

（1978年12月至2012年10月）

党的十一届三中全会后，南丹县全面贯彻改革开放路线方针政策，把工作重点转移到落实社会主义现代化建设上来，经济和社会发展进入新的历史时期。从党的十一届三中全会至党的十八大召开，历届县委、县政府团结带领全县各族人民解放思想、实事求是、与时俱进，有计划、有步骤地推进南丹政治、经济、文化和社会事业等各项改革，正确处理改革、发展、稳定的关系，南丹革命老区面貌发生了翻天覆地的变化。

第一节　民主法治建设的推进和加强

一、拨乱反正任务的完成

1978年12月召开的党的十一届三中全会，从指导思想上实现了拨乱反正，重新确立了实事求是的马克思主义路线。在党的领导下，南丹县的拨乱反正工作从1979年2月全面展开，经过补好真理标准讨论课、实事求是平反冤假错案等工作，至1986年基本完成拨乱反正任务，为南丹开创社会主义建设新局面创造了有利条件，也有利于实现南丹安定团结、生动活泼的政治局面。

（一）补好真理标准讨论课和加强党的建设

1978年5月11日，《光明日报》在一版显著位置发表特约评论员文章——《实践是检验真理的唯一标准》。1979年5月，自治区党委工作会议要求全区各地认真补好真理标准讨论课，南丹县于同月下发《关于开展真理标准学习和讨论活动的通知》，并用3个多月的时间分别开办各级领导干部专题学习班，利用各种会议和形式组织干部参加学习。通过深入开展“实践是检验真理的唯一标准”大讨论，全县干部群众的思想不断从“左”的错误中解放出来。

为恢复和发扬党的优良传统和作风，1979年至1981年，全县掀起学习党的十一届三中全会文件热潮，党员干部坚决贯彻执行党的十一届三中全会制订的路线、方针、政策的自觉性持续增强。1982年至1985年，南丹县对党员、干部进行“共产党员必须为共产主义奋斗终身”“建设社会主义精神文明”“共产党员必须全心全意为人民服务”三个专题教育，促使全县党员解放思想、开阔眼界、实事求是、振作精神，提高和党中央保持一致的自觉性。

（二）全面解决历史遗留问题

1979年2月，南丹县根据中央《关于地主、富农分子摘帽问题和地、富子女成分问题的决定》精神，组织群众对全县“四类分子”进行评审。5月，根据中央《关于全部摘掉右派分子帽子决定方案》，对被错划的“右派分子”进行甄别改正。同时，全面落实原国民党起义、投诚人员政策和各项侨务政策。

1979年2月，根据中央和自治区要求，南丹县成立“三案”小组，对在各历史时期遭受冤屈的一批干部和各界人士进行平反改正、恢复名誉，并妥善落实政治和生活待遇方面的各项政策。1981年6月，根据《关于建国以来党的若干历史问题的决议》精神，着手平反冤假错案。1983年5月，成立“处遗”领导小组和办公室。至1984年底，“处遗”工作基本结束，为受害者及已故者遗属发放平反昭雪书，发放经济善后款，安排受害者子女工作。

1979年起，南丹县对错划为“右派”“反革命”的知识分子落实政策。1979年6月至1983年8月，全县开始评定部分自然科学和社会科学技术人员的技术职称，科技人员职称评定制度逐渐健全。1984年4月，成立落实知识分子政策领导小组，在落实知识分子政策、解决历史遗留问题的同时，遵循“政治上一视同仁、工作上放手使用、生活上关心照顾”的原则，大批知识分子被提拔到党政和业务部门的领导岗位上来。

全面解决历史遗留问题，从根本上改变了南丹一大批人的境遇，这些人从此开始了政治上的新生活，进一步提高为南丹改革开放服务的积极性。

二、人民代表大会制度的恢复和坚持

党的十一届三中全会后，南丹县于1980年恢复实行人民代表大会制度。1980年8月，南丹县开始筹备召开县、公社（镇）人民代表大会。9月，大厂镇率先召开第八届人民代表大会，撤销镇革委会，选举产生镇人民政府镇长、副镇长。随后，城关镇以及车河、罗富、芒场、六寨、月里公社相继召开第八届人民代表大会。

1980年12月29日至1981年1月4日，县第七届人民代表大会第一次会议在县城召开，作出了撤销县革命委员会、恢复县政府建制和设立县人民代表大会常务委员会（简称县人大常委会）等相应决议。[①]244名代表选举产生县人大常委会、县政府组成人员和人民法院院长、人民检察院检察长。至此，南丹中断实行15年之久的人民代表大会制度得到恢复。[②]

至1993年12月12日止，县人民代表大会及常务委员会历经第七届至第十届，每届任期3年。1993年12月13日，县第十一届人民代表大会及其常务委员会开始履行职责，根据《中华人民共和国地方各级人民代表大会和地方各级人民政府组织法》有关规定，调整为每届任期5年[③]。

---

① 随着县革命委员会的撤销，县直各机关和企事业单位的革命委员会也相继撤销。

② 此后，南丹县分别于1990年12月29日、2000年12月29日、2020年12月29日举办纪念南丹县人民代表大会设立常务委员会10周年、20周年、40周年座谈会。

③ 其中：南丹县第十二届人民代表大会任期4年（1999年1月12日至2002年10月16日），因2002年上级党委要求地方换届与乡镇换届同步。为此，南丹县第十三届人民代表大会于2002年10月提前换届选举产生新的领导班子；南丹县第十三届人民代表大会任期同样为4年（2002年10月16日至2006年10月21日）。

1984年11月23日，南丹县第八届人民代表大会第一次会议全体代表合影（南丹县人大常委会办公室供图）

至2012年，历经第十一届至第十五届人民代表大会[①]。

县人大常委会设立初期，机关只设办公室，主任由人大常委会1名副主任兼任；1984年8月，配备专职办公室主任。1988年9月，设立法制工作委员会、财政经济工作委员会、教育科学文卫工作委员会等3个专门委员会。1989年11月，设立民族华侨工作委员会。1992年2月，设立代表联络信访工作委员会。至此，县人大常委会机关形成“一室五委”组织格局。1998年机构改革，于2月份撤销民族华侨工作委员会和代表联络信访工作委员会等2个专门委员会。2002年2月，根据机构改革部署，县人大常委会机关设置为“一室三委”，即办公室、法制信访工作委员会、财政经济民族华侨工作委员会、教育科学卫生工作委员会。至2012年，县人大常委会设有办公室、代表联络工作委员会、法制信访工作委员会、科学文化卫生工作委员会、财政经济民族华侨工作委员会5个正科级常设机构。至此，县人大常委会的工作机构和工作程序逐步趋向规范。

县人民代表大会设立常务委员会的同时，基层设公社（乡、镇）人民代表大会常务主席和代表大会联络员。1984年10月至11月，各公社（镇）相继召开第九届人民代表大会，撤销公社管理委员会，选举产生乡

① 南丹县第十五届人民代表大会于2011年8月选举产生，任期至2016年8月。

（镇）人大主席团和人民政府组成人员。此后，乡（镇）人大换届均与县人大同年开展。1991年起，乡（镇）人大代表团设立专职常务主席。1996年，根据新修改的《中华人民共和国地方各级人民代表大会和地方各级人民政府组织法》规定，乡（镇）人大设主席、副主席。1999年起，乡（镇）人大主席由乡镇党委书记兼任，设置一名专职副主席。2006年，乡镇人大主席恢复实行专职，不再由党委书记兼任。

三、政治协商制度的贯彻和完善

1984年9月，按照上级“各县迅速成立县级政协委员会”有关指示精神，南丹县由县委统战部牵头，负责筹备和成立政协事宜。经反复协商，全县共产生16个界别[①]71名政协委员，广泛代表了县内各党派、各界别、各阶层权益，整个筹备工作于10月中旬完成。11月17日，政协南丹县第一届委员会第一次全体会议在县城正式开幕，会议主席团17人，出席会议委员71名，列席人员20人。会议共收到提案65件，经审查立案65件。会议期间，河池地委统战部发来祝词，全体委员列席县第八届人民代表大会第一次会议。22日，会议闭幕，选举产生了政协南丹县第一届委员会主席、副主席、秘书长和常务委员。这次会议的召开，标志着中国共产党领导的多党合作和政治协商制度在南丹落地执行。[②]

1984年至1993年，政协南丹县委员会换届3次，每届任期3年。自1993年第四届任期起，根据全国政协修订的《中国人民政治协商会议章程》第41条“地方委员会每届任期5年”的规定，调整为每届任期5年[③]。1993年至2012年，历经第四届至第八届委员会。[④]

---

① 16个界别是：中国共产党、共青团、农协会、工商联、港澳台、工会、文化艺术、社会科学、妇联、少数民族、归侨侨眷、体育、自然科学、医药卫生、教育、特别邀请。

② 此后，南丹县于2004年11月18日举办庆祝县政协成立20周年座谈会。

③ 其中：第五届委员会任期4年（1999年1月11日至2002年10月15日），因2002年上级党委要求地方换届与乡镇换届同步。为此，政协南丹县第六届委员会于2002年10月提前换届选举产生新的领导班子；第六届委员会任期同样为4年（2002年10月17日至2006年10月21日）。

④ 政协南丹县第八届委员会于2011年8月产生，任期至2016年8月。

1984年11月22日，政协南丹县第一届委员会第一次会议全体代表合影（南丹县委宣传部供图）

政协南丹县委员会成立初期，领导班子未确定行政级别，机关只设办公室，配兼职秘书长1名，未设立专职工委，全体委员分法制、经济建设、文教、医药卫生、工商、民族、侨务、青年、妇女、祖国统一等10个工作组。1990年10月，增设经济科技委员会、提案文史专门委员会。1991年1月，提案文史专门委员会分开，分别设立提案委员会、文史委员会。委员中设有农业、民族、财贸、卫生、矿区、文教、工业等7个工作组。1993年12月，县政协机关内设办公室、经济科技委、提案委、文史委。1994年5月，经县委批准，政协内设机构由“一室三委”扩充为“一室五委”，即办公室、经济科技、学习文史、提案法制、民族宗教社会联谊、文教卫体工作委员会。委员中仍设有7个工作组。1999年1月，机关机构改革后，将“一室五委”调整为“一室两委”，即办公室、经济科技委、提案法制文史委。委员中7个工作小组改称为中共特邀、工商联、经济科技、农林、教育医药卫生、文化艺术体育工青妇、少数民族侨联等7个活动小组。2002年10月，少数民族侨联活动小组改称少数民族宗教侨联港澳台属活动小组，其余机构设置及称谓不变。2010年，提案法制文史委员会更名为提案法制和民族宗教委员会，经济科技委员会更名为经科文教卫体委员会，增设外事联谊和文史资料学习委员会。至此，县政协设有办公室、提案法制和民族宗教委员会、经科文教卫体委员会、外事联谊和文史资料学习委员会（即“一室三委”）4

个正科级常设机构。

四、民族区域自治制度的贯彻

1978年7月，南丹县设立民族事务委员会。1981年，瑶寨公社分离出里湖公社。1982年2月和11月，里湖公社、瑶寨公社分别召开人民代表大会，撤销公社革委会，选举产生公社管委会组成人员，当选的公社管委会主任均为瑶族干部。1984年10月，在里湖公社、瑶寨公社行政区域基础上，成立里湖瑶族乡、八圩瑶族乡，并分别于10月和11月召开第九届人民代表大会。1985年1月，月里公社分离出中堡苗族乡。3个民族乡自成立起，乡人民政府乡长均由本民族干部担任，班子成员中大多亦为少数民族。同时，南丹县还注重保障少数民族参政议政权利，历届人大代表中都有一定比例的少数民族代表。1988年4月，南丹县被评为全国“民族团结先进县”，在北京召开的首次全国民族团结先进表彰大会上，南丹县作典型发言，介绍南丹县抓人才、靠科技，推动经济社会发展、促进民族团结进步的做法。1997年，县民族事务委员会改为县民族事务局，在县委统战部挂牌。

1994年庆祝八圩瑶族乡成立十周年时的情景（南丹县人大常委会办公室供图）

五、农村人民公社体制的转变和基层民主制度的实践

1978年，全县设车河、瑶寨、罗富、月里、小场、芒场、六寨7个公社以及大厂、城关2个镇，共84个生产大队。1980年10月至12月，各公社革委会改为管理委员会，大队革委会改为大队管委会。1981年3月，瑶寨公社划出里湖、瑶里、怀里、纪兰、岜地、纪杳、巴雅（八雅）、贵江、仁广、纪后、化果、董甲12个大队，总面积383.8平方千米，辖3040户1.6万人，增设里湖公社。

1984年10月，根据中共中央、国务院《关于实行政社分开，建立乡政府的通知》精神，罗富公社划出独田、纳定、思河、凡里、昌里、那地、吾隘、古兰、同贡等9个村，面积261.3平方千米，辖2282户1.35万人，增设吾隘乡；六寨公社划出巴定、龙腰、帮里、陋里、蛮卷、才怀6个村，面积180.7平方千米，辖1587户0.91万人，增设巴定乡；月里公社划出中堡、大水井、懂托、九立、拉纳等5个村，面积164.7平方千米，辖1089户0.63万人，增设中堡苗族乡；小场公社划出四山、火幕、拉所3个大队，并入城关镇；车河公社划出官山、龙藏、龙更、南胃、扬州、翁乐6个大队，并入大厂镇；瑶寨、里湖公社分别设立八圩、里湖瑶族乡，六寨、车河公社分别改为六寨镇、车河镇，全县共设4镇9乡、129个生产大队。至此，全县完成政社分设工作，正式停止执行长达16年的人民公社制度，恢复和建立乡（镇）人民政府。同年冬，129个生产大队全部取消，改为129个行政村，建立129个村民委员会，原生产队则改称为村民小组，初步改变了农村中党政不分的状况。

1987年8月，全县原村民委员会改称村公所，村公所为乡（镇）人民政府派出机构，其干部由乡（镇）人民政府任命或委派，原村民委员会主任改称为村长。1991年6月，县政府同意罗富乡杳村分为杳村、湾村村公所，六内村分为六内、玉兰村公所。1995年4月，经自治区人民政府批准，小场乡、芒场乡、月里乡改为镇。同年10月，全县138个村（居）公所改为村民委员会，并依法选举村民委员会组成人员。同时完善村民大会、村民代表会议制度，设立村务公开栏，建立财务公开制度，逐步完善村民自治制度，走上“村民自治、民主管理”的轨道。

1999年，139个村民委员会进行换届选举，由村民依法直接选举村委干部720人。同年12月，自治区人民政府批复同意，吾隘乡改为镇建制。2001年3月，县政府将罗富乡莲花村和坡旁村的拉么、上巴牙、下巴牙、莫德、林屯、旁高等6个自然屯和大厂镇扬州村的纳必、拉岜、新田、简索、田洞5个自然屯划归城关镇管辖，与城关镇莲花村的拉号、更脑、拉弄3个自然屯组合成立鸳鸯桥村，将罗富乡雍里村的必弄、拉路2个自然屯并入城关镇茅坪村。2001年、2003年和2005年，南丹县三度荣获"广西村民自治模范县"荣誉称号。2005年9月，经自治区人民政府批准，撤销小场镇和巴定乡建制，小场镇并入城关镇、巴定乡并入六寨镇。2012年，全县共有7个镇、4个乡，辖148个村（社区）委员会。

六、爱国统一战线的巩固

统战力量的加强。1976年11月，南丹县开始配备县委统战部部长和副部长。1977年，增设对台工作领导小组。1980年起，先后设立侨务办公室（归国华侨联合会）、台湾工作办公室、宗教事务办公室等机构，并认真做好县境内的台、侨、宗教等工作。1997年，县委统战部设部长1人，副部长2人，内设综合秘书股、党派宗教股等2个职能机构。县民族办、县台办、县侨办、县工商业联合会（简称县工商联）等4个机构皆在统战部挂牌办公，归统战部管理。2002年，县委统战部仅设综合办公室，无挂牌单位。2006年8月起，县委统战部部长由县委常委担任。

党外人士工作的发展。为做好中国共产党与民主党派、无党派人士和党外知识分子的合作共事，每届县人大常委会均有1名非党副主任；县政协自1984年成立起，班子成员中也有1名以上非党副主席，第五、第六届县政协班子分别有3名非党副主席，第七届县政协班子有2名非党副主席。2001年起，每届县政府均有1名非党副县长。从第八届县人民代表大会履职以来，在历届的人大代表中，党外人士的比例均达到35%以上；每届县政协委员中都安排有不少企事业单位的中、高级专业技术人员为政协委员，并使县政协委员中的非中共党员委员达委员总数的60%以上，做到社会各界都有人大代表和政协委员，县委、县政府的重大决策部署都经过县人大及其常委会审议和县政协会议参议。县政协每年都召开全体委员会议，就县内有关物质、精神、政治文明建设的重大事项及人民群众最关心的问题进行讨论、提出意见和建议，并就一些专项性建议形成提案。南丹的社会主义民主政治得到进一步健全。

非公有制经济领域统战工作的加强。党的十四大后，南丹县先后出台《关于进一步加快个体私营经济发展的决定》等政策性文件，并多次召开个体私营经济代表人士座谈会、表彰会等，充分发挥工商联的桥梁纽带作用，促进非公有制经济快速健康发展。在推动非公有制经济发展的同时，南丹县还注重加强非公有制经济领域的组织领导。2003年，出台《关于加强非公有制企业党的建设的若干意见》，并以广西堂汉锌铟公司为“党、工、团共建”示范点并规范建设。2004年，出台《南丹县非公有制企业党建工作三年规划（2004—2006年）》。2007年，成立南丹县非公有制企业党的工作委员会，建立起县委常委联系非公企业党建工作制度。同年底，全县16家规模以上非公企已全部建立党组织，建立工会14个、共青团组织10个、妇女组织8个。自治区党委组织部将丹泉集团实业有限公司、堂汉锌铟有限公司确定为自治区级非公有制企业党建工作示范点。2008年至2011年，共选派48名机关党员干部到16家非公企业挂职锻炼，选派23名非公企业党务工作者到县直机关挂职学习。

此外，对台事务、侨务、宗教等工作也取得突出成绩。作为党和政府联系人民群众的桥梁和纽带，工会、共青团、妇联组织围绕县委、县政府各个时期的中心工作，发挥各自职能作用，为全县“两个文明”建设作出了贡献。

七、建设法治南丹和推进依法治县

1979年12月，南丹县建立县级法律顾问处，配专职人员2人，由县人民法院代管。1981年2月，中共南丹县委政法委员会成立，负责贯彻实施党委对政法工作的指示，抓好政法队伍建设，协调公检法司之间的关系，开展社会治安综合治理。1982年9月，县司法局成立，独立负责司法行政事务。1986年，成立县普法领导小组及办事机构，组织全面普

南丹县普法从娃娃抓起的情景（南丹县志办供图）

法教育，至2012年11月，每5年为1期，已完成5期普法教育。

经过历期的普法教育，全县干部群众的法律意识显著增强，已形成学法、懂法、用法的良好氛围，为依法治县创造了领导的环境。

1985年，县社会治安综合治理领导小组成立。到1989年，全县共建立治安组织81个，参加人员1048人，全县125个村公所都设立治保会、调解委员会，制定了村规民约。1990年5月，出台《南丹县依法治理先行试点实施方案》，首先在车河镇开展试点。从1991年起，全面贯彻刑法、刑事诉讼法等法律法规，逐步完善公检法司职能分工机制，不再实行党委审批案件制度，推进了社会主义法治建设进程。1992年，城关、大厂、小场列为第二批依法治理乡镇。同时，在以车河镇开展依法治乡（镇）为试点的基础上，至1995年底，全县13个乡镇都制定了切合本乡镇实际的普法和依法治理方案，127个村公所全部制定村规民约。县人大常委会也不断推动依法治县持续深入，先后组织在全县司法机关、行政执法部门开展执法工作“创先争优”活动。1997年，县委确定车河镇拉么村等6个单位作为全县普法、依法治理“六个一”示范点，县人大常委会在全县司法机关、行政执法部门共40个单位推行执法责任制。同年11月，县第十一届人大六次会议作出关于依法治县的决定，依法治县工作步伐加快。

2000年3月，县人大常委会召开全县执法责任制签状及表彰大会，县直各有关执法单位和区、地驻县单位分别与县人大常委会签订2000年执法责任状。同时，各级领导干部依法行政、依法决策、依法管理水平不断提高，人民调解、法律援助、公证事业等工作取得新成效，都为进一步开创全县依法治县工作新局面奠定了坚实的基础。至2012年，南丹县不断深化并形成了普法与专项治理相结合的依法治县工作格局。

八、党的建设不断加强

1979年，县委着重通过实施思想政治领导和组织领导，加强政治民主建设，发挥各级党组织的战斗堡垒作用。1978年10月，县委纪律检查委员会得到恢复；1984年10月，县委纪律检查委员会变更为县纪律检查委员会，成为同级党委和上级纪委双重领导的独立机构；1979年11月，县委工交部、财贸部、农村部等部门划归政府系统。1981年起，县委先后设立政法委、党史资料征集办公室、政策研究室、老干部局等工作机构。为加强党对各项工作的领导，1981年起，先后在县人大常委会、县政府、县政协、县委统战部、县人民法院和县人民检察院设立党组，各党组设书记、副书记各1人。同时期，县委下级党组织设车河、瑶寨、罗富、月里、小场、芒场、六寨7个公社党委以及大厂、城关2个镇党委，1981年3月增设里湖公社党委。1984年6月，南丹县发出《关于公社党委改为乡（镇）党委、大队党支部改为村党支部的通知》，撤销公社党委，改称乡镇党委，共有9个乡党委、4个镇党委，129个生产大队党支部全部改为村党支部。同年，全县各委办、局都成立党支部。1985年起，县委、乡（镇）党委实行任期制，每届任职期限为3年，1993年后县委任期改为5年，乡镇党委仍为3年不变。1997年4月，撤销县直各战线党委（除公安局党委、山口林场党委外）。2004年起，乡镇党委执行每届任期5年制。

同时，1978年至2012年，南丹县按照上级要求，先后开展全面整党、“三讲”教育、“三个代表”重要思想学习教育、保持共产党员先进性教育活动、深入学习实践科学发展观活动、创先争优活动等主题教育实践活动，全面增强了全县党组织的战斗堡垒作用和党员干部的思想政治觉悟。

第二节　市场经济的确立和完善

一、农业农村改革的起步和深入

南丹是农业大县，1978年，全县总人口21.6万人，其中农业人口17.8万人，占全县总人口的82.4%。农业农村顺理成章成为改革的突破口，并在全国已经形成改革热潮的形势下全面推进，同时随着形势的变化不断深化。

（一）推行和完善农村家庭联产承包责任制

党的十一届三中全会后，南丹县在适当调整公社、生产队规模的基础上，把工作重点放在进一步调动农民生产积极性上。1979年6月，开始在六寨、月里、芒场等公社实行农业生产责任制试点，在生产队统一安排下，对大田生产实行分组作业、包干到组、联产计酬。1980年春，派工作组到山多田少、自然条件差的八圩公社开展“联系产量计算劳动报酬”试点，深受群众欢迎。1981年10月，自治区党委、政府颁发《农村生产队统一经营管理联产承包责任制试行办法》，南丹县在总结经验的基础上制定了《南丹县农业生产“双包”责任制管理规定》，全县正式推行家庭联产承包责任的大包干办法。到1981年年底，全县实行专业承包联产计酬的有2个生产小组；实行包工到组联产计酬的有35个生产小组；实行小段包工联产计酬的有16个生产小组；实行联产到户，包括包干上交公购粮的有576个生产小组；实行粮食包干上交，收款统一分配的有1612个小组。至此，全县共有2241个生产小组实行联产承包责任制。

包干责任制的实行在广大干部群众中引起了极大的震动。1982年，南丹县全部实行家庭联产承包责任制的大包干。实行联产到户，将生产队所有的耕地按人口或劳动力的比例落实到户经营管理，生产队集体财产经过评价，按人口或劳力分配到户使用，生产队欠银行贷款按人口或劳力落实到户负担；历年超支欠款，在处理财产时，大部分进行债务的综合处理。到1982年年底，联产到户责任制已成为全县农业生产责任制的主要形式。实行联包责任制后，农业生产组织逐步划小，除少数联合体外，仍以村民小组（即生产小队）为单位组织农业生产，全县共有124个生产大队2241个村民小组，它们既是基层组织，又是生产组织，组织联产承包，并负责督促完成承包责任。当年，全县粮食生产取得空前丰收，达到6904.11万斤，比1981年增长54.97%，比1978年增长58.7%。同时，在落实粮食生产责任制的基础上，山林、经济特产、水产养殖、部分社队企业及服务行业，也逐步实行以分到户承包管理为主要形式的联产承包责任制。

此后几年，南丹县对生产责任制不断完善，1984年进入稳定时期。1985年，全县13个乡镇129个村民委员会2241个村民小组近9万户农民领到由县政府统一印制的土地承包经营权证书，这一政策执行15年不变。同时，颁发自留山证，做到山定权、林定根、人定心，使农村家庭联产承包责任制的生产关系进一步健全巩固，成为农业发展的有效形式。至此，农村各行业的生产责任制在南丹全面建立，农村改革第一步基本完成。

2000年，原定的土地承包合同普遍到期。南丹县贯彻中央关于“农村土地承包期再延长30年不变”的政策，制定了《南丹县土地延包工作实施方案》，明确了土地延包的内容、政策和30年不变的时间界限。2001年底，全县13个乡镇137个村2174个村民小组4.7万余户农户完成土地延包工作，延包耕地总面积19.92万亩，其中原承包土地不做调整直接延包的村民小组469个，涉及9401户农户；原承包土地做小调整后再延包的村民小组1719个，涉及3.82万户农户。此轮政策稳定30年不变，承包合同期从2001年1月1日算起，至2030年12月31日止。由农户与集体经济组织订立土地承包合同后，县农村经济经营管理办公室向农民发放由县政府统一印制的土地承包经营权证书。在稳定完善承包关系、延长土地承包期的同时，部分地方和一些农户还自发引进市场机制，创造性推行入股经营、联合开发、土地租赁、转包经营等经营形式，逐步形成新型的土地经营使用权流转机制，股份合作制经济也相应得到发展。

至2012年，除土地被征用外，农户承包权限等政策未变动。

（二）农业经济结构的变化和优质高效农业的发展

随着农村家庭联产承包责任制的推行，承包的范围已经扩展到耕地以外的许多领域。为贯彻落实中共中央“农村多种经营”的方针，南丹县重点采取了四条措施：一是对农业进行生产结构调整；二是大力发展商品生产，走农、工、商综合经营的道路；三是大力种植杂优水稻和杂交玉米，确保粮食生产；四是积极发展畜牧业和养殖业。1985年，南丹逢大旱灾，全县粮食产量比1984年减产1005.65万公斤，减幅达50%，但农业产值却增长8.79%，增长额达379.78万元。当年农民人均纯收入289.90元，比1984年增加132.72元。

党的十三大后，针对全县农业产业结构还不够合理尤其是经济作物产值在农业总产值中的比重太小的农村经济现状，南丹县从三个方面对农业产品结构和产业结构进行调整：一是进一步调整粮食作物同经济作物的比例关系，充分利用山坡、荒地、水面、草场、庭院发展经济作物，逐步扩大经济作物的比重；二是调整养殖业内部的比例关系，不仅抓好养猪、养鸡业，还要利用南丹山地多、草场面积大的优势，积极发展养殖牛、羊等草食动物；三是利用地理、气候等自然优势，建立林业、水果、烤烟、茶叶、辣椒等商品生产基地，发展支柱产业。这是南丹农村产业结构调整的重点，也是强化农民市场经济意识，实现从自然经济向

1999年拍摄的小场中平村“万元田”中心示范片（南丹县志办供图）

商品经济转化，进而建立市场农业的一个有效措施。

党的十四大后，南丹县以市场为导向，立足县情，引导农民大力调整农村产业、产品结构，努力开发高效农业，着力建立市场农业。通过实施农业综合开发，大幅度调整农业产品结构和产业结构，促使全县农业经济全面发展。1995年，全县农业总产值46152万元，比1990年增长了6.4倍。1993年至1998年，全县农业总产值以年均11%的幅度增长。

1998年起，南丹县出台一系列发展农业经济的优惠政策：加大对县级名特优稀经济作物区和六寨、小场、城关、车河、大厂、吾隘等6个蔬菜基地建设的投入；推广先进实用技术，通过实施“万元田”工程，提高单产和品质；探索和推进农业产业化经验；等等。

经过多年的努力，全县建立和发展了林、烟、果、茶、辣五大支柱产业，初步形成了有本地特色的市场农业体系，逐步形成“一乡一业、一村一品”的特色优势农业发展格局。六寨长角辣椒、巴平大米、罗富黄腊李、车河八步椪柑、八圩瑶山糖梨已初步形成生产基地，得到规模发展，取得品牌效应。在养殖业中，中堡、月里黄牛，八圩、里湖瑶山土鸡，已呈现规模化发展趋势。2000年8月，南丹被农业部授予“中国特产之乡开发建设先进单位”，先后获得“中国瑶鸡之乡”“中国长角辣椒之乡”“中国黄腊李生产基地”称号；南丹“六龙茶”系列产品在成都国际食品博览会上获得一项金奖、两项银奖；南丹板栗在广东国际食品博览会上也获得金奖。

2006年后，随着南丹县不断加快社会主义新农村建设力度，县委、县政府积极引导农民按市场需求和地区优势调整产业和产品结构，大力开发黄腊李、板栗、长角辣椒、龙马茶、冰糖梨、烤烟、瑶鸡、八步柑、中堡核桃、巴平米等特色农产品，加大农业的科技含量，特别是在加工和包装、保质和保鲜上做文章，推进农业产业化经营，重视发展规模商品种植业，长角辣椒和“巴平特米”在河池市第二届绿色生态长寿农产品展览会上分别获得“品牌农产品奖”和“特色农产品奖”，塘丁黄腊李、八步椪柑等品牌水果在市场上供不应求，产品远销东南亚。同时发挥农业产业群优势，组建农村产品经纪人队伍，向外扩展农产品知名度，建立“农户+基地+公司+客户”的生产、加工、管理、销售一条龙服务体系，提高农业产品的商品率和增值率，在全县涌现出了一批特色产业村，各村利用自身优势发展多元化产业，有效促进了农民增收。

（三）农村其他方面的改革和完善

农村集体经济改革。1988年11月中旬至12月中旬，全县开展农村集体资产清产核资工作，全县13个乡镇138个村2229个村民小组，共清出集体资产总额8347.4万元（含乡镇企业）。在清产核资过程中，对应归入集体所有的资产明确其属性并进行登记，划归乡、村集体经济组织管理。同时，在“大力扶持、合理规划、正确引导、加强管理”的方针指导下，办起一批立足当地资源的乡办、村办“六小”（小林场、小果园、小菜园、小食用菌场、小加工场、小养殖场）集体企业。1993年，全县乡镇企业总产值达3.5亿元。从1995年起，南丹县结合农村基层组织建设工作，决定用3年左右的时间消灭集体经济空壳村。经过3年的不断努力，共引进、筹集启动资金1039.59万元，为138个村创办集体经济项目309个，使全县集体经济实力进一步增强，基本上达到“村村有项目，年年有收入”，实现了消灭村级集体经济“空壳村”的目标。1998年至1999年，全县又加大发展村级集体经济的力度，新增投入902.21万元，新上项目192个。2000年，开展农村基层组织建设“三级连创”活动，在全县138个行政村中集体经济年纯收入3万元以上的有117个村，2万至3万元的有22个村。到2003年，全县有56个村有村级集体经济项目，其中，效益较好的是罗富乡、城关镇。

减轻农民负担改革。1993年，根据中央、国务院有关政策规定，县政府印发《南丹县减轻农民负担暂行规定》，并对收费文件项目进行清理，共清理文件146份、收费项目225个。1996年，由县农民负担监督管理办公室印制农民负担监督卡发至13个乡镇农户手中，到户率为96%。1998年，通过县长办公会讨论，对本县9个部门的39个合法收费项目，取消5项、暂停12项、降低标准22项。1999年，向农民发放河池地区减负办印制的《涉农负担取消项目汇编》。同年，县物价局根据上级文件规定，取消龙滩建设基金和库区维护基金，年取消金额227万元。2000年，印制《南丹县乡镇村农民合理负担监督栏》《农民负担监督管理四项制度》，分发至13个乡镇138个村，并要求上墙公布。2001年，县农民负担监督管理办公室印制农民负担监督卡发至13个乡镇农户手中，到户率为96.6%。2004年，实行农村税费改革后，全面落实减征或免征农业税的惠农政策。1997年至2005年，全县138个村年末均公开农民负担决算，全县13个乡镇提留统筹总额占上年农民人均纯收入均未超过国务院规定的5%限额。1993年至2005年，农民人均负担占上一年人均收入均在5%以下。2006年1月1日起，南丹县全面落实取消农业税政策，同时对种粮农民给予直接补贴，21.3万南丹农民彻底告别缴纳农业税的历史。

农村合作基金会。1993年6月，车河镇进行试点工作。同年8月，车河镇农村合作基金会正式挂牌成立。至1994年止，全县除中堡、巴定两乡外，其余11个乡镇均成立农村合作基金会。1994年底，共聚集资金549.9万元，主要来源渠道为股金，累计投放为三农发展生产的资金487.2万元。到1998年底，11个基金会共有股金余额4245万元，累计投放为三农发展生产的资金8000余万元。农村合作基金会的创办，对促进农村经济的发展起到了一定的推动作用。1999年7月，根据上级文件精神，南丹县对11个农村合作基金会进行了清盘关闭。

二、企业改革的推进和工业经济的发展

党的十一届三中全会后，县内部分企业由于素质不高、技术跟不上形势发展，同时缺乏应变能力和市场竞争力，导致产品积压和资金亏损。在改革开放总方针的指引下，南丹县全面开展企业整顿，按照先集体后国营的顺序推行各种经济责任制，积极引进资金、技术和人才，积极兴办工业园区，使工业生产走上了可持续发展的道路。

（一）乡镇企业的起源和发展变化

南丹的乡镇（社队）企业起源于乡村副业。为引导乡镇企业健康发展，南丹县于1976年成立社队企业管理局。与此同时，新洲、罗富、小场、瑶寨、六寨、芒场、月里等公社的社队企业办公室相继成立，有的大队还设立专职副业队和企业领导小组。1978年，全县乡镇（社队）企业发展到322个，企业类型有农业企业、工业企业、交通运输业、建筑业和饮食服务业。1978年至1983年，南丹的乡镇（社队）企业发展经历一些波折，企业数由1978年的322个下降到1981年的88个，下降72.67%，从业人数减少76.59%；产值由1978年的386万元降到165万元，下降58%。针对此情况，南丹县及时采取措施对企业进行调整。1984年，

县社队企业管理局改称县乡镇企业管理局，全县乡镇企业迈上了一个新的台阶，呈现乡办、村办、联户办、户（个体）办和其他形式“五个轮子一齐转”的综合发展好势头。当年乡镇企业数达145个，企业总产值达435.01万元。为适应企业发展需要，及时解决生产中遇到的技术落后和资金短缺等问题，1986年，南丹乡镇企业开展横向经济联合，引进技术、资金和人才。[①]

1988年，南丹县把完成乡镇企业目标、任务作为考核各乡镇政府的一项重要内容，为乡镇企业的进一步发展打下了基础。南丹矿产资源丰富，乡镇企业主要以煤矿开采业为主，其次是建筑业和运输业。与此同时，各乡镇的乡镇企业也在蓬勃发展。1988年，实现产值超过500万元的有城关、车河、小场3个乡镇。至1988年底，全县乡镇企业达2469个，总产值为3738.32万元，实现利润483.46万元，税金139.74万元，从业人员2129人。其中：乡办企业1424人，产值1942.43万元，占全县乡镇企业总产值的51.96%；村办企业53人，产值21.31万元，占乡镇企业总产值的0.57%；联户及个体652人，产值1744.58万元，占乡镇企业总产值的47.47%。

1993年，有色金属采选、冶炼成为全县乡镇工业企业的支柱，全县乡镇企业总产值和总收入分别达到3.8亿元和3.5亿元，被评为广西发展乡镇企业先进县。1995年，全县乡镇企业开始进入鼎盛时期，华星选矿厂、宁泉冶炼厂、大厂两广选厂、拉么综合选厂大山分厂等相继建成投产。龙泉矿冶总厂采、选、冶一条龙生产稳步发展，该厂主要产品有国标一号锡锭、锌精矿、铅锑精矿，当年直接、间接出口国标一号锡锭2600吨，出口总额1.2亿元人民币，为国家创汇1446万美元。

2000年，全县乡镇工业企业各项经济指标达到历史最高水平，现价工业总产值（含私营工业企业）25.1亿元，比1995年增长26倍，年平均递增73.5%；上缴税金1.33亿元，第一次突破亿元大关，比1995年增长118.03%，年平均递增13.87%；实现利润6693万元，比1995年略有增

① 如南丹县小场造纸厂与上海神州造纸厂联营，引进对方资金65万元，同时引进5名技术人员负责生产工艺设计、进行技术指导。到1988年，该厂产值达到320万元，比1984年的30万元增加9.67倍，实现利税达31.6万元，固定资产达17.44万元。

2000年拍摄的南丹县庆年冶炼化工厂（南丹县人大常委会办公室供图）

长，年平均递增14.66%。

2002年，撤销乡镇企业管理局，形成新的企业划分形式和标准，乡镇企业作为特定称谓成为历史。

（二）国营工业企业的改革

1979年，南丹县按照国民经济“调整、改革、整顿、提高”的八字方针，开始对国营工业企业进行调整优化、重组，先后淘汰了麻阳汞矿、南丹化工厂和炸药厂等工艺落后、多年亏损的企业。1980年，对工业管理机构进行合并和调整，减少多头领导，加强对企业的管理和监督；在企业内部普遍建立生产责任制，实行形式多样的超额计件工资制度，把产量、质量、能耗、技术经济指标等与职工工资结合起来，工人的劳动积极性普遍提高。同时加大技术改造力度，通过各种渠道集资3400万元，对县办的6个重点骨干企业进行技术改造。1981年，全县工业产值达到6000万元，超过农业产值。

1985年，全县国营工业按计划经济体制经营。县内有国营工业12家，即县酒厂、吾隘糖厂、农机厂、五一矿、茶山矿、矿业公司、印刷厂、食品厂、软木厂、水厂、水泥厂、汽修厂，当年实现工业总产值8255.3万元（其中涉矿企业的产值占50%）。矿山工业逐步兴起，尤其是采选矿业发展迅速。1985年7月，国营南丹县锡冶炼厂破土动工，1987年7月点火，标志着南丹开始有第一家县属冶炼企业。

1988年，南丹县开始探索实行主要经济指标目标任务经营承包责任制。同年5月，南丹县锑冶炼厂兴建，县属第二家冶炼企业出现，初步形成南丹有色金属采、选、冶加工格局。1989年起，南丹县经委口全民所有制企业全部实行承包经营责任制，要求每个企业的法人都与县经委和财政局签订经营责任承包合同。1990年，全县国营工业实现工业总产值14751万元，与1985年相比，增长78.69%。

1992年至1995年，南丹县国有企业继续完善和实行经营承包责任制，在实行目标经营承包管理、引导鼓励企业自主经营的同时，开始迈出企业优化重组的步伐。1995年8月，县茶山矿、食品厂、化工厂、有色金属冶炼厂、软木厂合并组建集有色金属采、选、冶，食品，化工为一体的综合企业——南丹县南星锑业有限责任公司。1995年，经委系统企业实现工业总产值27343万元，比1990年增长921%。

1998年，南丹县按自治区对国有企业改革的要求，结合企业实际进行“一企一策”的改革。1997年至1998年，先后对县汽修厂、机械厂、酒厂、有色金属工业公司等4家企业进行股份制改造，对县水泥厂实行承包经营。2000年，根据中央对国有企业改革和发展提出的主要目标与指导方针，自治区提出全区国有小型企业要实现“三退三进”（退官进民、退国进非、退纯进股）的改革目标，南丹县对国有企业进行企业资本多元化的改革，积极引入非国有资本，对国有企业进行股份制（公司制）的改造、改组，新办的企业全部按公司制企业兴建，不断促使企业建立科学合理的现代企业制度，对部分资不抵债或严重亏损的企业采取产权出售转让的形式进行改革。2000年后，经贸局及企业通过招商引资，兴办了南星冶化公司、新南星公司、堂汉锌铟公司等股份企业，先后拍卖汽修厂、酒厂的产权，完成汽修厂、酒厂的职工的身份置换、买断工龄工作。2003年底，完成南星锑业公司、锑冶炼厂、庆年冶化厂和丹桂公司几家企业重组为广田公司的资本多元化改造；同时，完成对国营南丹县酒厂改制工作，组建成立广西丹泉酒业有限公司。投入5亿元，占地300余亩的丹泉酒业一期工程顺利竣工，成为广西最大、全国屈指可数的优质白酒生产基地，生产规模年产优质白酒2万吨。

2005年拍摄的广西丹泉酒业有限公司（南丹县志办供图）

2004年至2005年，先后顺利完成锡冶炼厂和软木厂的改革工作，按政策兑现了职工身份置换、买断工龄、住房补贴等相关补偿。经过多年的改革探索，至2012年，县属企业累计实现工业总产值86.85亿元，比2000年增长2.85倍，上缴税金47700万元，同比增长4.61倍。

（三）有色金属支柱产业的形成和工业多元化的发展

南丹境内矿产资源丰富，已探明有锡、铅、锌、金、铟、锑、钨、镉、镉、铜、铁、汞、砷、硫、萤石、水晶、煤等20多种矿种，是著名的“中国有色金属之乡”“中国锡都”“世界矿物学家的天堂”。

随着改革开放的全面深入，南丹县发挥县内矿产资源优势，以确立建设中国有色金属基地为目标，进行矿产资源开发，以大厂、车河为重点，带动芒场大山同步发展，南丹县委、县政府在财力、物力上重点扶持县属矿业企业，以优惠政策鼓励私营企业进行矿业开发。

1987年，县矿产资源管理局成立，县境国营矿山企业、乡镇矿山企业逐年增多。1991年，境内的南丹县有色金属冶炼厂、高峰锡矿、龙泉矿冶总厂、长坡矿、巴里矿等主要矿山企业先后形成规模。1995年，全县有国营、集体联营采矿点491个，矿业财政收入占全县财政收入70%。全县工业总产值（按1990年不变价）17.21亿元，其中矿业总产值95%。工农业比重发生了变化，工业总产值由1990年占工农业总产值的45.2%

提高到1995年的83.7%，由传统的农业结构，一跃成为以工业为主导的经济结构。1996年后，南丹县矿产开发继续快速发展。至1997年，全县已出现一批采、选、冶一条龙矿山企业。县内有中央企业柳州华锡集团公司，自治区直属企业南丹新洲锡矿，地区直属企业拉么矿，县属国营、集体、个人矿山企业325个，从业人员8022人，全县（含中央、自治区、地区直属企业）有年产值100万元以上的国营、集体矿山企业44家。1999年，全县矿山采矿企业197个，当年矿业总产值19.8亿元。2000年，较有规模的矿山采矿企业总数为205个，矿业总产值20.62亿元，比上年增加8182.5万元。

2001年，南丹县提出“依托资源优势，走有色金属深加工路子，加快调整产业结构”的工业发展战略。从2003年起，充分利用有限的有色金属资源，不断引入资金、技术，培育和发展有色金属冶炼企业，先后新建南丹南方冶炼公司、堂汉锌铟公司、津泰公司、广田公司、新南星公司、南星冶化公司等一批冶炼企业，形成采、选、冶一条龙，不断延伸产业链，努力打造有色金属高新技术深加工基地。同时，不断调整产业结构，创造宽松发展环境，实施多产业发展战略。2002年后，新建塘仙、拉潭、拉希坝、新纳立、董托等电站项目，建设了以110千伏为输入或输出点，35千伏为骨干网架的供电网络；白酒、能源、化工等工业加快发展，“丹泉”商标获中国驰名商标认定。

2012年，河池市人民政府再次对全市选冶企业进行整治，对全县82家有色金属采选冶企业进行排查，对存在环境风险和安全隐患的54家企业依法实施关闭。同年，丹泉酒业被认定为“自治区农业产业化重点龙头企业”，产值和销售收入实现翻番，分别达16亿元和6亿元。新开工了莫老爷酒业一期工程、丹泉生物工程科技园、仓储物流中心、广西联丰公司精细碳酸钙项目等，新竣工了新纳力电站、九龙水泥粉磨站技改搬迁、高佬水泥搅拌站等项目，新增微型企业130家。

（四）园区经济的兴起

2001年，南丹县开始注重工业发展规划布局。2006年，按照河池市“四区一线”工业规划布局，在距河池市54公里、南丹县城22公里的车河镇境内设置市级工业园区——河池·南丹有色金属新材料工业园区，规划面积37.8平方公里（一期规划区域东起黔桂铁路，西至三岔河、拉棚一线，北起丰塘坳，南至坡前村、八步收费站一线）。同年3月，成立河池·南丹工业园区管理委员会，内设综合业务科、策划招商科、项目管理科3个科室。2009年12月，成立中共河池·南丹工业园区工作委员会，作为市委的派出机构，党工委与管委会合署办公，一套人马两块牌子。

园区从建设之初至2011年，根据矿产品要从“小规模、粗加工”向“大联合、深加工”转变提质发展的思路，积极建设“中国新型有色金属新材料工业园区”。入驻园区的企业有南方有色冶炼公司、吉朗铟业公司等11家，形成以锌、铟、锡、铅、锑为主导，兼顾回收银、锗等稀贵金属冶炼与初级加工为主的产业链，具备年产电解锌50万吨、铅20万吨、锑2.5万吨、锑白1万吨、精锡8000吨、锡焊料1万吨、铟160吨、硫酸80万吨等产能。“十一五”期间，园区累计实现工业总产值153.25亿元，年均增速28.9%，对全县工业总产值的贡献率达75%以上，实现税收3.45亿元，园区成为河池有色金属行业的排头兵和推动河池工业化发展的助推器，为河池经济发展作出了突出贡献，先后获评为“自治区A类产业园区”“广西人才小高地”“循环经济示范试点园区”。

2012年，争取自治区专项扶持资金1000万元推进园区基础设施建设，筹资800多万元完成园区内人行道建设及绿化、亮化工程，完成园区内4个小选厂的拆除工作。筹措4608万元建设工业园区重金属废水处理资源化项目，园区企业投资5000多万元实施围墙改造及内院绿化、亮化、美化工程，园区面貌焕然一新。当年，园区实现工业总产值59.6亿元、工业增加值13.8亿元、税收0.62亿元，完成工业项目实际投资6.27亿元、基础设施投资1.53亿元，园区被科技部认定为“国家火炬计划特色产业基地”。

三、其他经济领域的改革和现代服务业的兴起发展

南丹县在推进农业农村、工业经济体制改革的同时，也全面推进商贸流通、财税金融、计划、价格、项目管理等方面的改革，个体、私营经济蓬勃发展。同时，把第三产业作为推进现代化的有效途径和新的经济增长点，不断完善市场体制，国民经济各行各业均得到较快发展。

（一）商贸流通领域改革

国有商业体制改革。1979年初，县商业局与供销社分开设立。商

业局下属有百货、五金交电、糖业烟酒、食品、医药、饮食服务几家公司和大厂商店。1979年至1981年期间，商业系统各个公司先后推行经营责任制，主要有经理负责制、职工代表大会制、岗位责任制等，政企分开，实行利润留成、超额分成。1983年4月，实行“利改税”，由“实现利润净额后，除按规定抵留款项外，次月20日前足额解缴国库”改为“按实现的利润征收所得税”。1985年起，根据国家有计划的商品经济政策，南丹县在商业管理体制方面简政放权，进一步改革商品管理体制、扩大市场调节范围，取消日用工业品指令性计划，取消农副产品的统购、派购制度，改革多层次的批发体制为“三多一少”。1985年至1986年，进行小型门店放开的改革，县百货、五金交电、糖业烟酒、食品等各公司相继组建承包小组，实行“国家所有、集体经营、照章纳税、自负盈亏”。1988年后，开始推行招标经营承包，把竞争机制引进流通领域。坚持“国营、集体、个体一起上”的方针，促使个体户迅速兴起，全县城镇商业行业网点迅速发展。1990年，全县商品零售总额达1.2亿元。1993年以前，国有商业、合作商业占主导地位，市场份额达90%以上。

1990年拍摄的南丹县百货大楼（南丹县志办供图）

1994年，除保留少数生产资料和农产品之外，基本上取消了计划分配和政府定价，商品的资源配置和流通主要依靠市场，价格也由市场决定，个体私营经济进入了商贸发展的快车道。当年，个体商业网点发展到2150个，比1989年增加1500个，从业人员5125人，商业零售总额4.5亿元，占全县商品零售总额的55.6%。1997年，县百货公司、糖业烟酒公司、五金交电化工公司等先后完成改制。从此，商业体制格局呈多种经济成分并存。随后，国营商业逐步退出市场，商业业态向生活、休闲、娱乐等方面融合发展。2002年，以改变购物方式为突破口，南丹县第一个大型商业综合体——南丹华星超市（华星商贸有限责任公司）成立，南丹迎来了大型综合超市发展的黄金时代。

供销合作社体制改革。1979年，供销社从商业局划分出来，恢复集体所有制性质。1986年以前，全县供销企业在计划经济体制指导下运行，经营结构与分配上以“大锅饭”为主，按国家计划组织进货、销售，在很大程度上制约了职工的生产积极性。1986年8月，全县供销合作社试行主任（经理）任期目标责任制。1992年起，全面推行“四放开”，即价格放开、用工制度放开、经营范围放开、收入分配放开。1994年1月，引进农村土地承包大包干形式，将“四放开”根据各企业基本情况，转换为“抽本经济”形式，在全县系统内全面铺开。2005年，整个供销系统除日杂公司、农资公司外，已全面执行“四放开”经营方式。2006年6月，县供销社从原来自收自支事业单位确定为财政全额拨款事业单位，核定编制数7人。此后，南丹县不断加快供销合作社改革发展。

粮食流通体制改革。1978年至1984年，全县粮食流通沿用从1953年起实行的计划收购和计划供应政策。1984年，开始粮食流通体制改革，实行了30多年的计划经济时代的粮食“统购统销”政策开始进入市场经济时代的粮食购销。1985年，取消粮食统购政策，实行合同定购。1988年3月，经县政府批准，成立南丹县粮油贸易总公司，属政企合一管理的经济实体，主要承担全县粮油议价经营业务，总公司与粮食局并存，实行一套人马两块牌子。1990年，改为国家定购，并开始建立专项储备粮制度。1992年，国家在部分省市试点对粮食购销政策进行购销同价改革，5月，南丹县撤销粮油贸易总公司，成立粮油总公司，与县粮食局实行一套人马两块牌子。1993年6月，南丹县停止城镇居民、工商行业以及农村统销等粮食定量供应，城镇居民的“粮本”改为“粮食供应保留证”，标志着实行了长达40年的“统购统销”政策终结。

从当年起，县粮食部门继续履行政府职能，负责政策性粮食销售。1993年取消粮食统销和粮食定量供应制度，1994年建立两线运行机制，即“双轨制”，并建立粮食风险基金，1995年实行“米袋子”首长负责制。从1996年起，按保护价敞开收购农民余粮。1998年，开始实行“三项政策，一项改革”，收购资金实行封闭运行。从2002年起，南丹县进入粮食购销市场化，实行“一取消、二放开”的政策。同时，粮食企业开始进行体制改革。2007年11月，出台《南丹县粮食企业改制改革实施方案》。至2008年7月，98.9%的职工与企业签订解除劳动合同关系，除竞争上岗考核总分在前的40名人员与需要留岗的16名人员外，其余的144人实行身份置换。经过多年改革，南丹粮油供应市场已形成大流通的格局。

同时，物资、烟草、外贸部门也于1997年先后进行改制，实行政企分开，组建公司企业，成为自主经营、自负盈亏、自我发展、自我约束的法人实体和市场竞争主体。

（二）财税金融体制改革

财税体制改革。1984年以前，南丹县财政实行“划分收支，分级包干”的办法。1985年至1987年，实行“划分税种、核定收支、分级包干”的财政预算管理体制。1990年起，开始改进企业承包上缴利润办法，1991年后实行“税利分流”。1994年起，实行税收分级管理的分税制财政制度，设立县国家税务局和县地方税务局，划分中央和地方税收管理权限，增值税75%和消费税100%上划中央，营业税、资源税、所得税归地方征管。经济体制深化改革后，县财政对“三资”企业实行税率从低、优惠从宽、手续从简，对外商投资在县境兴办企业，在所得税等方面都给予优惠政策，以促进南丹利用外资，引进先进技术，扩大对外经济技术交流。1994年，南丹县财政收入达10856.2万元，首次突破亿元大关，跨入河池地区经济强县之列。此后，南丹县财政进入快车道。2001年，财政收入升至4.5亿元。2002年，按中央对地方改革方案进行所得税收入分制改革，2000年和2005年分别对分税制财政体制进行两次较大调整，进一步取消原体制各类上解，对自治区与市县的收入进行了重新划分。2005年，南丹县率先在全区推行“乡财县管乡用”改革，借助电子网络，县财政直接管理和监督乡镇财政收支，确保乡镇财务核算规范统一，实现县乡信息资源共享。

金融体制改革。党的十一届三中全会后，南丹县逐步拉开金融体制改革序幕。1978年，南丹金融机构为中国人民银行南丹县支行。1979年，农业银行第三次与人民银行分离，设在公社的7个营业所及12个农村信用合作社划归农业银行领导。1981年，各公社开始恢复信用合作社。1982年，成立中国人民保险公司南丹县支公司。1984年，工商银行南丹县支行和建设银行南丹县支行先后成立。1985年1月，人民银行南丹支行改为代办行，不再办理一般企业业务，不再同工业企业直接发生业务关系，只同各专业银行有业务往来，改变了过去既领导又直接办理各种信贷业务的状况。自1986年起，人民银行对各专业银行和其他金融机构业务进行指导、监督管理、协调和稽核。1986年，成立南丹县农村信用合作社联合社。1987年5月，南丹县邮电局在城关开办邮政储蓄所，向外开展存款取款业务。几经分合与调整，至1988年，南丹县已形成以人民银行为领导，以农业银行、建设银行、工商银行、保险公司、农村信用合作社联合社为主体的相互分工、相互协作的金融体系。随着改革开放的不断深入，全县金融服务领域和业务种类不断扩展。1996年3月9日，中国人民保险公司南丹县公司分设中国人民财产保险有限公司南丹支公司和中国人寿保险有限公司南丹营业部。1997年3月27日，中国农业发展银行南丹县支行成立，属国有政策性银行。2004年1月，中国银行业监督管理委员会河池监管分局（以下简称“河池银监分局”）正式挂牌成立，并在各县（区）下设监管组。同年6月，河池银监分局南丹监管组更名为河池银监分局南丹监管办事处并对外挂牌。2012年8月15日，柳州银行河池分行南丹支行开业。至2012年年底，全县金融系统有人民银行、工商银行、农业银行、农业发展银行、建设银行、柳州银行等6家银行和农村信用社、邮政储蓄及保险公司等机构，营业网点遍布城乡。

（三）计划、价格、项目管理体制等方面的改革

1985年，南丹县根据中央要求，逐步缩小指令性计划的范围。通过对主要农副产品和工业产品的生产指导性计划，对粮、油实行合同定购，对超过计划部分的农产品实行市场调节。此后，随着国家经济体制改革的不断深入，计划方面全部放开。

1984年，价格检查由物价局依法行使检查权，对违反国家指导价定价原则，制定、调整商品价格，违反价格法规、政策行为的，县物价部门负责进行检查处理。1985年起，根据上级有关规定，逐步给市场价格"松绑"。1992年后，除燃油、食盐、水电价格及部分重要药品由国家定价或按指导价定价外，其他行业和商品价一律放开。物价部门对市场商品价实行监控，对涨幅过度的商品价格采取限价措施，同时开展价格应急预案工作，推行价格收费公示制度。1998年5月，《中华人民共和国价格法》出台，价格管理工作的重点由原来的以调整不合理价格体系为主转到规范价格秩序、维护公平竞争、促进市场消费上来，南丹的价格水平处于低水平运行状态。

1984年起，南丹所有项目都实行项目建议书和设计任务书两段审批制度，利用外资、引进技术项目以可行性报告代替设计任务书。1991年后，将国内投资项目的设计任务书和利用外资项目的可行性研究报告统一称为可行性研究报告，取消计划任务书的名称。1997年，南丹县下发《关于进一步建设工程项目管理的决定》，加强宏观调控，"九五"期间，全县社会固定资产投资累计达到6.4亿元，年均增长14.87%。2000年2月，下发《南丹县固定投资项目建设管理规定》，进一步改革项目管理审批事项。2002年6月起，进一步改革审批程序、简化审批手续，取消部分审批事项，对不需政府投资、符合国家产业政策的项目，属于企业出资的，由企业自主决策，实行登记备案制。

（四）个体、私营经济和社会服务业的发展

1980年，全县仅有个体工商户53户，从业人员54人，注册资金3.5万元，纳税总额8.32万元。1984年，全县个体私营企业有机械修理、建材、木材加工、矿山采选等31家，全年实现工业总值152万元，实现利润20万元，上缴税金9.2万元。1986年后，南丹县出台《关于进一步加强发展个体私营经济的决定》，放宽政策、给予优惠，县境个体私营企业得到较快发展，木材加工、红砖建材以及矿山采、选、冶等企业项目不断增加。从1992年起，全县个体私营经济开始进入快步发展轨道。到1994年，全县个体工商户发展到4903户，从业人员7657人，注册资金

2543万元，当年上缴税金1047.2万元。1995年，全县个体工商户数增至6057户，从业人员10259人，注册资金5656万元，上缴税金2084.5万元。2001年，全县个体工商户有11071户，从业人员19696人，注册资金10065万元，上缴税金14800万元。至此，个体私营企业已逐渐成为县财政收入的一大支柱。2003年，在全县财政收入主要来源的工商税收中，全民所有制占36.82%，集体所有制占8%，其他经济类型占55.18%。非公有制经济成分已经成为南丹经济发展的主体力量。2012年，新增个体工商户866户，县内大型企业丹泉集团、南方公司等企业已经发展成为全区著名的民营企业。

1978年后，随着市场经济体制的不断改革，社会服务业也在不断地发展。至20世纪90年代，社会服务业已深入县境城乡各地，进入单位和家庭。除开设饮食、旅馆等常规的项目外，娱乐、美容等新项目不断上市。至2005年，按统计口径，社会服务内容有餐饮、旅馆、理发、美容化妆和出租、搬运、家政等服务业。2005年底，全县社会服务业登记2100户，从业人员5160人，注册资金715万元。

（五）旅游业的兴起和发展

南丹旅游资源丰富，为切实加快南丹旅游资源的开发建设步伐，1988年8月，国内相关专家提出发展南丹县瑶山溶洞旅游开发的构想。1992年7月21日，县外事旅游局成立，同年10月成立县外事旅游公司，同时增挂县旅游管理局的牌子，实行两块牌子一套人马。1996年5月，县旅游局和县外事办分设办公。1997年2月，县旅游局更名为县旅游事业局（旅游公司）。2001年1月，县旅游局和县外事办合署办公。2002年10月，县旅游局和县外事办再次分开设立。2003年8月15日，南丹县就旅游产业发展作专题讨论研究，并对南丹县旅游产业的保护、规划、宣传、开发、管理、民族生态博物馆的建设以及旅游接待等事宜作了布置。2001年至2004年，先后建成温泉公园、甘河白裤瑶寨、鸳鸯桥、瑶山洞天世界、打优河漂流、里湖白裤瑶生态博物馆等旅游景点。

2005年，全县旅游市场发展进入新的转折点，由政府主导、境内企业参与模式转入企业全面进入旅游产业市场的开发模式。至2005年，全县开发出旅游景点50余处，其布局可划为东—南—西—北—中旅游一条线5景区，初步形成了游、玩、住、吃为一体的旅游接待链。当年，南

2004年拍摄的甘河白裤瑶寨——民族生态博物馆旅游景区（里湖瑶族乡人民政府供图）

丹县开展旅游业务的企业有10多家，星级宾馆8家，主要经营县境居民外出旅游的组团和外地游客到县境旅游的接待业务。

2006年至2011年，南丹县提出并实施“旅游热县”战略，坚持“整合资源、突出特色、叫响品牌、联动发展”，推动完成《南丹旅游总体规划》修编，围绕里湖白裤瑶生态博物馆打造南丹白裤瑶民俗风情和民族文化旅游品牌，利用境内丰富的森林资源和旖旎的田园风光开发森林公园、农业生态旅游等一些休闲性、季节性的旅游景点，丰富旅游内容。成功举办2009首届中国南丹白裤瑶民俗文化旅游节、2011中国南丹·丹文化旅游节等旅游节庆活动。2012年，制定出台《南丹县促进旅游业发展优惠政策》《关于加快旅游业发展的决定》，成立南丹县旅游开发公司。全县旅游总规及里湖乡旅游控制性详规编制基本完成，南丹地下大峡谷水利风景区成为全市第一个自治区级水利风景区，新增国家级3A景区和三星级农家乐各1家。荣获2012年度第十八届亚太金旅奖中国最具民俗特色旅游县和最佳生态旅游特色县，以及获得中国旅游品牌推广（广州）峰会中国最佳民族原生态旅游目的地。至此，南丹旅游产业走上跨越式发展道路。

第三节　经济社会各项事业的快速发展

一、城乡建设日新月异

随着改革开放的深入和经济社会的不断发展，南丹县通过全面开展以“撤县建市”为目标的新县城建设、以“打造具有地方传统文化特色的生态园林城”为定位的城乡风貌改造以及社会主义新农村建设等工作，城乡面貌发生了巨大的变化。

20世纪80年代初期拍摄的南丹县城区面貌（南丹县委宣传部供图）

（一）县城区大规模建设的起步

1984年，县政府设立城乡建设环境保护局，城区仍处在南丹河（铜江河）西岸一个狭小的三角地带，城区面积仅有0.2平方公里。

1985年，正式开展城市总体规划编制。从1987年开始，南丹县按照“完善功能、美化空间、突出中心、提升品位”的城镇建设思路，狠抓老城区的扩建改造整治。同年6月，作出《关于实施城关镇民行街拆迁整改工程和环城路建设工程的决定》，以民行街（现民行中路）拓宽建设工程为标志，南丹城区第一次大规模建设由此展开。8月，县城乡建设环境保护局改称城乡建设委员会。10月底，民行街拆迁工程全面完成，共拆迁115户、面积1.9万余平方米，征地6500多平方米作为安置拆迁户建房用地，民行大道扩建工程于1988年9月底竣工。

到1990年底，共投资568.76万元，对原有的民生、民治、民行3条

1988年9月改造竣工的南丹县城区民行大道（南丹县志办供图）

街道进行拆迁和扩建，并新开辟广东街、丹东路、河西路、河东路、锡都路、莲花路、教育路等7条街道，街道总长达8500米。

1984年至1992年，南丹县共投入5000余万元进行城区市政建设，重建文化广场，改造铜江公园，兴建城关农贸市场等，城区面积达3平方公里。

1991年拍摄的南丹主城区全貌（南丹县人大常委会办公室供图）

（二）以“撤县建市”为目标的新县城建设

1993年11月后，南丹县以“撤县建市”为目标，把县城建设作为一件大事来抓。1994年，编制了《1995年至2015年南丹县城总体规划》，规划区域面积由原来的2.14平方公里扩宽为4.2平方公里，城市规划区域面积为18平方公里。至1997年，基本建成规划科学、布局合理、功能齐全的新城区，常住人口2万多人。同时，南丹县从1994年开始加大对旧城区街道的改造和市政设施建设力度。1995年至2004年，由县本级财政投入5000多万元，实施道路硬化、路灯亮化、街道美化、花带绿化和排水工程等基础设施建设，相继兴建文化广场、龙泉广场、金芙蓉商业广场和体育中心等文体活动场所，建成县一小、县幼儿园、新丹高等一批配套基础设施，先后建成新城区农贸市场、月亮坡农贸市场、中坝农贸市场等集贸市场，同时启动县城区的房地产开发建设工作。2006年至2007年，南丹县结合开展效能建设活动和城乡清洁工程，动员全县各单位投入人力、物力和财力开展县城区小街小巷道路硬化工作，同时通过招商引资开发建设金芙蓉商业步行街。经过多年的努力，县城主要街道扩展至11条，城区面积从原来的3平方公里扩宽到6.3平方公里，丹城“十里长街”的城市框架已初见规模。

（三）以“打造具有地方传统文化特色的生态园林城”为定位的城乡风貌改造

2009年，南丹县按照“打造具有地方传统文化特色的生态园林城”目标定位，于9月正式启动实施以城区和乡镇试点村屯为重点的城乡风貌改造工程，包括城区11条主要街道临街房屋立面改造、管线下地、人行道改造、油路铺设、城区绿化、夜景亮化、生态公园、文化群落、路网建设、市政设施等工程和乡镇三个试点村改造共23个公共基础设施项目。至2011年8月，城乡风貌改造基本完成。同年5月26日和8月5日，河池市城乡风貌改造工作现场会和自治区城乡风貌改造工作经验交流会分别在南丹召开。

2011年至2012年，完成县城总体规划修编，城西区、城北区控制性详规编制，全县城乡规划编制体系更加健全完善。新开工丹城大道延长线、中兴东路、叠翠路、建材市场周边道路等路网以及工人文化宫搬迁、粮食住宅小区、气象观测站搬迁等项目。

2011年拍摄的改造后的县城区龙滩大道（南丹县委宣传部供图）

（四）从改善农村住房到小康的乡村建设

20世纪80年代的南丹农村住房，壮、汉、水族聚居区85%以上已是泥墙盖瓦，瑶、苗族聚居区50%以上农户是瓦房。大厂、车河、小场、芒场、六寨、罗富等乡镇的农民陆续建起了钢筋水泥制的3层以上的平顶房，称为“小洋楼”，其中车河拉么村被称为“洋楼村”。1990年，在

2001年建设的生态小康文明示范村工程示范点——芒场镇拉麻村拉寿屯（南丹县志办供图）

全县农村的39606户中，就有2000多户“小洋楼”，占总户数的5%左右，砖、泥墙盖瓦有3.3万多户，占总户数的70%左右。1999年，南丹县组织开展茅草房改造，基本在全县范围内消灭茅草房。2000年开始，县内农民起房造屋均是钢筋水泥混合制。2001年至2004年，农村开始出现一些中西合璧式的小别墅。2005年，县境30%的农户建起2至3层的平顶房，农村人均住房面积35平方米以上。

2001年3月，南丹县在农村分步实施生态小康文明示范村工程，并于当年启动。该工程覆盖13个乡镇，由县政府统一规划，并制定统一的验收标准，共规划44个村，重点突出210国道和丹峨公路两侧村屯。2001年下半年，该工程全面铺开，全县44个小康村的基础设施基本完成。2002年底，大部分小康村已基本完工并投入使用，其中比较典型的小康村有车河堂汉村、八步新村、小场中坪村、芒场巴平村、芒场拉麻村、六寨三村、吾隘古兰村等7个。

2011年拍摄的改造后的车河镇八步村（南丹县委党史研究室供图）

2005年，又增加建成15个小康生态村，这些小康村均位于210国道和丹峨路两侧，按小康村标准建设，基础设施配套完好，规划统一协调、布局合理、建筑美观、环境幽雅，群众安居乐业。

2006年起，南丹积极推进社会主义新农村建设。至2007年，全县共筹资2432万元投入新农村建设试点村屯的基础设施建设，完成13.6公里村道路和12公里屯内道路硬化、12处农村饮水安全工程、5.37公里小型农田水利建设及两个河道治理工程。建成沼气池172座，完成1860平方米村屯绿化，改造老式厕所134座，建成5处垃圾池，完成4处文化活动室建设，建成休闲亭2座，完成206户民房重建及237户房屋改造工程，建成体育活动场9200平方米，村委楼450平方米及排污沟1340米。

2009年，南丹实施城乡风貌改造工程，以里湖瑶族乡王尚屯、芒场镇巴平村下街屯、车河镇八步村新区屯3个村屯为试点。至2011年8月，城乡风貌改造工程基本完成。

2012年，全面启动特色工贸强镇和特色文化名村建设工作，完成车河镇集镇总规修编、八圩乡集镇规划编制和27个重点村屯的总体规划编制。投入1.2亿元，新实施车河镇风貌改造、吾隘同贡村立面改造、城关镇洞湖和下水屯旅游名村建设以及六河高速公路沿线、寨任二级路沿线村屯风貌改造。

二、交通建设突飞猛进

南丹位于云贵高原南缘，县内崇山峻岭、道路崎岖。党的十一届三中全会以前，全县大部分地区的公路为泥巴路，很多地方山高路陡，有路难行。改革开放后，南丹交通事业进入了新的发展时期。

（一）以“乡乡通公路”和“村村通汽车”为目标的交通建设

1978年，南丹县在养地方公路有7条，全长144公里，县乡公路均为泥结碎石路，当年完成国家投资、改善路况的有15条。1984年，全县有公路49条，总里程622.2公里，但公路等级低、路况差的问题一直未能得到解决，交通状况还相对落后。

从1985年起，南丹县在加大对地方公路建设投入的同时，积极请上级主管部门支持，争取企业赞助，鼓励支持乡村和广大群众修路架桥。1985年，全县13个乡镇125个行政村，已通车的有12个乡镇64个行政村，经上级验收合格的地方道路192公里。当年，中央下拨422.09万元粮棉布资金支持南丹县修建公路，由县级交通部门承担月里至四寨、月里至中堡、六寨至巴定道路的建设及修建里湖仁广村至贵江村公路的施工任务。1986年，经上级批准修建四级公路4条69.46公里，机耕路8条

20世纪80年代初期拍摄的南丹县群众乘坐交通工具的情景（南丹县委宣传部供图）

1025公里，其中大桥3座。1987年，南丹县将国家下拨的以工代赈工程款和物资投入仁广公路、干堡公路，吾隘、仁广、中堡、巴定等乡镇乡道的四级路建设。是年，巴定大桥通过验收并投入使用。1988年，修建四级公路3条共计75.2公里，改建四级公路1条10.6公里，修建机耕路9条107.36公里，修建吾隘大桥、纳力大桥。同年3月，月里至中堡公路（全长16.6公里）建成并于1990年开展大修达到四级路标准。到1990年，县内公路总里程达到853.57公里，平均每百平方公里有公路21.8公里，全县13个乡镇全部通公路，初步形成了以县城为中心、城乡联结的公路网络。

1991年起，南丹县实施“村村通公路”工程。1991年至1993年，以“民工建勤”方式先后修建雅陇至播细、259至者麻、巴平至蛮坝、纳弯至那地4条乡村公路共21公里。1994年，完成大中修及水毁公路工程投资34万元。1997年，全县13个乡镇和61个行政村通四级以上公路。1998年5月，县政府全面实施村级公路大会战。配合推进自治区重点扶贫公路——南丹至天峨二级柏油路建设，开工建设26条258公里的村级道路，中堡至贵州西凉四级公路、国道210线六寨至水任二级公路分别于8月25日和11月8日开工建设。至此，全县掀起修建农村公路的高潮。10月，南丹县在积极配合加快推进西南大通道六寨至水任二级国道公路建设、加快工程进度的同时，实施全县交通基础设施建设“531”工程，即在1999年至2000年完成大厂至吾隘等5条乡（镇）村道路的修建和改造，搞好车河、六寨、大厂3个客货运输服务站点建设，建成1个水运码头（即吾隘港）。1999年，全县13个乡镇112个行政村基本通汽车，该年建设项目405个、竣工91个，计划总投资3.9亿元，完成投资2.37亿元，新增公路379.6公里，完成1998年村级公路大会战35条村级公路共363.64公里的道路路面路基验收，基本实现“村村通汽车”的目标。

（二）以“乡镇通沥青（水泥）路”和“建制村通四级路”为目标的交通建设

南丹县在基本实现“村村通汽车”目标后，1999年开展300条屯级道路大会战。同年完成中堡至贵州西凉四级公路建设，全长16.31公里。省道南丹至天峨南丹段五村大桥于当年12月建成投入使用，至此，南丹至天峨二级公路全线通车。

2000年，南丹县有5个乡镇通四级以上公路，8个乡镇和27个行政村通等外公路，112个行政村基本通机动车辆。该年建设项目305个、竣工304个，完成总投资2.99亿元，新增公路和道路66.1公里。完成六寨至水任二级公路西南出海大通道南丹段和屯级道路大会战建设任务。

2001年，投资3.32亿元新增公路和道路86.9公里。同年11月27日，六寨至水任二级公路南丹段南丹境内的南丹大桥、车河大桥、五一矿大桥、坡前大桥4座桥梁建成通车，标志着六寨至水任二级公路南丹段（G210线）全线贯通。

2001年11月27日六寨至水任二级公路南丹段（G210线）全线贯通庆典仪式（南丹县志办供图）

2005年，通过实施通乡油路和提升等级改造，全县11个乡镇中有9个乡（镇）通四级公路，2个乡通省外公路，138个行政村全部通机动车辆。2006年，实施新建六寨经月里至云阳关（与贵州交界）三级水泥路、续建同贡至罗富四级油路等公路建设项目6个。同年底，全县公路里程达1084.25公里（其中国道1条79.6公里、省道1条49公里、县道4条190.3公里、乡道765.35公里），初步形成以国道省道为主骨架、以重要县乡公路为支骨架、村村通车的公路网络。2007年，建设项目30个。2009年至2011年，实施项目58个，全县11个乡镇全部通四级公路，125个行政村中有79个行政村实现通村公路硬化。2012年，实施罗更至罗屯、八圩至老圩场、里湖至瑶里、关上至恩村、者乐至者麻等5条建制村水泥路项目。

2002年至2012年，全县共建成通乡油路或水泥路160公里、通村水泥路近530公里，11个乡镇全部实现通沥青（水泥）路，108个行政村通四级以上公路，占行政村总数的84.8%。至2012年底，全县公路通车里程达1100多公里，农村群众行路难问题得到有效解决。

（三）南丹立体交通网络的形成

2004年12月16日，黔桂铁路扩能改造工程在柳州太阳村举行隆重的开工典礼，规划设计金城江经南丹至龙里段时速达140公里。2009年12月15日，位于城区的南丹县新火车站建成并开通客运业务。

2008年9月11日，全长107.5公里的六寨至河池高速公路开工，途径南丹县六寨、芒场、城关、八圩等4个乡镇，县境内主线长61.9公里。大厂车河连接线二级公路全长24.6公里，县境内长20.5公里，经大厂、车河两镇，涉及6个乡镇、20个行政村、120个村民小组。六寨至河池高

2010年拍摄的南丹火车站外景全貌（南丹县志办供图）

速公路主线于2012年7月9日通过交工验收，并投入试运营，由此结束南丹不通高速公路的历史。

2008年12月3日，位于南丹县八圩瑶族乡与金城江区交界处的河池机场开工建设，该机场为4C级国内民用支线机场，设计跑道长2200米，宽45米，总建筑面积为7540平方米。

随着黔桂铁路提速改建工程和六寨至河池高速公路的竣工通车以及河池金城江机场项目的加快建设，南丹县“铁（路）、公（路）、机（场）”立体交通网络逐步形成，“河池南丹，有钱难返”成了历史记忆。

三、科技事业成果显著

改革开放后，科学技术的重要性受到南丹县的高度重视，先后实施“深化改革、开发资源、智力脱贫、科技立县”，“以农富民、以矿富县、科教兴县、依法治县”和“农业稳县、工业富县、开放治县、城镇旺县、旅游热县、科教强县、依法治县、和谐兴县”的经济社会发展战略。

（一）“科技立县”思路的提出与实施

1978年5月，县科学技术局更名为县科学技术委员会，10月设立二层机构县科学技术情报研究所。1979年，成立县科学技术协会，县级各专业学会和基层科普协会也相继成立。1985年，中共中央《关于科学技

1989年拍摄的县农业科技人员指导农民科学种田的情景（南丹县人大常委会办公室供图）

术体制改革的决定》颁布后，南丹县进一步加强对科技工作的领导，并拨款15万元作为科技进步奖励基金。1986年3月，南丹县成立科技领导小组，统一领导全县的科学技术工作，党政主要领导抓“第一生产力”。同年7月，南丹县组织力量编制《南丹县社会、经济、科技、生态协调发展总体规划》，在对全县历史和现状进行调查研究的基础上，提出了切合南丹实际的发展目标及实现目标的措施，认准了推动南丹发展进步的杠杆就是科学技术，初步形成了以科技强县、以智力脱贫的发展思路。

1988年3月，南丹县率先在广西提出“科技立县”的发展思路，先后制定了《南丹县科学技术进步成果奖励办法》《南丹县科学技术进步成果鉴定规定》《南丹县科学技术进步成果申报登记规定》等一系列鼓励政策，大力引进和培养人才，壮大科技队伍。1985年至1988年，引进117名各类专业技术人员，及时有效地缓解了南丹中、高级专业人才奇缺的矛盾。1989年3月，制定出台《关于农业科技承包的若干规定》，成立农村科技承包领导小组，下设粮食、畜牧水产、林业、烟叶、水果等技术承包集团。在政策的鼓励下，大批科技人员（包括能工巧匠）深入村寨和工厂与专业户、重点户、工厂等与承包经营者签订技术承包合同。同时，还在全县范围内开展科学技术竞赛，对在技术承包中取得显著成绩的科技人员，除取得技术承包合同规定的报酬外，还给予优厚奖励。

1989年4月，出台《关于配备乡镇科技助理、村公所农科员的决定》，开始设立科技副县长职务。同年5月，全县13个乡镇全部配备乡镇科技助理，128个村公所配备农科员。同年，县政府设立政府奖学金，奖励南丹县籍在校师生和愿意到南丹工作的外籍大学生。

从1988年到1990年，共召开6次全县科技工作暨年度科技进步奖励会议，共奖励科技进步成果117项、科技活动暨先进单位110个、科技先进工作者578人，并评出1980年至1990年有突出贡献的科技工作者82名、最佳科技工作者10名。

（二）“科教兴县”等工程的实施

1990年4月，南丹县被国家科委列为重点联系县，是广西县级达标5个试点县之一。南丹开始全面实施“科技创先”“科技兴农”“科教兴县”“科技兴工”“科技扶贫”等工程，全县科技示范乡（镇）、示范村、示范户及民营科技企业不断涌现。当年，全县专业技术人员增至2316名，其中初级职称1965人、中级职称331人、高级职称20人。为探索山区依靠科技进步促进区域经济社会发展的路子，南丹县积极开展以“科技兴乡（镇）”为核心的科技、经济、社会三位一体的乡（镇）科技体系的创建工作。以六寨镇作试点，成立镇科技领导小组和科学技术委员会，在村公所设有科技总辅导员，实施“科技兴镇”试点工作。同时，在全县范围内及时总结推广六寨镇的阶段性成功经验，全县迅速掀起“科技兴乡（镇）”热潮。

1992年5月，制定《南丹县关于推动科学技术进步试行办法》，并从当年开始逐步建立健全县、乡、村三级科技管理体制和服务网络，承担自治区科委下达的《县级科技达标试点研究》项目，把科技创先工作与科技兴农、科技兴工、科技兴镇（乡）、农科教三结合等工作有机结合起来。

从1994年起，在全县13个乡镇建立农民技术学校的基础上，成立广西国家重点星火科技工作者培训中心南丹工作服务站，长期举办各类实用技术培训班，平均每年举办70期、培训农民6000多人，让农民逐渐从“体力型”向“智力型”转换，加快了脱贫致富的步伐。从1989年至1995年，全县共有78个农村技术服务组织投入项目承包，推广先进科技成果31项、建立农业试验示范片区64个、推广农业新品种65个。1995

1998年在巴定乡举办的农业生态技术培训班（南丹县志办供图）

年3月，南丹获“全国科技先进县”称号；年底，13个乡镇全部配备科技副乡（镇）长。1996年，全县开展粮食生产科技攻关承包项目9个，当年粮食总产量达8300万公斤，创历史最高纪录。1997年，六寨镇、城关镇荣获创建“广西科技先进乡镇”光荣称号。1997年和1998年，全县实施农业科技攻关项目29个，有300多名农业技术人员下到乡镇、村屯为农民提供技术服务。

1999年，出台《关于推进科技与经济结合新突破的若干规定》。2000年9月，通过国家科技先进县的复查验收。2004年12月，南丹县被科技部确定为首批“全国科技工作试点县”，被自治区科技厅确定为“广西县域科技创新试点示范县”。到2004年底，全县专业技术人员增加到4595名，其中初级职称3476人、中级职称1066人、高级职称53人。2005年，实施科技信息服务网络建设，制作南丹全县政治、经济、科技、商贸、教育等主页，建立农村科技网络，开展网上信息技术服务活动，提高了科技教育同经济建设相结合的紧密度。2005年，共引进推广转化11项技术成果，举办培训班343期171万人次，获广西科协和国家科协确定为“广西科普示范县、全国科普示范县”创建单位。同年，河池市委、市政府同意以河池市津泰资源再生有限公司等有色金属企业联合体为建设载体，建设河池市有色金属人才小高地；车河选矿厂获得广西锡多金属矿物加工工程技术研究中心认定，南方公司获“广西铅锌锑及其新材料工程技术研究中心”认定。2006年，全县11个乡镇全部通过广西乡镇科技进步考核。

（三）“科教强县”战略的实施

2006年8月，中共南丹县第十二次代表大会提出“科教强县”战略。2007年，科学技术对南丹经济增长的贡献份额达到48%，南丹分别获河池市创新计划任务目标完成先进县、2007年度科技目标管理一等奖和科技管理工作先进集体。2008年1月，南丹获“全国科技进步考核工作先进县”荣誉。2006年至2011年，南丹县着力建立广西铅锌锑及其新材料工程技术研究中心、河池市稀贵金属综合回收及深加工工程技术研究中心、广西锡多金属矿物加工工程技术研究中心等重大科技服务平台基地建设，通过平台建设，南丹云集了一批技术力量，博士、硕士以上学历人数占人才总数的16%，高级职称人才占人才总数的44%；建成了研发室有从德国进口的斯派克ICP、波峰焊试验机、等离子光谱仪等国际国内先进的实验室仪器。2010年，广西堂汉锌铟股份有限公司成功获批设立博士后科研工作站。2011年，首次认定广西丹泉酒业有限公司等5家企业为南丹县第一批知识产权试点示范企业。

2012年8月，出台《关于在全县开展全民发明创造活动的决定》《南丹县发明专利倍增计划》等政策，为更好激励单位及个人为南丹专利发明工作作出更大贡献，同年出台《南丹县专利申请资助和奖励暂行办法》。2012年，完成专利申请31件、发明专利申请量19件。同年12月，出台《南丹县实施农村科技特派员方案》，共下派农村科技特派员10人，六龙茶产业、瑶鸡种鸡育苗、瑶鸡生态养殖、巴平米种植示范等科技特派员工作成效显著，取得较好社会和经济效益。

四、教育事业均衡发展

党的十一届三中全会后，南丹教育开始步入历史发展新时期，全面恢复学业考试及升留级、奖惩等各种规章制度，尤其是全国高考的恢复，改变了南丹大批人特别是青少年的人生轨迹和命运。全县各类教育事业协调发展，教育内部结构合理，南丹的教育事业进入飞速发展的快车道。

（一）学前教育的发展和壮大

党的十一届三中全会后，南丹县对各地幼儿园、托儿所进行了调查、压缩。1984年，全县有幼儿园13所，其中教育部门办6所，其他部门办7所，共有教学班44个（含学前班），其中教育部门办13个班，在园幼儿共1494人，教职工88人。小学附设学前教育（称学前班）开始恢复，县城及附近公社学校共办有5个学前班，学制一年或半年。1984年6月，县商业局创办商业幼儿园。1988年，推广和普及学前教育，要求各小学创造条件开办学前班。此后，全县乡镇中心校、村级小学陆续开办学前班。1990年，贯彻国家教委颁布的《幼儿园管理条例》和《幼儿园工作规程（试行）》，规范幼儿园和小学附设学前班的管理。

1992年3月，车河镇兴办"车河幼儿园"，招收大、中、小班，入园幼儿80人。1994年，开始实施示范幼儿园创建工作。1995年，办学前班的学校普及面达到80%左右。2001年，县政府在体育场广源路（即县一小对面）实施县幼儿园搬迁扩建，2002年5月迁入办学。2003年3月后，

2005年拍摄的南丹县幼儿园（南丹县志办供图）

南丹县个人办园逐步增多，出现公办为主、民办补充的良好局面。2005年，全县幼儿园13所，其中教育部门办2所、集体企业办5所、社会力量办6所，开设有学前班的小学164所点。

2007年开始，群众对幼儿园教育需求越来越大，呼声日益高涨，民办幼儿园逐渐增多，学前教育管理工作逐渐引起高度重视。为此，南丹县印发《中小学幼儿园安全管理办法》，规范学前教育管理工作，定期对各幼儿园进行安全和卫生工作大检查，严格执行幼儿园（班）注册制度。由于县政府政府大力鼓励社会力量办学、鼓励民办幼儿园，到2008年，全县幼儿园增加至19所（其中公办4所、民办15所），142所小学附设学前班146个，全县6272名幼儿（含学前班），362名教职工。

2009年，南丹县学前教育质量逐步提高，幼教队伍逐步扩大，民办学前教育机构逐渐得到重视和发展，幼儿教育小学化倾向逐渐有效遏制，民办学前教育机构正朝着规范化方向发展。2010年，各乡镇开始出现民办幼儿园热潮。2011年，根据《幼儿园管理条例》等规章制度，进一步加强幼儿园的管理工作，指导幼儿园深入实施素质教育，发展学前教育。2012年，全县学前教育得到进一步发展。

（二）九年制义务教育的实施和普及

小学教育的普及。1978年9月，创立城关镇小学，“南丹县城关小学”更名为“南丹县小学”。1979年，在农村恢复早、中、晚巡回及耕读等多种教学形式，小学教学点仍保持536个，采用教材为全国统编教材。1982年，在县城增设第三小学[①]。1982年起，纳立、茶山矿、中堡、六寨和里湖等部分小学先后实行六年制，其他小学仍为五年一贯制。1984年，全县共有小学507所（点）、教学班1059个、教职工1590人，7至11周岁适龄儿童入学率84%。1986年，义务教育法颁布后，全县免除义务教育阶段学费。1989年8月，南丹县提出《教育工作十条意见》，指导乡镇小学义务教育普及工作，严格控制适龄儿童辍学，偏远山村适当增设教学点，使适龄儿童就近入学，同时对县、乡镇、村三级办学任务和管理职责提出意见。全县当年增设12个教学点，入学儿童增至8273人，入学率达89.2%。此外，扫盲教育也持续进行。1989年，在全县范围内开展较大规模的扫盲运动，对县境40岁以下文盲、半文盲进行1500个单字过关教学。1990年，全县小学适龄儿童入学率为96.8%、巩固率98.8%、毕业率为98.1%、普及率为94.7%。年底，全县文盲率降至11.24%，在全区成人教育表彰会上被评为“国际扫盲年扫盲先进县”，同时被国家教委授予“全国扫盲先进县”。1991年，在县城区铜江河东面、公园坡南山脚增建县第二小学。1992年，全县对小学教育普及进行逐乡镇县级自检验收，全县小学在校生42463人，达到普及义务教育实施的入学率标准。1993年，通过河池地区行署“两基”（基本普及九年义务教育，基本扫除青壮年文盲）验收，南丹县实现基本普及初等义务教育（小学五年制教育）和扫除农村青壮年文盲工作，小学7至11周岁适龄儿童入学率达到95.6%，农村青壮年非盲率达到94.72%。

1995年秋季学期起，全县普及九年义务教育工作全面实施，小学全部改五年制为六年制，同时满足小学生升初中的愿望，凡是参加考试的学生均可进入初中就读。至1998年，全县小学毕业生不论是否参加升学质量测试全部升入初中就读。

---

① 该第三小学于1984年撤销，筹建职业中学，该校两个年级4个班的147名学生分别并入南丹县小学和城关镇小学。

1998年拍摄的南丹县第一小学（南丹县文化馆供图）

1999年，县城进行学校布局调整，城区增设县第三小学。同年起，县内厂矿场等企业举办的小学，由于企业改制改革或迁移，逐步停办、拆迁或剥离企业归地方管理。

2000年以后，小学适龄人口和在校生人数逐年减少。按照自治区有关要求，2001年4月，县政府下发《关于乡镇以下小学设立学区管理体制的通知》，要求自2001年秋季学期起，将布局过密、生源少的教学点撤销一部分，合并到中心点办学，乡镇以下小学实行学区管理体制。全县设35个学区，以办好乡镇中心小学和较大规模的村级中心小学寄宿制学校为目标，实施教育资源整合，集中办学。教育建设经费重点投入在这些村级以上生源稳定的完小寄宿制学校。此后，各乡镇陆续撤并学生人数在10人以下的教学点，将生源少的完小学校改为教学点。从2001年至2005年，全县撤并学校和教学点共106所（点）。2003年起，落实国家“两免一补”（即免除杂费、免除课本费、补助困难学生生活费）政策，所有小学、初中实现免费就读。

初等教育的普及。1978年，初中学制恢复为3年。1979年停办五七中学，年底，县内（含厂、矿企业）共有中等学校20所，其中完全中学8所、附设初中班的小学59所，教职工总共691人（其中民办84人），有初中班208个，在校学生6925人。初中招生实行全县统考，共考语文、数学2科。1980年，贯彻中央工作会议提出的“调整、改革、整顿、提高”方针，改变大队办初中的不切实际的做法，小学附中由59个减少至34个。1981年，改翁乐、黄江、里湖3所附设初中班为初级中学。1984年，全县有初中24所（处）（含附中5所及完中初中部7处）、117个班，由于小学、初中教育未普及，受办学条件限制，初中未能全部接受小学毕业学生，小考升学率20%。1985年9月，撤翁乐附中，新建大厂镇中学。1988年7月，县壮文学校改为民族中学，9月面向全县招收2个初中班，学生100人。1990年，小场乡大平、拉易两村小学各设附中，各1个班（1993年和1996年先后停办）。8月，创办城关镇中学，借用城关小学校舍，开设初中班2个，有学生108人、教师7人。1990年，全县小学毕业生升初中率为64%。1992年9月，增设六寨镇拉堡附中。1993年，山口林场中学与南丹中学达成联合办学协议，林场中学学生并入南丹县中学。1994年，南丹县在基本完成初等五年义务教育普及的前提下，提出实施普及九年义务教育（普九），当年初中生增加674人。1995年1月，驻大厂镇的广西有色地质勘查局215队子弟中学与南丹大厂镇中学合并办学，215队中学校址改名为大厂中学。同年，南丹中学恢复高中部，设立2个班；南丹高中新设初中部，设立2个班。1999年7月，县城学校进行布局调整①，将南丹中学高中部并入南丹高中，南丹高中初中部并入南丹中学；南丹民族中学与南丹县职业高中合并为南丹县民族职业中学（校址暂设在原职业高中处原址），在原民族中学校址恢复兴办南丹县第三小学。9月，拉么矿子弟中小学由企业剥离归南丹县地方管理。

2000年8月，原由六寨、芒场、吾隘、罗富、八圩等乡镇小学教育组附设管理的拉堡、巴平、那地、黄江、七圩5所附属初中改由乡镇中学管理，属乡镇中学分校，称“中学分校”。2003年9月，瑶寨中学生源减少并入八圩中学，罗富黄江分校并归罗富中学。2004年，全县实施“普九”攻坚，制定了2004年至2007年“两基”攻坚实施规划，着重抓

① 从1984年至20世纪90年代中后期，各行业人才缺额较多，初中毕业生参加中考后，可以直接录取进入中专或中师学校学习，进入中专学校读书的学生较多。90年代末，各行业岗位人员额满，中专毕业分配出现困难，要求大专以上高学历的岗位较多，中考学生选择进入高中就读的学生逐渐增多，初中升学率达到80%左右。因此，根据形势的变化，南丹县进行教育布局调整。

13至15周岁初中阶段适龄少年入学率提高和在校生辍学率控制工作，确保初中生入学率达95.5%以上，年辍学率控制在3%以内。2005年，在八圩、里湖、中堡3个辍学学生相对较多的民族乡，开办为时半年、1200小时的补偿教育学习班，让2003年以来辍学的学生回校参加学习，参加学习的学生近200名。

2005年，全县基本实现普及九年义务教育目标，并于当年10月通过自治区“普九”、扫盲“两基”验收。2007年，顺利通过国家级“普九”验收。2011年底，南丹县顺利通过河池市、自治区“两基”巩固提高复查验收。

（三）高中办学实施改革

1977年，国家恢复高考制度，当年全县1639人报名并参加考试，本、专科及中专录取103人，录取数占实考数比例6.08%。1979年，县委、县革委会在南丹师范举办高考学习班，由各公社推选高中毕业班优秀学生近100名集中学习，三分之二以上学生考上区内外大中专院校。1979年底，县内（包括厂、矿）共有中等学校20所，其中完全中学8所，高中52个班、学生2293人。1980年，全县高中学制恢复为3年，高中招生实行全区统考，普通高考参加全国统考。1980年开始，南丹县调

20世纪80年代拍摄的南丹高级中学教学楼（南丹县志办供图）

整中学布局结构，全力改变公社办高中的做法，除保留南丹、六寨、瑶寨和罗富4所完全中学（以下简称完中）之外，芒场、小场、车河、月里4所公社中学的高中部予以撤销。1981年，创办南丹高级中学，撤销六寨、罗富2所完中的高中部。

1984年9月，南丹中学高中部并入南丹高中，当年县内办有高中的学校8所，其中教育部门办2所，1所高中、1所完中，其他部门办6所①，均为完全中学。1986年9月，取消瑶寨中学高中部。到1986年底，南丹高中共设12个班，有教职工62人、专任教师35人，在校学生524人。1987年，厂矿办高中减少为1所，全县高中共2所。1995年，南丹中学恢复高中部2个班，南丹高中新设初中部2个班。1999年7月，南丹县从办好一所高中的原则出发，对县城学校进行布局调整，将南丹中学高中部并归南丹高中，南丹高中初中部并归南丹中学，南丹高级中学集中精力办好高中；将民行北路（车马路段）原职业中学130亩新校址，改建为南丹高级中学校园，并立即组织兴建。2001年9月，新南丹高中校园竣工并迁入办学。

1984年至2001年，南丹县参加高考人数共5971人次，录取大中专人数共约2369人次。2004年9月，为满足社会对高中教育的需求，南丹县在民族职业高中校内增办南丹县第二高中，当年招一年级新生8个班，学生422人。2005年，南丹县内办有高中的学校3所。2002年至2005年，全县参加高考共4327人次，上本、专科线2399人次。2009年，华锡大厂中学停办高中部，南丹县内只有南丹县高级中学和南丹县第二高级中学2所高中。同年，投入资金2000万元推进南丹高中扩建工程。

（四）职业教育逐渐规范化

1984年，南丹县在南丹中学旁成立南丹县职业中学，它是南丹县唯一一所公办职业技术教育学校。刚成立时，学校占地面积7亩，仅有1幢三层的教学楼，面向全县招生，开设家用电器修理和畜牧兽医两个专业班。所学习课程除与普通高中相同的文化课外，还学习相关的专业理论知识等课程。1985年秋，增开园艺专业班。1986年秋，增开畜禽饲养专

---

① 即大厂局中学、大厂局铜坑中学、大厂局车选中学、新洲矿中学、拉么矿中学、215队中学。

业班。同时，接收瑶寨中学民族高中班（二年级）18人，设立民族班，学习园艺和畜牧兽医。至1986年底，职业中学教学仪器总值约10647元，校舍建筑面积总计2764平方米，其中有三层教学大楼1栋，五层教工宿舍大楼1栋。1986年，在河池地区职业中学大检查中，南丹县职业中学获总分第二名。1999年7月，与南丹县民族中学合并，改名为南丹县民族职业中学。

2001年，学校迁至原南丹县高级中学校址，2002年与南丹县教师进修学校合署办公，2004年成立南丹县第二高级中学，形成一套人马三块牌子（南丹县民族职业中学、南丹县第二高级中学、南丹县教师进修学校）的办学模式。

2006年，南丹县民族职业中学实施“普实”工作，学校配齐配足实验室、仪器室、仪器柜、图书室、阅览室。年底顺利通过自治区验收。2007年，南丹县民族职业中学更名为南丹县民族职业技术学校，2008年开始开展职教攻坚工作。2009年，南丹县民族职业技术学校更改为南丹县职业教育中心。2011年，南丹县顺利通过自治区职教攻坚工作评估验收。开展职教攻坚工作中，南丹县积极筹措资金推进县职业技术学校办学条件、学生资助及师资队伍建设，学校育人环境发生天翻地覆的变化。2011年，自治区教育厅批准南丹县民族职业技术学校立项为“全区第一批示范性综合高中试点学校”，成为既有中等职业教育又有普通高中教育的综合型学校，为学校实施普职通融办学和普及高中阶段教育奠定了基础，使高中阶段办学更加灵活，更加适合本县办学需求。

（五）学校办学条件持续改善

1983年开始，南丹县更加注重办学条件的改善，有计划、有步骤地拆旧盖新。至1986年，通过拨款和多渠道集资390余万元，先后新建钢筋水泥教学楼27幢、宿舍楼6幢，修理危房290余处。1988年3月，自治区人民政府发出《关于抓紧抢修中小学危房的紧急通知》后，南丹县连续召开各种会议向全县发出集资抢修中小学危房的号召，不到3年时间，共筹集到349万余元。至1989年1月，基本完成抢修中小学危房任务。1990年底，全县共建新钢筋混凝土结构教学楼174栋、砖瓦结构122栋、片石墙结构79栋、土墙瓦结构372栋，结束了用庙房、仓库作教室的历史。1991年，出台《南丹县多渠道筹措教育经费实施办法》，加强对农村教育费附加的宣传和征收力度。1992年，获自治区“多渠道筹措教育经费成果奖”。此后，学校校舍逐年得到改善。到20世纪90年代末，全县学校校舍楼房达到300余栋，钢混结构楼房占校舍总量的70%。

1998年起，南丹开始实施国家义务教育工程，学校基础建设投入从多方筹措投入逐步向政府投入为主转变。1998年至2006年，先后实施国家贫困地区义务教育工程、国家西部地区寄宿制学校工程和县政府“二三”工程，兴建学校校舍97栋、篮球场30个以及配备附属设施和内部设备。同时，2004年起，实施世界银行贷款西部基础教育发展项目土建工程，兴建校舍15栋。

1984年至2007年，全县中小学校舍的资金投入达2.7亿元，新建全县中小学校舍砖混楼房近600栋，砖混结构校舍面积38.5万平方米，占校舍总面积的92.2%。经历20余年的建设改造，全县学校实现村村有教学楼房，师生宿舍和附属建筑钢混结构普及率达70%，100%的中学、中心小学和50%的村级小学实现了围墙完整、校门规范，全县全部消除严重危房，学校师生安全感大大增强；有80所学校实现校园校道硬化、绿化、美化和净化。2008年至2012年，南丹县继续抓好中小学校舍维修改造项目建设、中西部农村初中校舍改造、薄弱学校改造等工程。

2005年拍摄的南丹中学校园（南丹县志办供图）

（六）师资队伍建设不断加强

教师配备不断优化。党的十一届三中全会以后，南丹县师范教育迅速发展。为不断提高各级教师水平，除县教师进修学校定期招生和培训在职教师外，还拨专款先后选送579人到大中专院校参加长期或短期培训，提高教师的业务和政治素质。1987年，南丹县出台优惠政策引进外地教师人才以补充教师不足。到1990年，引进人才100余人，分别到县内中小学任教师或在教育单位工作。同时，1986年起聘用的代课教师逐年增多，从1984年的60人增长到274人，突破百人大关，这些教师主要是村级小学和教学点教师。1991年，代课聘用教师达1112人，是人数最多的年份，民办、代课教师人数占教师总数的近一半。为解决民办教师、代课教师的待遇问题，南丹县从1992年起，每年将部分民办代课教师转为公办教师。到1997年，民办教师问题全部解决。1998年后，通过公开招聘、急需紧缺教师引进等方式为县内学校补充教师。2005年12月底，全县共有教职员工3275人，专任教师3072人，有特级教师3人，研究生3人，在职教师高级职称44人，中级职称801人，初级职称1514人。

教师待遇不断提高。1985年，全国开始进行教师资格认定，南丹县亦酝酿教师资格评定。1987年，评出第一批有职称资格的教师，评出中学一级教师65人、小学高级教师76人。1993年工资改革，教师按职称聘任高低确定工资额。2006年9月，南丹县启动建设关爱教师民心工程——“园丁小区”。2010年12月，19栋教师宿舍楼全面竣工。2009年起，全县义务教育学校实施绩效工资制，中小学教师工资按时足额发放，义务教育学校教师平均工资水平不低于公务员平均工资水平。同时，开始实行乡村教师每人每月300元的生活补助。

五、文化体育事业繁荣昌盛

改革开放后，南丹县文化设施不断增加，文化活动丰富多彩，文化传承、文化保护持续加强，文化创作和研究成果丰硕，新闻媒体现代化、网络化，体育事业全面发展。

（一）文化设施不断增加

20世纪80年代前中期，南丹县已有或新建成的文化设施有文化馆、图书馆、电影院、录像放映厅、新华书店、档案馆以及乡镇文化站。1987年，南丹县提出“科技立县”战略决策，成立“知识工程”领导小组，每年从财政拿出10万元作为乡镇图书馆、村文化室建设事业补助基金。1998年，全县收到捐资7.78万元、书刊1.3万余册，为顺利实施“知识工程”打下了坚实基础。1999年，建成乡镇图书馆13个、村文化室61个，共收到捐书5343册，捐款近6.5万元。1997年至1999年，南丹县连续三年被自治区授予全区“知识工程先进县”。1999年，南丹县获“全区文化先进县”称号，县、乡、村图书馆总藏书量达30余万册，全县每百人公共图书超百册。2000年至2005年，共投入320万元，建成乡镇文化站12个，按自治区和市级标准，全县所有乡镇均建成300平方米以上的文化站业务用房。2004年11月，中国第一个瑶族博物馆、广西第一个民族生态博物馆——南丹县里湖白裤瑶生态博物馆开馆，面积1049平方米。2005年，开始实施村级公共文化服务中心的建设。当年，全县13个乡镇共有15个文化站、138个文化室，常设农村业余文艺队19支，还有两支白裤瑶铜鼓队。当年，南丹县被文化部授予“全国文化先进县”。2010年5月，投资3500万元在县城新建新图书馆、新文化馆、青少年活动中心等一批重大文化设施。新图书馆占地面积1300平方米，建筑面积6627平方米，环境优美、设施先进、功能齐备，达到自治区一级图书馆的标准；新文化馆占地面积1800平方米，建筑面积6400平方米，是集办公、培训、演出、展览、健身、娱乐为一体的综合文化中心，达到国家一级标准。2010年9月，县文化馆被自治区文化厅授予“全区群众文化工作先进集体”称号；2012年2月，被评为广西公共文化服务体系建设先进集体。同年，南丹县成为河池市第一个村村覆盖农家书屋的县份。

（二）对地域文化和革命历史文化的保护

地域文化的保护。南丹历史悠久，县内文物胜迹众多。1986年，文物管理所对全县开始进行文物普查，至1991年，在县内共发现文物点168处，37处被公布为县级重点文物保护单位，并完成“四有”工作，即设有保护范围、有标志说明、有记录档案、有专门机构或专人负责。随后，县政府投入资金对莫树杰故居等历史建筑进行维修和保护。2005年，全县有古遗址6处、古建筑4处、古墓葬13处、石刻12

处，馆藏文物166件，其中一级文物9件、二级文物12件、珍贵文物5件、其他文物140件。这些文化遗产，为保护和传承南丹文化精华起到了实实在在的作用。同时，重视非物质文化遗产的保护与传承。1982年至1990年，编辑南丹民间故事、歌谣、谚语、舞蹈、戏剧资料共5套集成的资料汇编。民间艺术，主要有瑶族、苗族、水族、壮族等民族的民间舞蹈和各民族的工艺美术。其中舞蹈以瑶族《勤泽格拉》、苗族《长鼓舞》、水族《缪跳园》、壮族绣球舞和蚂蜗舞最为著名；工艺美术，以藤编最为著名。2004年7月，土司桂剧班乐器"轮朵当"[①]重现于世，并在河池市第六届铜鼓山歌艺术节中获特别挖掘奖，同年12月被广西电视台综艺频道选定参加2005年广西春节联欢晚会。2006年，瑶族服饰、壮族铜鼓习俗、壮族蚂蜗节列入国家级非物质文化遗产名录。2012年，成功举办土司文化研讨会。同年底，国务院批准成立河池建设铜鼓文化生态保护实验区，南丹县成为河池铜鼓文化生态保护实验区主要片区之一。

革命历史文化的保护。南丹作为右江革命老区的重要组成部分，1981年7月成立县委党史资料征集领导小组，同年9月，设立党史资料征集领导小组办公室。1984年开始，对征集到的新民主主义时期南丹史料1085份、200多万字进行全面考证，核实、补充、修改、归类为26个重要专题，编写完成《南丹县组织史资料》《南丹县建国前革命斗争史大事记》等专题4万多字上报中央、自治区党史研究室。在《广西党史通讯》等刊物发表3万余字的新中国成立前红七军在县境内活动的情况，并将所征集的资料整理汇编成《南丹县党史资料》，共8万余字1000余册。1990年，先后走访解放初期在县内参加剿匪的知情人30余名，获史料6万余字，完成《解放初期南丹剿匪情况》等2个专题的编写。1991年，完成《扬州八次战顽敌》等9篇专题的编写。1998年11月，由南丹县同地委党史办合作的《丹池边革命委员会的建立及活动》被选入《滇黔桂边区革命根据地》一书。2000年1月，举办庆祝那地苏维埃政府成

① "轮朵当"（汉语为水竹琴）是流传于古那地的一种乐器系列，采用红水河特有的水楠竹、金竹、吊竹等竹料制成。南丹那地壮族古乐器"轮朵当"重返舞台，再现了红水河壮族人民优秀的古文化。

立70周年活动。2002年底，完成24万字的《南丹县地方党史大事记》。2004年至2005年，采集资料编写《南丹党史正本》，2009年10月完成《中国共产党广西市县历史·南丹卷（1978—2009）》。这些研究成果，对于挖掘南丹的红色文化、传承红色基因起到了重要作用。

（三）对文艺创作和文化活动的重视

改革开放以来，南丹文艺创作紧密结合土司文化、白裤瑶民俗文化等特色文化，并进行深入挖掘、系统研究、精心策划和设计，呈现出百花齐放、气象繁荣的景象。县文学艺术界联合会设有文学、戏剧、音乐、舞蹈、书法、美术、摄影6个文艺协会，创作出了大批文艺作品，多次参加全区、全国比赛，均获嘉奖。县文联还办有《南丹文学》期刊，并于2012年由季刊改版为双月刊，成为广西第一家县办文学双月刊。同时，业余剧团和群众性文化活动也大量涌现。1997年，文化馆协助成立夕阳红艺术团，夕阳红艺术团开展经常性的文艺活动。南丹县文工团曾使用“交警艺术团”和“税官艺术团”等临时称谓，配合宣传安全生产、法律法规、农村税费改革等破旧俗树新风行动，并参加上级调演及比赛，年均演出100场以上。2005年，业余剧团有南丹县文化馆阿谋业余艺术团、电信业余艺术团、计生业余艺术团、老干局业余艺术团和夕阳红业余艺术团5个。各团人数不固定，少则10余人，多则60人，均由文化馆辅导组建，日常工作经费自筹。此外，南丹县一直把开展节庆文化活动作为常态性工作来抓，坚持办好壮族蚂蜗节、敬牛节、演武节、三月三歌圩文化节等。从2004年成功承办河池市第四届铜鼓山歌艺术节后，2009年又举办首届白裤瑶民族文化节，2011年成功举办“中国南丹·丹文化旅游节”。

（四）新闻媒体的传播水平不断提升

1984年1月，全县广播电视系统开始形成，县广播站下设服务部、电视差转台、农网组、各公社广播站。同年11月，县广播电视局成立，下设行政股（含财务室）、宣传股（含广播站、有线电视台）、事业股和广播电视服务公司。1984年至1985年，全县13个乡镇有9个乡镇开机广播，有24个行政村通广播，1935户通喇叭。1986年，县政府拨款13.5万元在县城警报钟山建立卫星电视地面接收站，1987年2月24日正式开通卫星接收发射。1992年开始，南丹县开始实施广播电视“村村通”工

1993年县广播局工作人员制作《南丹新闻》的情景（南丹县委宣传部供图）

程，县政府每年拨款20万元扶助农村建设卫星电视地面接收站。1993年8月18日，南丹有线电视台开始自办节目，试播《南丹新闻》。

1998年至1999年，建成南丹至乡镇微波电视台信号。2000年，县广播站和县有线电视台合并，调频广播自办节目停办，只转播广西卫星广播和中央卫星广播。2004年，根据党中央、国务院的部署，实施新一轮村村通广播电视工程建设，2004年至2005年，广播电视局在规定的时间内通过光纤联网覆盖完成164个村（屯）的“村村通”建设，完成独立前端小片网建站9个。累计完成173个村（屯）的建设任务，完成任务的101.2%，受益3.15万人，覆盖用户7915户，拥有电视机用户7095户，入网户达7018户，入户率达98.91%，入户率名列全自治区各县市之首。至2005年，南丹县再没有不能收看电视的村屯。

在重视广播电视媒体的同时，南丹县高度重视报纸的宣传作用。1996年5月，成立南丹报社，归县委宣传部管理。同年10月8日，《南丹报》正式创刊，月出版2期，每期印数5000份，由河池日报社印刷厂印刷。1997年3月3日，南丹报社定为正局级事业单位。2011年底，《南丹报》更名为《锡都南丹》，每周出版一期，设综合新闻、文艺副刊等4个版面。至2020年12月，《锡都南丹》共出版446期。

（五）体育事业全面发展

改革开放后，南丹县进一步重视全民健身活动的开展[1]，把全县体育运动列入各级领导责任制考核内容，县属各部门、各乡镇的体育机构得到完善。体育事业经费投入由单纯的县财政投资转向以县财政为主、以社会筹助为辅，全县体育设施得到改善。1978年大厂矿区成立体育委员会，1984年县体育委员会有编制4人，1985年成立县老年人体育协会，1986年吾隘乡第一个成立乡级体育委员会，接着县直机关厂矿企事业单位先后成立有篮球、乒乓球等单项协会。同年11月，南丹县承办黔桂两省（区）5县（独山、平塘、荔波、环江、南丹）“团结杯”篮球赛和中国象棋赛。

1988年1月起，县体育委员会始有专职主任。11月，承办黔桂两省（区）10县市老年人“友谊杯”门球赛。1990年底，全县有广场1个、小运动场2个、小足球场2个、射击场1个、轮滑场4个、排球场28个、灯光露天水泥篮球场34个、无灯光沙泥篮球场238个、手球场2个、门球场2个、乒乓球场129个、羽毛球室3个、棋类室4个、室外露天有看台座位游泳池2个；有等级运动员97人、等级教练员19人、等级裁判员126人，

2000年3月南丹县体育中心奠基典礼（南丹县委宣传部供图）

① 1984年至2005年，南丹县共组织全县性比赛活动210次，参加比赛总人数达5万多人次。

2008年拍摄的南丹县体育中心全貌（南丹县志办供图）

创自治区以上成绩最高纪录26人，并为自治区和国家输送了一批体育人才。1990年后，每年都举行一次全县性的大型运动会和中小学生体育运动会。1997年4月，县体育运动委员会更名为县体育事业局。1998年3月，全县实施“村村有篮球场”计划，新建硬化水泥篮球场51个，分布在全县13个乡镇的乡（镇）政府所在地和一些村公所所在地。2000年3月，开始建县体育中心，一期工程建设体育场，二期工程建设体育馆。

2001年10月，国家体育总局赠送室内外健身路径器材1套，同年12月，县体育事业局与县文化局合并，成立县文化体育局。2001年被评为广西体育先进县。2002年12月，文体局增设室内健身房，室外健身场所，2003年11月，县财政投资建成标准400米的塑胶跑道，这些器材和设施置于县体育馆和县体育场内。同年承办河池市第二届体育运动会。2005年，全县共有广场2个、小运动场12个、足球场2个、田径场2个、射击场1个、旱冰场1个。

2008年后，每年8月8日在全县开展的全民健身日活动已形成制度，成为全县各族人民参与健身的盛大节日，全县90%以上的乡镇每年要举行1次以上大型体育活动或单项体育比赛。2011年5月，承办白裤瑶陀螺全国邀请赛。2012年12月，承办广西“拔群杯”篮球赛。与此同时，民族、民间传统体育得到很好的保护和传承，南丹县运动员在参加各类体育竞赛中也获得较好成绩。

六、卫生事业方兴未艾

党的十一届三中全会后，南丹县卫生事业不断发展，县、乡镇、村三级医疗卫生网络建立健全，从防到治、从普及到提高，临床治疗、卫生防疫、妇幼保健、卫生管理等方面服务水平持续增强，卫生设施不断增加，人民身体健康得到有效保障。1984年经上级验收地甲病达基本消灭标准，1990年实现基本消灭疟疾标准，1995年实现消灭丝虫病标准，2000年全县实现消除碘缺乏病阶段目标，2002年基本实现无脊髓灰质炎的目标，2012年代表中国顺利通过世界卫生组织消除新生儿破伤风现场认证。

（一）医疗卫生机构持续优化

1979年，全县有各级各类卫生机构13家、开放床位266张、卫生技术人员295人（以上不含驻县厂矿企业和县办企业及其他）。1985年，县妇幼保健站在民生街兴建楼房1幢。同年10月，县皮肤性病防治站在县城工商局南侧兴建办公住宿楼，并建立新门诊1处。1986年9月，县政府在城关镇卫生院的基础上建立南丹县中医院，并将原镇卫生院人员、房屋、器材、药品、病床等划拨给县中医院，使其成为全县中医医疗中心。1989年11月，建设县卫生防疫站办公楼。1990年和1993年，相继兴建县人民医院住院大楼、业务大楼。

1993年，县妇幼保健站更名为县妇幼保健院。1994年9月，县皮肤性病防治站改称县皮肤性病防治院。1998年，县妇幼保健院获国家一级

1992年8月竣工的县人民医院住院大楼（南丹县人民医院供图）

甲等妇幼保健院。1999年，县中医院获国家二级甲等医院。同年11月起，县人民医院成为一家集医疗、教学、科研、预防保健和康复为一体的国家二级甲等综合性医院。

2000年，经县政府批准，县中医院兼并大厂镇卫生院，并成立县中医院大厂分院，兴建大厂分院综合楼及购置相关医疗设备，2004年4月竣工正式使用，可开设病床50张至60张，且在科室设置、医疗设备和技术水平方面均达二级医院水平。2005年，全县有国家二级甲等医院和二级甲等中医院各1家、一级甲等妇幼保健院1家、一级卫生防疫站1家、一级甲等卫生院3家、“爱婴医院”6家，病床450张。

与此同时，县内乡镇级卫生院共13所卫生院（站），均配有主治医师、医师、护师（护士）等医技人员，每所医院设有门诊科、妇产科、药剂科、检验科等科室。2012年，全县151个行政村均建立起村级卫生所，做到了医疗卫生机构全县全覆盖，且所有乡镇卫生院和村卫生所均为公立院所。

（二）医药卫生体制改革不断深化

1984年，县内职工医疗继续健全“双轨制”分类管理办法，即企业执行劳保医疗制度，机关团体、事业单位执行公费医疗制度。1990年，南丹县修改《公费医疗管理制度》，是年有公费医疗对象6510人，此后逐年增多。1997年6月，在车河镇八步村试点后，当年投入80.5万元，全县建立起46个村的农村合作医疗点。

1998年底，全县139个行政村建立起合作医疗制度。2000年3月，全县推行乡村卫生组织一体化管理工作。2001年底，全县有104个行政村卫生室实行乡村一体化管理。2005年，南丹县定为广西第二批新型农村合作医疗的试点县[①]，1月开始实施。年底，全县有12.43万农民自愿参加新型农村合作医疗，占全县农业人口的59.71%。当年共有5397人从合作医疗中得到实惠，报销医药费用156.67万元。2009年，国家启动新医改方案，2009年至2012年，南丹县先后在乡镇卫生院实施了基本药物制度、基本公共卫生服务和乡镇卫生院综合改革。2010年10月，完成乡

① 资金筹措渠道是农村参加合作医疗的农民每人自筹10元，市县两级财政每人补助5元，自治区财政每人补助5元，中央财政每人补助10元。

镇卫生院综合改革，实行全员竞聘上岗和绩效工资。乡镇卫生院全部配备和使用基本药物，临床用药全部从自治区基本药物采购平台采购，实行零差率销售，乡镇卫生院全部开展基本公共卫生服务。

到2012年底，南丹县基本形成新型农村合作医疗制度与城镇居民医疗保险制度、城镇职工医疗保险制度协同发展的医疗保障制度整体框架，全县城乡居民健康档案建档率达68.5%，免疫规划、妇幼保健、健康教育、慢性病管理等各项工作都取得较好成效。

（三）爱国卫生运动深入开展

1984年，县政府发布《南丹县城镇卫生管理条例》。1985年，县人大常委会通过《城镇市容文明卫生管理规定》。从此，全县爱国卫生运动步入制度化、法治化轨道。规定实施后，成立卫生执法队，配合城建、工商、公安、交通等执法部门组成社会治安综合治理办公室，加强对市容市貌卫生管理与监督，县财政拨出专款购置垃圾车1辆、洒水1辆和小型拖拉机、垃圾桶等，实现垃圾运输机械化，同时建立垃圾处理场1处，雇请清洁工人27名，执法人员5名，在县城建设下水道14条、公厕7处，扶助农村建沼气池979个。至1990年，用于卫生治理投资66.88万元。为推动爱国卫生运动的深入开展，全县还开展了创爱国卫生先进单位活动。

从1984年起，对城乡饮水卫生设施进行重大改造，在县城成立供水站，在农村进行人畜饮水改造工程。1986年至1991年，南丹县用于饮水卫生工程的总投资达533.89万元，县城人民用上洁净的自来水。至1990年底，有10个乡镇所在地用上自来水。2003年，投资655.38万元，完成农村改水工程近100处，受益人口近1万人；投资1143.5万元，完成农村改厕1.8万个，进行两格式改厕2000个。2005年，投资168万元进行粪、尿台分集式（无水式）改厕400个。2004年至2005年，投资23.2万元在7个乡镇12个屯完成改水工作。2006年至2008年，持续实施城乡清洁工程，取得明显成效。

七、实施计划生育国策

1980年，南丹县结合宣传新婚姻法，号召城乡青年实行晚婚晚育。1982年，县计划生育领导小组更名为县计划生育委员会。1983年，县计划生育技术指导局成立。1985年，县计划生育技术指导局改称县计划生育技术服务中心。1988年7月，成立县计划生育协会。年人口出生平均在4000人到5500人，全县进入稳定低生育水平，并于1996年被自治区党委、自治区人民政府命名为“三为主”合格县。1997年，县计生委改称县计划生育局。由于生育率的大幅度下降，人口过快增长的势头得到有效控制。

2000年以后，南丹县计生工作以村为主，工作组入户开展优质服务。2005年2月，县计划生育局改称县人口和计划生育局。2008年，南丹县被河池市列为创建“河池大通道生育文化百里长廊”重点县。至2012年，全县低生育水平保持持续稳定，出生人口性别比控制在正常值范围内，并获广西人口和计划生育工作先进奖和河池市人口和计划生育工作特别先进奖。

第四节　扶贫开发取得显著成效

一、扶贫工作的起步和对瑶苗等民族的救济扶助

1980年，自治区将南丹县列入全区经济不发达的43个县（自治县）之列。1984年，全县农民人均纯收入157.4元，八圩、里湖、中堡三个地区边远的民族聚居区人均不足120元，95%的农户未解决温饱问题。1985年，南丹农民人均纯收入200元以下、口粮不达200公斤的农户有3.09万户16.01万人，占全县农户数的88%、农村人口的80%，是国务院划定的广西28个国家级贫困县之一。尽快改变南丹贫穷落后面貌，切实扶助贫困群众脱贫致富，成为南丹各级组织在改革开放和社会主义现代化建设新时期的历史使命。

（一）扶贫工作的起步

南丹的扶贫工作始于1981年秋。县委、县政府在推行农村家庭联产承包责任制时，就开始注意扶贫工作。1984年，中共中央、国务院下发

《关于帮助贫困地区尽快改变面貌的通知》，南丹的扶贫工作步入正轨，开始了有计划、有组织的扶贫开发工作。同年3月，南丹县成立扶贫工作领导小组及其办公室[①]。1985年1月和3月，相继成立老少边穷地区建设领导小组和山区经济开发领导小组。同时，不断加强对扶贫工作的领导，把扶贫开发工作列入各级党委、政府重要的议事日程。1987年10月，县政府扶贫办公室成立。1990年3月，更名为县贫困地区经济开发办公室。

“七五”时期，全县切实加强领导、动员各方力量抓扶贫，建立健全扶贫责任制，分片包干抓扶贫，动员农村干部党员、团员、青年民兵挂钩扶贫，抓好智力开发，提高劳动者素质。全县共投入资金4239万元用于安排群众发展种植养殖业、建水电站等，用以工代赈资金先后掀起路桥建设、砌墙保土等大会战，修通了一部分村级公路，通过中低产田改造3.4万亩、推广杂优水稻和地膜玉米种植等，新增粮食448万公斤。种植烤烟1.8万余亩，林果种植1.7万余亩，茶叶发展到4800亩，种桑2000余亩，扶贫效果明显。共投入扶贫贷款2625万元，支持10个企业13个项目的建设。

通过实施“深化改革、开发资源、智力脱贫、科技立足”方针，至1990年，全县人均有粮284公斤，比1987年增加33.5公斤；农民人均纯收入401元，比1978年增加150元。全县已解决温饱的人口由1987年的14.1万余人上升到近19万人，在1989年提前一年实现了跨入基本解决温饱县的目标。

（二）对瑶苗等民族的救济扶助

南丹是一个多民族聚居的县份，境内居住着壮、汉、瑶、苗等民族，其中瑶族聚居在八圩、里湖两个瑶族乡，苗族主要居住在中堡苗族乡和月里乡。瑶族、苗族居住地绝大多数为边远石山地区，自然环境较为恶劣，生产生活条件较差，群众生活还相当困苦。

党的十一届三中全会后，南丹县非常重视民族工作，认真贯彻落实党和国家的民族政策，积极帮助瑶、苗等民族加快经济发展。1982年，县政府拨给八圩、里湖2个公社扶贫专款14万元。1984年10月，将八

① 办公地点原设在里湖公社，后改设在县人大常委会办公室。

圩、里湖公社改为八圩、里湖瑶族乡，1985年1月设立中堡苗族乡。1984年，拨给八圩、里湖、中堡3个民族乡37个村发展生产扶持专款7.85万元，扶持376户1991人。

1985年，批给八圩、里湖、中堡3个民族乡278个贫困户无息贷款6.6万元。为培养少数民族干部，先后选送3名少数民族学生到中央民族学院深造，选送290名少数民族干部到自治区少数民族培训班学习，在县内培训122名少数民族青年并吸收进入干部队伍。1990年，全县有壮、瑶、苗、毛南、水等少数民族干部2385名，占干部总数的56.89%。

1980年至1990年，县政府无偿拨给八圩、里湖和中堡3个民族乡发展种养业资金98.07万元、修建道路资金308.52万元、修筑人畜饮水工程资金17.6万元、砌墙保土资金19.4万元、发展教育卫生事业资金53.48万元以及生活救济等款项，共计730.24万元。

此外，还拨给有偿经费288.66万元，让这3个民族乡用于农田基本建设、修建人畜饮水工程、架设高压输电线路和造林、养殖、加工及发展教育、卫生事业等项目建设。大量的资金倾斜投入和项目的实施建设，一定程度上改善了瑶、苗等民族群众的生产生活条件。进入20世纪90年代后，南丹县把对民族地区的救济扶助正式转移到扶贫开发工作上来。

1980年至1990年间瑶族群众投劳献工修通屯道路（南丹县人大常委会办公室供图）

二、“八五”时期和八七扶贫攻坚计划的贯彻实施及“双脱”目标的实现

1991年7月，南丹县出台《关于进一步搞好扶贫开发工作的决定》，提出“八五”期间扶贫开发的两大任务是稳定温饱和脱贫致富①。1992年7月，重点实施以“温饱工程、富民工程、基础设施工程、异地开发工程”为主要内容的“四大工程”。1994年9月，根据国家八七扶贫攻坚计划和上级扶贫部门的指示精神，制定《南丹县八七扶贫攻坚计划》②。1996年，县贫困地区经济开发办公室更名为扶贫开发领导小组办公室。1997年，全县贫困人口由1993年底的8.54万人下降至6800人，经自治区脱贫验收组验收，4大类共15个项目脱贫指标均达到或超过自治区规定标准。验收数据表明，南丹县于1996年已基本实现县级财政脱掉补贴帽、贫困人口基本脱贫的“双脱”目标。1997年11月，自治区贫困县“双脱”（财政补贴脱帽、群众脱贫）工作会议在南丹县召开。

（一）以易地搬迁为主要内容的扶贫开发

实行规模化易地开发是扶贫工作的新形式。南丹县勇于打破常规、敢于探索尝试，根据县情，利用国家政策，大胆引进境外资金，建设贫困户易地开发区，把八圩、里湖瑶族乡和中堡苗族乡部分贫困人口搬迁到六寨、巴定、芒场、罗富等开发条件较好、适宜发展的地方建立新村。

1990年11月20日，国务院扶贫开发办公室相关人员等到南丹县瑶族聚居区进行考察，认为援助发展瑶族人民的易地开发建设项目很有必要。县政府随即建设宣明瑶族新村林场。为让搬迁群众乐于进入新村，

---

① 主要内容是：到“八五”期末，80%以上的贫困户人均年有粮要达到200公斤以上，年人均纯收入400元以上。同年10月召开的县第八次党代会进一步指出扶贫开发要以开发经济、发展生产和改变生产生活条件为主攻方向，逐步解决贫困地区群众的缺粮、缺钱和行路难、饮水难问题。

② 计划从1994年至1996年，用3年时间基本解决全县还有6万多人尚未跨越温饱线（人均纯收入530元以下）问题，让贫困户逐步达到“六有”：有旱涝保收耕地；有稳定的商品基地；有牲畜家禽；有厕所菜地；有遮风避雨的住房；有一至两门专长技术。

1991年12月6日瑶族移民迁入新村途中（南丹县志办供图）

南丹县对搬迁进开发区的群众实行“三免”政策，即免费供应口粮、免费供应一切生产工具和日常生活用品、免费供应林果树苗。1991年12月6日，首批瑶族移民迁入新村，至1993年9月15日第三批迁入，共稳定安置500户2497人。

在建设宣明林场获得成功的基础上，南丹县决定加大易地开发区的建设力度，1993年10月和12月，先后成立拉也扶贫林场和弄纫扶贫林场。至1993年年底，3个开发区共稳定安置1188户5431人。

经过多年的努力，易地搬迁开发区已建成砖混结构的住房753户3.61万平方米，稳固砖墙瓦房435户1.16万平方米，基本解决了安置户的住房问题；修建开通场部四级公路3条45.5公里，修通居民点村屯公路19条146公里，基本解决了交通问题；修建水柜33个、蓄水池27个，可蓄水4670立方米，并修建提水工程1个，架设引水管道40条21.1公里，解决了人畜饮水问题；兴建小山塘水库2座30000立方米，引水渠道11.7公里，基本上满足了生产生活用水需要；架设输电线路14条66公里，安装变压器26台，解决了生产生活用电问题。同时，实施坡地改梯地365.34公顷。实施小流域治理工程1个，确保灌溉面积5.34公顷。兴办小学11所、医疗卫生室4所，建卫星电视地面接收站23座，基本解决了开发区群众看病、看电视和子女入学问题。

开发区的生产生活条件远远优于搬迁户原来的居住地。党和政府的关心帮扶加上优越的自然条件，激发了安置户的生产积极性，在很短的时间内就解决了温饱问题，逐步走上了脱贫致富的路子。

（二）以里湖为主阵地的就地开发温饱试点工程建设

1992年，国家计划投资1.59亿元，安排广西35个石山乡镇综合治理项目。南丹县里湖瑶族乡是列入全区35个石山乡温饱工程试点之一，共下拨资金449.67万元。经过地、县、乡工作组的共同努力，温饱试点工程工作取得明显成效。1995年，全乡工农业总产值达2862.6万元，比1992年增长102%；乡财政收入40.6万元，比1992年增长263%；农民年人均有粮334.5公斤，年人均现金纯收入752.38元，分别比1992年增长32%和122%；全乡共有1.13万人解决温饱问题。到1996年，全乡共封山育林18381.73公顷，占计划任务的140%；工程造林完成958.4公顷，占计划任务的143%；水果种植完成552.73公顷，占计划任务的214%；砌墙保土完成227.93公顷，占计划任务的113%；人畜饮水工程完成157处，解决12327人的饮水困难问题，分别占计划任务的135%和130%；省柴灶完成3521个，占计划任务的140%；完成种植经济作物1054.47公顷，占计划任务的316%；举办实用科技培训班163期，先后培训13423人次；筹集资金架设高压输电线路10公里，解决300户农户照明用电难问题；修筑乡村公路6条24公里，并扩建了里湖、仁广、岜桃3个集贸市场。

1996年6月，里湖瑶族乡温饱试点工程率先通过自治区验收，扶贫开发项目被评为良好，名列全区35个试点乡第二名、河池地区第一名。

（三）以解决“两缺两难”为中心的扶贫帮困开发和成效

在抓好里湖瑶族乡温饱工程试点的同时，全县面上的扶贫开发工作也全力展开。县委、县政府动员全县共产党员和各级干部以扶贫为己任，把扶贫工作作为经济建设中的一项中心任务，重点以改善贫困地区生产生活条件为突破口，有计划地实施就地扶贫开发、创办股份制扶贫企业、扶贫经济实体，集中力量全力打好扶贫攻坚战。

根据地理和气候条件适宜种植烤烟的实际，南丹县决定大力发展烤烟生产，力争“八五”期末烟叶产量达到300万公斤。同时，1993年12月，南丹县决定兴建以罗富乡基地为主的10万亩银杏基地，以此带动继续抓好林果开发，大面积种植用材林和以油桐、板栗、银杏、柿子、李子、柑子为主的经济林果，在几个贫困乡实施每人种植十株树的基础工程。在有条件的地方进行连片开发，形成生产基地。采用“公司+基地+农户”的形式，建设林、烟、果、茶、辣五大支柱产业和生产基地，吸收贫困户参与开发，以基地连接千家万户，形成规模经营，使贫困户在项目开发中受益。

在扶贫形式上，南丹县从1995年开始推行机关单位包村、干部及农村党员联系贫困户制度，实行一定三年不变的领导负责制，要求副科级以上的领导干部每人联系3户以上的贫困户，与他们结成帮扶对子，为他们传授一门实用技术、找到一条致富路子。当年全县共有270名副科级以上领导干部与867户贫困户结成帮扶对子。同时，从县直机关抽调干部组成农村扶贫工作队与乡镇、村挂钩扶贫，开发当地资源，抓好项目建设。为解决生产、生活条件较差的大石山区贫困农户找到生产生活出路，全县创办11个龙头扶贫股份制企业，让贫困户成为股东；1994年，全县扶贫企业完成总产值260万元，实现利润72万元，上缴税金20万元；1995年完成总产值330万元，实现利润50万元，上缴税金50万元。1995年，在原有62个面上经济实体的基础上又新增扶贫经济实体49个，覆盖贫困户2069户，其中规模养殖200只以上的养羊场9个，存栏山羊4200只。1995年12月，在自治区扶贫经济实体研讨会上，南丹县的经验向全区推广。

在扶贫工作中，南丹县还注重内外力结合。“八五”期间，南丹县利用以工代赈等各项扶贫资金2326.14万元修建四级公路9条2166公里，机耕路11条21487公里，解决了6个乡53个行政村7.5万人的交通运输难问题；修建人畜饮水工程141处，蓄水堤76197立方米，解决了6.32万人3.68万头牲畜的饮水问题；完成砌墙保土14499面，坡改梯2520亩，造田造地108亩，改造中低产田149100亩；修建水利工程15处，新增和恢复灌溉面积3675亩，使全县水利灌溉面积增加8万亩；扶持贷款群众种植林果8000亩，兴办66个林果经济实体，种植林果40817亩，带动扶持贫困户1442户。

到1995年，全县贫困面大幅度减少，贫困人口由1990年年底的11.55万人减少到2.53万人，5年解决8.03万人的温饱问题，每年解决近

2万人的温饱问题，相当于“七五”期间解决温饱人数的两倍。全县农民人均纯收入从1990年的401元提高到1059元，按自治区下达的小康“十条标准”，南丹县已有70%左右的家庭接近小康水平。

（四）八七扶贫攻坚计划的推进和成效

八七扶贫攻坚计划由八七卫生扶贫攻坚计划、八七教育扶贫攻坚计划、八七广播电视扶贫攻坚计划组成。南丹县坚持就地开发与异地开发相结合，加强基础设施建设，解决人畜饮水困难，同时改变文化、教育卫生的落后状况，做到基本普及初等教育，尽量扫除青年文盲，大力发展职业教育和技术培训，集中力量打好攻坚战，大力发展区域性支柱产业，抓好贫困山区综合开发。1994年至1997年，全县易地安置2400户1.2万人，解决温饱6万人。至2000年，人工造林1.47万公顷，种植桑蚕0.47万公顷、白果2万公顷、柿子0.13万公顷、板栗1.13万顷；人均纯收入从1992年的523元发展到2000年的2000元，人均口粮284公斤到300公斤；人畜饮水工程48处8300立方米，砌墙保土0.2万公顷，水利工程87处，输电工程120处273公里，改造中低产田0.27万公顷。南丹县实施八七扶贫攻坚计划至2000年结束，基本达到预期目标。

三、巩固“双脱”成果的扶贫开发

南丹县在1997年实现县级财政脱掉补贴帽、贫困人口基本脱贫的“双脱”目标后，继续保持扶贫开发力度，通过小额信贷、沼气池建设、水柜大会战、茅草房改造、村级公路大会战、“四通五有”工程、生态小康村建设等形式，完善了一大批农村基础设施，使农民收入大幅增加。2002年，国家扶贫政策对革命老区更为倾斜优惠。同年2月，国务院扶贫办仍将南丹列为国家扶贫开发工作重点县。此后，南丹县深入组织实施《中国农村扶贫开发纲要（2001—2010年）》，全力以赴抓好资源整合“整村推进”扶贫开发、贫困村特色优势产业开发，全县农村基础设施建设得到明显改善，主导产业规模不断扩大，农村生态环境有效好转，科技、教育、文化、卫生事业加快发展，南丹贫困面貌发生了根本性的变化。2002年至2012年，全县贫困人口数量减少6.2639万人，贫困发生率降至25.5%，低于河池全市平均水平。

1998年茅草房改造后的里湖瑶族乡怀里村（南丹县人大常委会办公室供图）

（一）实施茅草房改造工程

1995年底，全县还有5504户农民居住茅草房。1997年开始，南丹县将茅草房改造工作列为全县扶贫攻坚的主要任务之一，县财政配套50万元、扶贫股份制企业拿出50万元，由县扶贫办实施。1998年8月，成立县茅草房改造建设大会战指挥部，当年共投入资金666.56万元，改造茅草房4447户，面积31.18万平方米。

1999年4月，南丹县茅草房改造工作通过自治区、河池地区的验收，并在巴马召开的自治区扶贫会议上作经验介绍。

（二）实施村屯公路建设大会战

1998年3月，为解决全县28个村不通车问题，南丹县成立村级公路建设大会战指挥部，修建村级公路26条共计270.22公里，2000年1月验收竣工。大会战总投资超过920万元，总补助资金510万元，县财政拨款购买26台农用车用于公路养护。2001年初，开始实施300个屯通道路建设大会战，河池地区下达任务230个屯，南丹县决定增加70个屯。至2003年底，共修通屯级公路300公里。2002年至2005年，新建和改扩建乡村四级公路19条113.5公里，解决或改善了3095户15699人的交通难问题。至此，县内贫困区域的落后面貌得到明显改观。

2006年至2010年，全县共投入财政扶贫基础建设资金3013.8万元，修建通村公路8条45公里，通屯道路98条248公里。2012年，新实施农

1998年实施村屯公路建设大会战后八圩瑶族乡朝房村黄金坳通往七圩的乡村公路（南丹县志办供图）

村四级水泥路5条44.3公里，新修通87个屯的屯级道路205公里。

（三）实施饮水工程和沼气池等基础设施建设

根据河池地委、行署《关于进一步加强水利建设的决定》，南丹县于1997年11月开始组织实施1万座家庭水柜大会战，当月成立指挥部。至1998年5月，完成家庭水柜7058个、地头水柜4048个，解决5.3万人、4.8万头牲畜的饮水难问题。参与建柜人数3.04万人，县乡补助投资396万元，用水泥8630吨。2003年，投入财政扶贫资金22万元，修建3个村屯引水工程，解决310户1194人饮用水难问题。2004年至2005年，共投入财政扶贫帮困资金74万元，修建饮水工程11处，解决1426户7119人的饮用水难问题。2010年4月，广西人畜饮水工程大会战南丹项目在六寨镇壮里村拉骂屯启动，至8月6日结束，竣工867个家庭集雨水柜，完成集中供水工程11处，完成投资2945.8万元，约有6000群众的饮水难问题得到解决。

2012年，新建成农村饮水安全项目102处，解决1.95万人饮水困难问题。同时，1999年至2002年，全县农村还建设沼气池12500个，有效改善了农村生态环境，部分村屯开始走上一条养殖—沼气—种植良性循环、高效农业的发展路子。2002年至2009年，全县建成沼气池4571座，完成任务率100%，并通过了自治区、市两级验收。至2010年底，全县农村沼气池入户率达31.5%。

（四）实施“百万瑶鸡”工程

1998年，南丹县作出实施“百万瑶鸡”工程的决定，把建设发展“百万瑶鸡”工程作为南丹“以农富民”的重点项目。1999年秋，“南丹县百万瑶鸡工程项目”启动，在里湖瑶族乡红星河拐枣坳处兴建南丹百万瑶鸡工程项目瑶鸡养殖示范场。此后，先后有区内外客商落户南丹建立起规模在1万羽以上的养殖场15家，年养殖瑶鸡20多万羽。他们既是养殖户，又是经销商，所养瑶鸡基本组织外销至贵州、广东、湖南等地。2000年，南丹县被中国特产之乡推荐暨宣传活动组织委员会授予“中国瑶鸡之乡”称号。2003年8月，南丹瑶鸡获“广西优质品牌鸡”荣誉，全县瑶鸡饲养量达486.5万羽，出栏351.3万羽，实现销售收入7026万元，创造利润1405.2万元，让全县农民人均新增收入83.64元。2005年8月，南丹县瑶鸡饲养技术培训基地一期工程建成并投入使用，二期工程于2006年10月建成投入使用，基本形成瑶鸡生产“基地+农户”发展格局。2007年，全县瑶鸡饲养量达659.82万羽，出栏527.45万羽，实现产值1.08亿元。2008年4月至12月，南丹县利用已获得国家批复兴建的瑶鸡种鸡场扩建项目的机遇，对种鸡场的基础用地和设施全面进行扩建和功能改造，共扩建种鸡舍4420平方米，投入资金150余万元，现存栏种鸡2万羽，年鸡苗生产能力达200多万羽。至2012年，南丹县通过组建养鸡合作社，采取“公司+基地+合作社+养殖户”的养殖发展模式，有力带动全县瑶鸡产业的升级，为实施新一轮扶贫攻坚、推动农户增收打下了基础。

（五）实施小额信贷扶贫

1997年，广西开始推行小额信贷扶贫工作。1998年2月，南丹县小额信贷扶贫协调领导小组成立，负责小额信贷扶贫的计划、组织、实施、管理、指导、协调、监督等工作。1999年2月，县扶贫经济合作总社成立。同年6月，各乡镇分别成立小额信贷扶贫分社，各村成立小额信贷扶贫中心。1999年上半年，在小场、芒场、车河、六寨等乡镇开展试点，实行按周还款的运作方式。同年6月起，全县开始全面推行小额信贷按月还贷扶贫模式，当年投放贷款556.7万元，回收贷款176.14万元。2000年，新增投放贷款653.46万元，回收贷款546.72万元，全县小额信贷扶贫工作在全区名列榜首。9月，自治区人民政府在南丹县召开全区扶贫工作会议，总结推广南丹经验。

从2005年开始，扶贫贴息贷款方式改革，南丹县扶贫贷款和贴息对象确定为贫困农户，不包括非贫困的个体经营户、示范户和能人大户等，县财政只对发展生产的贷款项目进行贴息[①]。按照农户项目实际需求发放贷款，不下达指令性指标，不追求进度。小额信贷扶贫贴息到户工作，涉及烤烟生产、碾米加工、瑶鸡养殖、茶叶种植低改和冰梨、黄腊李、核桃、猕猴桃种植等20多个项目。2005年，全县投放贷款规模1248.8万元，2745户受益。2006年至2012年，全县投放贷款规模8610余万元，财政贴息330余万元，1.2万余户贫困群众受益。通过小额信贷扶贫贴息到户工作，南丹县的农业支柱产业有了长足的发展，受贷款贫困农户户均年增收300元以上。

（六）巩固和完善易地安置场

2003年9月28日，南丹县扶贫开发领导小组办公室将易地安置开发区宣明瑶族新村林场、拉也扶贫林场、弄纫扶贫林场分别移交给巴定乡、芒场镇、罗富乡政府管理。从2004年起，南丹县除抓好三个扶贫林场农业生产外，重点抓好易地安置场巩固和完善项目的申报工作。主要有5个方面：支柱产业开发1797亩，投入资金12.75万元，受益425户1431人；道路建设任务6条，17.5公里，独立桥涵各一座，投入资金55.19万元，受益1813户7373人；建人畜饮水工程7个，投入资金14.66万元，受益304户1166人；架输电线路2条5公里，投入资金4.5万元，受益90户306人；建农田灌溉工程1处，投入资金3.1万元，灌溉面积30亩，受益农户15户42人。到2010年底，共投入易地安置巩固完善资金158.4万元，新改扩建屯级路5条17公里。历年易地安置场点基础设施不断得到巩固完善，生产水平不断提高，移民安置群众安居乐业。

① 贴息期限最长为一年，不到一年的，依贷款时间据实贴息。贴息标准单户最高限额为10000元，在贴息期内按年利率5%的标准给予贴息，每户最高贴息额为500元。县扶贫办、财政局共同审核后，财政局将贴息资金拨给县扶贫开发办，县扶贫开发办的小额信贷股和乡镇扶贫助理直接向贫困贷款农户发放贴息。

（七）实施“整村推进”扶贫开发

2005年至2011年，南丹县分三批开展贫困村“整村推进”工作，并通过区、市、县级验收。2006年，县财政投入360万元用于该项目，首批选取36个贫困村建人畜饮水69处64座3960立方米，水管12万米，解决3224户饮水难问题，建屯路12条41公里，解决813户2940人行路难问题，县财政投入每个村10万元解决水、电、路等。2007年，完成首批“整村推进”36个贫困村验收，其中以24个村优秀、10个村良好、2个村合格的优良成绩圆满通过验收。在此基础上，南丹县扎实做好第二批24个“整村推进”扶贫开发工作，共规划开发49个项目，完成33个项目动工，投放资金136万元。同时积极筹措资金337.84万元，扶持种养项目4个，修建村级路5条49.67公里，建成沼气池600座、人畜饮水工程8处，修建村小学9所，扶持贫困户942户。2009年至2011年，用两年多时间对全县第三批24个村403自然屯、7962户34243人实施“整村推进”工作，共修通村四级砂路或水泥路4条24公里，投入673.3万元，受益群众1259户5334人；修通屯级路54条117公里，投入1015.8万元，受益群众2296户9643人；实施人饮困难自然屯43个，受益群众2167户9101人。

（八）积极落实对口帮扶

2000年10月，南丹县与广东省东莞市桥头镇结成对口帮扶对子，南丹县访问桥头镇主要是作扶贫帮扶情况汇报、文艺演出，以及进行劳务输出考察；桥头镇多次到南丹的里湖、八圩、城关、吾隘等地做扶贫帮扶考察，次年南丹县获得帮扶资金45万元。至2002年8月，双方互访5次，桥头镇向南丹捐款物共折合人民币120万元，完成小学危房改造工程1个，建成综合教学楼1栋，捐赠医疗器械1批，建成人畜饮水工程2个，帮助贫困学生100名，接收劳务输出人员1001人。2002年至2007年，南丹县共获东莞市及桥头镇帮扶资金420万元，建设项目28个，资助贫困生继续上学240人。建设教学综合楼10栋4703平方米，改善2459名学生学习条件和12名教师住宿条件。修建村屯道路3条25公里，解决1633户7350人行路难问题。帮扶“整村推进”扶贫开发建设项目10个，投入资金48万元，受益1083户4725人。2008年至2012年，获东莞市及桥头镇帮扶资金610万元，2010年实施芒场镇拉希村“整村推进”示范

东莞市桥头镇援建的里湖瑶族乡仁广小学教师宿舍楼外景（南丹县志办供图）

村、芒场镇拉麻村小学综合楼、中堡苗族乡拉晒屯24户灾后民房重建、里湖瑶族乡王尚屯新农村建设等4个项目；2011年实施城关镇洞湖屯"整村推进扶贫开发示范村"项目，建设内容包括文化室、产业开发、屯内巷道硬化、路边排污沟修建等；2012年实施吾隘镇更者屯改造项目，建设内容包括文化室、产业开发、集中供水、挡土墙、篮球场等。

此外，2003年起，自治区国土资源厅、信息产业局、交通管理局等3个部门与南丹县结成帮扶对子，2003年至2012年，自治区国土资源厅共选派9名副处级干部到南丹县挂职担任副县长。其间，自治区国土资源厅、信息产业局、交通管理局帮助南丹县兴建了一批人畜饮水、教育基础设施、村屯道路等基础设施工程，改善了贫困群众的生产生活条件。

第四章

建设新时代 幸福南丹

（2012年11月至2020年12月）

党的十八大以来，南丹县坚持以习近平新时代中国特色社会主义思想为指导，大力实施“全力打造‘四县一基地’和稳步推进‘三县’建设”“生态优先、工业强县、农业稳县、旅游活县”“三区二城一县”“三千三百五城”等发展战略，坚持一张蓝图绘到底、一任接着一任干，夺取了脱贫攻坚战的全面胜利，实现了和全国、全区同步全面建成小康社会的奋斗目标，踏上了新时代南丹高质量发展的历史新征程。

第一节 全面从严治党新要求的贯彻和社会主义民主政治建设的发展

一、中央八项规定的贯彻执行

中央八项规定是党的十八大后制定的第一部重要党内法规，也是改进工作作风的一个切入点。根据党中央、自治区党委和河池市委实施细则规定，南丹县于2013年制定、出台相关实施细则，全县共建立《加强公务活动管理的有关规定》《禁止党和国家公职人员大操大办酒席规定》等制度19项，开设落实中央八项规定专栏100余处。2014年10月，南丹县进一步细化完善相关规定，出台《南丹县进一步深化落实中央、自治区、河池市、县委关于改进工作作风、密切联系群众的有关规定》等制度，提出了十大方面37条更严、更细、更具体的作风建设要求，制定了公务活动管理规定、差旅费管理办法等具体配套制度。

在贯彻落实中央八项规定中，南丹县坚持把纪律挺在前面，不断强化执纪问责力度，严肃查处和曝光典型案件，全面形成高压态势。2012年至2016年，开展了机关工作纪律、基层干部“走读”、“三公”经费、公务用车、办公用房、领导干部违规多占政策性住房、私人会所中的歪风、会员卡清理等30余项整治行动，立案查处违反中央八项规定精神问题33起，给予党政纪处分36人。党的十九大后，南丹县加强对落实中央八项规定及其实施细则精神情况的监督检查，紧盯重要时间节点和四风隐形变异新形式新动向，共查处违反中央八项规定精神问题76起，查处并问责形式主义、官僚主义问题126人，对违规吃喝和违规发放津补贴的29名领导干部给予党纪政务处分，干部作风得到切实加强。

二、人民代表大会制度实践的深化

2012年12月至2020年12月，县人民代表大会及常务委员会历经第十五届至第十六届，每届任期5年，其间更迭常务委员会主任2人、县长2人、监察委员会主任1人、法院院长1人、检察院检察长3人。县人民代表大会及常务委员会于2016年5月开始实行宪法宣誓制度，并健全完善了会议票决、颁发任命书、任职宣誓、廉政教育等工作机制，依法组织常委会任命的国家工作人员在就职时进行宪法宣誓。

2018年起，公职人员监督对象由“一府两院”拓展为“一府一委两院”，有力推动了全县依法行政、依法监察和公正司法的水平。从2019年开始，用两年时间组织全县各级人大代表开展“脱贫攻坚产业发展我先行”活动，先后成功创建12个县乡人大代表脱贫攻坚产业发展示范基地。2019年11月，结合“人民选我当代表，我当代表为人民”主题，积极推进人大代表“混合编组、多级联动、履职为民”工作。2020年底，县人民代表大会设财政经济委员会、法制监察和司法委员会、社会建设

2016年11月16日南丹县人大常委会举行的宪法宣誓仪式现场（南丹县人大常委会办公室供图）

委员会等3个专门委员会，常委会设办公室、选举联络工作委员会、教育科学文化卫生与民族工作委员会、农业农村与环资城建工作委员会等3个工作委员会以及常委会办公室管理的财政全额拨款公益一类事业单位——人大代表履职服务中心。2020年12月，以“追寻初心足迹 续写时代华章”为主题，成功举办县人民代表大会设立常务委员会四十周年纪念活动。

三、人民政协事业的拓展

2012年12月至2020年12月，政协南丹县委员会历经第八届至第九届，每届任期5年，其间更迭主席2人。2020年9月起，政协南丹县委员会党组增设1名副书记，由县委统战部部长兼任。县第八届、第九届政协履职期间，围绕加快新型工业化、脱贫攻坚与乡村振兴有效衔接、现代特色农业示范区提质升级等重大问题，提出许多有价值、可操作的意见和建议。同时，注重提案办理质量，通过领导督办、会议督办、现场督办等方式，不断完善提案交办协商、办理协商、办后协商等各个环节的工作流程，加大办理力度，提案沟通率、答复率均达100%，推动一大批有关发展和民生问题有效解决。注重从党政所思、群众所盼、政协所能出发，认真开展委员视察和反映社情民意信息工作，就六河高速公路南丹段建设等课题组织开展30余次监督性的委员视察活动，组织近100名委员参加各类民主评议、听证问政等监督评议性会议。自身建设不断加强，增设文教卫体和民族宗教委员会，成立11个乡镇政协联络工作站。2020年底，县政协设有办公室、提案法制委员会、外事联谊和文化文史学习委员会、科教卫体和民族宗教委员会、农业农村和经济委员会5个正科级常设机构。

四、民族团结进步事业的发展

2012年，南丹县先后成立民族工作委员会和民族团结进步模范县建设工作领导小组，建立民族工作专家顾问、民族关系协调员、民族工作信息员三支队伍，制定出台《南丹县推进民族团结进步模范县建设实施方案》等文件，提出2012年至2016年推进民族团结进步模范县建设的目标、任务、工作内容和措施等。2013年冬开始，南丹县逐年投资硬化七圩到八圩、立坳到甲坪的通村公路。2014年，八圩、里湖、中堡3个少数民族乡列入全区少数民族乡示范建设项目，并投资4500万元打造里湖民族风情小镇，同步争取和筹集资金2000多万元实施八圩公共文化广场建设工程、中堡政府所在地人居环境改造等22个项目。2014年11月26日和12月19日以及2015年11月23日，里湖瑶族乡、八圩瑶族乡及中堡苗族乡相继举办30周年乡庆活动，中堡苗族乡政府被国务院评为“全国民族团结进步模范集体”。

2016年开始，南丹县扎实开展民族团结进步创建“六进”（进机关、进企业、进学校、进乡镇、进社区、进村屯）活动，深入推进民族团结进步宣传教育活动月和“党建+感恩教育”、“移风易俗”十大行动、“以文兴旅”十大行动。2016年10月，自治区交通厅投资2700万元对小场至关西，瑶寨、甲坪、八圩、六卡连接高速公路出口的泥砂石路面实施水泥硬化。至此，瑶族聚居区29个建制村实现村村通水泥路。2017年，筹措资金13.7亿元分别实施乡镇分散安置点、县城集中安置点和“千家瑶寨·万户瑶乡”易地扶贫搬迁旅游开发安置点等3个项目，将近2.3万名各族贫困群众从“一方水土养不起一方人”的偏僻山弄搬迁到交通便捷、生活便利的新区。2018年底，自治区投资4亿元修建的南丹经里湖至贵州荔波瑶山乡的二级路建成通车。

2018年拍摄的南丹经里湖至贵州荔波瑶山乡的二级路及“千家瑶寨·万户瑶乡”易地扶贫搬迁旅游开发安置点（南丹县志办供图）

2019年，南丹县提出创建“全国民族团结示范县”的目标，统筹全县力量推动民族团结和睦、经济发展、社会进步，获“广西民族团结进步示范县”。“十三五”期间，全县争取到上级民委各类民族专项资金2095万元，扶持项目39个，各级各部门投入资金30多亿元实施基础设施、产业发展、民生保障等项目。至2020年底，占全县总人口75.9%的24.3万名少数民族同胞在全面小康路上“一个也没有少、一个也没有掉队”。全县有46个单位50人次获得各级各类民族团结进步事业的表彰，获命名为中国少数民族特色村寨5个、广西民族特色村寨1个。

五、爱国统一战线的加强

党的十八大以来，南丹县持续加强爱国统一战线工作，吸收党外进步人士为人大代表或政协委员，鼓励党外代表人士、工商联和无党派知识分子为发展南丹各项事业建言献策。2013年至2020年，县人大常委会、人民政府、政协班子成员均有至少1名无党派或民主党派人士担任副职，部分县直部门主要领导及各乡镇政府班子成员也由一定比例的无党派或民主党派人士担任。同时，南丹县高度重视非公有制经济领域统战工作。“十二五”期间，非公企业的党组织建设和党的工作实现“双覆盖”，处于河池市领先水平，南丹南方金属有限公司（以下简称南方公司）、广西丹泉集团实业有限公司（以下简称丹泉集团）等被评为“全区百家非公企业党建强优企业”。2018年，南丹县在河池市率先成立新的社会阶层人士联谊会。至2019年12月，全县私营企业数1981户、从业人数7749人、注册资本79.2亿元，个体工商户数1.3万余户、从业人数3万余人，注册资本9.4亿元。2020年，全县注册有南丹湖南商会、浙江商会、福建商会、安徽商会等4个异地商会和南丹旅游协会、花卉协会等5个行业协会，会员企业及会员遍及农业综合开发、交通运输、建筑、商贸、旅游、餐饮等各行各业。同年，南丹县利用统战优势，组织企业深入开展疫情防控捐赠、助力脱贫攻坚等活动，募集抗击疫情款物500万元，15家民营企业被评为自治区抗击疫情先进单位。南丹县全力支持民营企业发展，解决融资难等问题，成功创建“广西民营经济示范县”。南丹县还不断强化港澳台、海外统战工作的提升，做好县内台胞台属、归侨侨眷服务，引进台资、侨资发展南丹各项事业。

六、基层群众自治制度的完善

2013年9月，县政府将宣明、拉也、弄纫3个林场改为村，设立村民委员会，并对涉及跨乡镇的区域界限进行区划调整。10月，宣明、拉也、弄纫3个村分别正式移交六寨镇、芒场镇和罗富乡管理。2014年，村级“两委”换届，全县151个建制村（社区）全部选举产生村务监督委员会，实现村务监督委员会全覆盖，村务监督形式日渐丰富，基层民主作用充分彰显。2016年1月，自治区人民政府批复同意罗富乡由乡建制改为镇建制，所辖行政区域、隶属关系、政府驻地均保持不变。

2017年6月至7月，南丹县作为自治区县乡换届观察点和河池市县乡换届试点，创新采取“三推三审三公开五步法”和“两公示一公开”、“一推一选”的办法推选乡镇党代表和县级党代表。11个乡镇和151个村（社区）民委员会进行换届选举，全县选民23.3万人，参加投票选举16.2万人，最高参选率95%、最低86%。村民依法直接差额选出第八届村委干部671人，74个2000人以下的村（社区）党组织书记和村（居）委会主任基本实现“一肩挑”。同时，任期由原来每届3年调整为5年。

2019年9月，在县城易地扶贫安置点设立城关镇幸福社区、王尚易地扶贫安置点设立里湖瑶族乡朵努社区，八圩、瑶寨易地扶贫安置点分别设立八圩瑶族乡结拉社区和团结社区。同年10月，城关镇幸福社区、

2017年5月15日车河镇八步村第八届村民委员会换届选举大会现场（南丹县委宣传部供图）

里湖瑶族乡朵努社区以及八圩瑶族乡结拉社区、团结社区全部完成居民委员会成员的选举工作。

2020年12月，全县155个村（社区）“两委”换届选举工作正式启动，依法直接差额选出第九届村（社区）“两委”干部689名，155个村（社区）100%实现党组织书记和村（居）委会主任“一肩挑”。

七、县委全面领导的加强

2012年12月至2020年12月，中共南丹县委历经第十三届至第十四届，每届任期5年，其间更迭县委书记4人。2012年以来，全县上下围绕县委确定的战略目标，接续奋斗，解决了一系列困扰南丹改革发展稳定的历史遗留问题，办成了一大批多年想办而未办成的实事好事，开创了风正劲足、蒸蒸日上的发展新局面。

从2015年开始，县委每年召开会议，专门听取县人大常委会、人民政府、政协、人民法院和检察院党组的工作汇报。2018年，南丹县将县委巡察领导小组办公室作为党委工作部门和县委巡察领导小组的日常办事机构，设立县委巡察组4个，县委巡察组成员根据巡察工作需要，在每轮巡察中可临时从相关部门抽调，按照“一次一任命、一次一授权”

的原则任命巡察组成员。2019年3月，南丹县进一步建立健全和优化县委对重大工作的领导体制机制，组建县监察委员会，将县委全面深化改革领导小组改为县委全面深化改革委员会，县机构编制委员会改为县委机构编制委员会，组建县委全面依法治县委员会、审计委员会、网络安全和信息化委员会、教育工作领导小组、农村工作领导小组、国家安全委员会等县委议事协调机构。

党的十八大以来，南丹县先后在全县各级党组织和党员领导干部中开展党的群众路线教育实践活动、“三严三实”专题教育、“两学一做”学习教育、“不忘初心、牢记使命”主题教育等。经过主题教育的锤炼，广大党员干部与人民心心相印、同甘共苦、团结奋斗的赤子情怀进一步增强，人民群众切实感受到了新成效、新变化。

第二节　供给侧结构性改革的推进和经济向高质量发展的转变

一、工业产业的转型升级

2012年以来，南丹工业经受住了经济下行、有色金属价格持续低迷、自然灾害多发频发等重重考验。县委、县政府围绕“强龙头、补链条、聚集群”，推进工业多元化、规模化、品牌化发展，规模以上工业总产值、增加值由2012年的71.98亿元、28.11亿元增加到2020年的171亿元、52亿元，工业经济综合实力持续保持位居河池首位、广西前列。

（一）工业多元化的协调发展

2012年，南丹县在继续深化发展有色金属深加工产业的同时，持续做大做强酿酒产业，继续推进水电建设，大力发展水泥、精细碳酸钙加工、饮用水等项目，向着“转方式、调结构、扩总量、提质量”目标不断迈进。2013年，全县有色金属企业新增复产4家，淘汰落后产能2家，有序退出8家，共整合为15家，南星公司完成实质性改制。全县大力推进一批白酒、水电、碳酸钙、建材等重大项目建设，丹泉酒业生物工程科技园、联丰公司年产30万吨精细碳酸钙、九龙公司年产60万吨水泥粉磨等项目竣工投产。2014年，丹泉藏酒洞工程竣工，联丰公司碳酸钙产业实现终端产品试产，南方公司、丹泉酒业分别荣获河池市首届“市长质量奖”。2015年，丹泉酒业白酒全年总产值26亿元，洞天酒海正式开放，形成工业与旅游业联动发展的新格局。2016年，南方公司锑银多金属综合回收、锌铟技术改造扩建工程原料变更等项目竣工投产，产业转型成效在《人民日报》头版头条刊发。2017年，自治区党委、政府出台《关于加快县域经济发展的决定》后，南丹县围绕“强龙头、补链条、聚集群”，全力推进工业多元化、规模化、品牌化发展。南方公司次氧化锌和3万吨锡冶炼项目加快推进，锑银多金属综合回收项目竣工投产，公司年总产值和销售额均突破百亿元，成为河池首家百亿元企业。科源公司年产30万吨碳酸钙深加工项目、联丰公司PVC高分子板材项目试产运行，丹泉酒业品牌影响力、高端酒销售收入全面提高。2018年，涉重金属企业重组优化，最大限度释放产能，金丹公司成功转型。丹泉酒业具备年产8000吨高档酱香白酒能力，产能位居全国前三，品牌影响力不断提升。东泰公司碳酸钙无机粉体（一期）、博采公司25万吨精细碳酸钙（一期）、虎鹰公司年产60万立方米商品混凝土搅拌站等项目竣工投产。建材行业具备年产60万吨水泥、120万吨精细碳酸钙能力。电力行业总装机容量达14.6万千瓦。2019年，南方公司、正华冶炼厂等企业顺利完成电力市场化交易注册手续，工业用电成本平均降低10%。东泰公司碳酸钙超细粉体等项目投产运行，南方公司跻身2019年广西民营企业100强第三位，丹泉酒业跃居2019年中国白酒企业竞争力200强第43位和酱香酒产能第3位，成为桂酒新航母、广西新名片。

2019年12月15日在南丹举办的桂酒高峰论坛现场（南丹县志办供图）

2020年，非有色金属产业不断壮大，逐步成为新的经济增长点。南丹县实施振兴桂酒百亿丹泉工程，酱香型丹泉酒系列产品产业化项目竣工投产，产能达1.5万吨。丹泉集团成为“振兴桂酒”标杆企业，年度纳税突破2亿元，全区振兴桂酒产业发展大会在南丹召开。南方公司、丹泉集团荣登2020广西民营企业100强的第2名和第62名，分居广西民营企业制造业100强的第2名和第30名；南方公司跃居中国民营企业500强第395名。国瑞公司一期年产30万吨碳酸钙粉体项目、虎鹰公司年产80万吨水泥粉磨站等项目竣工投产。华锡集团、正华冶炼厂、东泰公司等企业一批重大项目相继建成投产，逐渐形成集群、集聚发展态势。

（二）新型工业化道路的探索

2012年龙江河突发环境事件后，南丹县以有色金属企业环保整改为基点，推动工艺和装备不断更新升级，持续探索具有南丹特色的新型工业化道路。同年，华锡集团车河选矿厂、泰星公司获批国家地方联合工程研究中心。2013年，全县申报获得节能、技改专项扶持资金919.3万元，南方公司、泰星公司分别被认定为国家高新技术企业、广西创新型企业。2015年，南方公司通过实施一批转型升级技改项目，成为全区、全市有色金属产业转型升级标杆性企业。

2016年，南方公司、丹泉酒业代表广西顺利通过国务院质量考核验收，广西民营企业创新驱动绿色发展提质增效现场会在南丹召开。同年，企业降费减负工作取得重大突破，首次通过电力直接交易，获优价电量

2019年拍摄的南方有色金属集团有限公司厂区（南丹县志办供图）

10亿多千瓦时，节约成本1亿多元。2017年，与中科院、中南大学等15家科研院校搭建产研基地、千亿元产业研发中心等平台，强力提高工业经济发展质量，全县工业呈现出企业规模更大，产品质量更优，发展动力更足的良好局面。2018年，南丹县出台《南丹县工业高质量发展决定》等文件，引进专业技术人才262名，全县规模以上万元工业增加值能耗低于上级范围指标5.9个百分点。2019年，南丹县出台《南丹县工业企业高质量发展财政奖补暂行办法》《南丹县2019—2021年度丰水期鼓励县属工业企业增产用电办法》等政策措施。2020年，全县新增规模以上工业企业8家，总数达35家，居河池第一。

（三）园区经济的快速崛起

2013年，河池·南丹工业园区实现工业总产值101.26亿元，成为河池市首个突破"百亿元"的工业园区，并被列为自治区级清洁化示范园区。同年5月，南丹县以六寨镇至城关镇210国道及二级路沿线可利用土地，建设"带状"的龙马工业园区，规划总面积为10.3平方公里，一期控规3平方公里，其中规划碳酸钙产业园0.86平方公里，定位以碳酸钙为主导产业，以建材、食品加工（黄酒）、木材加工、农副产品加工及综合物流等为重点，并设立龙马工业园区管理委员会（财政全额拨款正科级事业单位）。龙马工业园区实现"当年规划建设、当年引进项目、当年竣工投产"，共进驻规模以上企业3家、竣工投产2家。2014年，河池·南丹工业园区工业总产值达108.26亿元，"百亿元园区"发展成果得到巩固，是河池工业产值最多、贡献最突出的园区，并被列为"广西产城互动试点园区"。同年，龙马工业园区总体规划、控制性详细规划及环境影响评价等前期工作完成，入驻企业增加到4家。2016年，县政府下文在龙马工业园区加挂县建材扶贫产业园牌子，为一套人马两块牌子。同年，河池·南丹工业园区和基础设施不断完善，交通路网、供水管网、综合管理信息平台等得到较大提升。2017年，河池·南丹工业园区加快推进提质升级，大力发展科技创新和循环经济，"废水、废气、废渣"实现综合循环利用，废水的循环利用率达94%以上，尾气排放浓度远低于国家标准，被国务院环保督察组誉为全国有色金属冶炼行业环境治理典范。河池·南丹工业园区列入国家开发区目录，成为自治区35个重点县域工业园区之一，并完成（二期）总体规划修编，将车河镇大坪村小坪屯部

2020年拍摄的河池·南丹工业园区全貌（南丹县融媒体中心供图）

分区域、大厂镇翁乐村铜坑菜队部分区域纳入规划范围，已开发使用面积6.1平方公里。

2020年，河池·南丹工业园区工业总产值达163亿元，工业增加值达28.5亿元，工业投资达8.5亿元，创历史新高，并跻身广西10个千亿元园区行列，陆港保税物流园等5个基础设施项目建设快速推进。龙马工业园区有10家企业入驻园区（其中3家被认定为南丹县扶贫龙头企业），工业总产值达14亿元，增长14%。

二、农业基础的持续巩固

2012年以来，县委、县政府紧紧围绕农业增效、农民增收目标，不断深化农村土地制度改革，全面落实粮食安全行政首长责任制，持续壮大特色效益农业，现代农业继续保持良好发展态势，农业总产值由2012年的15.4亿元增加到2020年的27亿元。

（一）农村土地制度改革的深化

2014年7月，全面开展农村土地承包经营权确权登记颁证工作。2015年11月，县政府批准成立农村产权交易中心。2017年4月16日，该交易中心正式揭牌运行，成为河池市首家综合性农村产权交易中心。2018年，南丹县被财政部列为全国农村综合性改革试点试验县。同年10月上旬，完成农户承包关系调查11个乡镇136个行政村（社区）55147户农户，占全县家庭承包农户总数的100%。在开展农村土地承包经营权确权登记颁证工作的同时，成立南丹县农村土地承包仲裁委员会及其办公室和仲裁庭，每年落实仲裁工作经费3万元，指导和规范农村经营主体有序流转土地，促进农业适度规模经营。

2018年，全县农村土地承包经营权流转面积为3.98万亩，通过土地流转用于发展经济作物的有36418亩，用于发展粮食作物的有3390亩。此外，落实耕地和永久基本农田保护制度，耕地和基本农田保护面积278949.15亩。推动耕地“小块并大块”规模经营发展，全县共有丹泉集团实施的八圩瑶族乡红高粱基地（即八圩社区“小块并大块”耕地整治项目）、长源红心猕猴桃专业合作社等13个合作社和2个农村农民完成21块“小块并大块”耕地整治项目，总实施面积5126亩，并配套建设相应田间道路、沟渠、蓄水池、泵站、拦水坝以及村屯硬化道路等，总计发放奖补资金490.4万元。

（二）粮食安全行政首长责任制的落实

2012年，全县粮食总产量和单产实现双增长，全年粮食总产量8.5万吨，与袁隆平院士合作实施的3个百亩超级稻单产千公斤攻关项目，最高亩产达912.4公斤，创广西单产新高。2013年后，粮食种植面积稳定在30万亩，当年粮食总产量8.6万吨，实施超级稻等8个百亩技术高产示范项目，与袁隆平院士合作的超级稻超高产攻关项目平均亩产829.4公斤。2014年8月，撤销大厂等10个乡镇粮食管理所，整合组建“南丹县粮食管理中心”，由粮食局统一管理。2014年11月，县粮食局由在县工业信息局

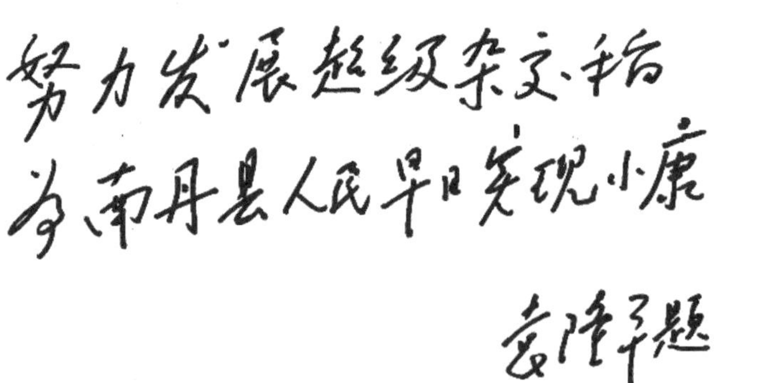

2012年12月，袁隆平院士为南丹县超级稻超高产攻关项目题词（南丹县档案馆供图）

挂牌调整为在县发展改革局挂牌。2015年1月，国务院《关于建立健全粮食安全省长责任制的若干意见》颁布后，南丹县全面落实粮食安全行政首长责任制，大力推进粮食供给侧结构性改革，深入实施“粮安工程”“优质粮食工程”两大工程。至2018年，共争取到中央、自治区财政安排下达的新建和维修仓储设施等粮食行业项目资金107万元、县级自筹25万元实施危仓老库改造及仓储智能化升级改造；年均完成收购直补订单粮3000吨（稻谷），全县储备粮、应急成品粮均达自治区下达规模指标；落实对种粮农民直接补贴与储备粮订单粮食收购挂钩政策，年均发放粮食补贴资金72万元。2019年3月，县粮食局及其内设机构一次性整体划转至县发展改革局。2020年，粮食安全行政首长责任制考核工作改为由县农委（设在农业农村局）牵头。

（三）特色效益农业的壮大

2012年，培育林业、畜牧水产、水果3个10亿元产业，糖料蔗、巴平米、蔬菜3个亿元产业，烟叶、蚕桑、红高粱、六龙茶、长角辣椒、高淀粉红薯6个千万元产业不断壮大，全县特色种养大户发展到2379户，特色种植业面积扩大到13万亩；全年水产畜牧业总产值达5.4亿元。全年新增农民专业合作社9家，新成立农业龙头企业3家，新增注册农产品商标2个。2014年，烟叶种植规模和产值继续保持全市第一，被列为全市第一个国家级现代烟草农业基地单元，全县特色农业种植面积稳定在12万亩。在芒场蛮坝村和巴平村建设3500亩以绿色稻米种植、红阳猕猴桃种植、观光休闲旅游为主导产业的现代特色农业核心示范区。2015年，绿稻花海休闲农业（核心）示范区成为自治区级示范区，同时被确定为第二批广西农业科技园区。绿色巴平米列入全国百家合作社百个优质农产品品牌，是广西2014年粮食类唯一入围并通过认证的品牌。黄腊李、长角辣椒、南丹黄牛通过国家农产品地理标志产品认证登记。月里镇巴峨村“溪谷源记大米”获得全国“一村一品”示范村镇认定。“十二五”期间，全县累计完成“三品一标”生产基地认证面积5.13万亩，新组织认证“三品一标”产品8个。新培育猕猴桃、核桃两大产业，全县种植规模分别达到1.2万亩和31万亩，成为广西最大的猕猴桃种植县。新增农业龙头企业4家、农民专业合作社178家、家庭农场22家，农业产业化步伐加快。2016年，南丹县成为广西首批、河池首个自治区农产

2018年5月拍摄的绿稻花海田园综合体（南丹县志办供图）

品质量安全示范县。巴平米种植系统、长角辣椒栽培系统、六龙茶文化系统、巴平稻作梯田系统成功申报入选全国农业文化遗产。2017年，巴平米获第十五届中国国际农产品交易会产品金奖，“溪谷源记”富硒大米获评广西十大名优富硒产品。承担的农业部水稻绿色高产高效创建重点项目取得新突破，平均亩产达669.8公斤，超过项目设计标准，县高寒山区特色作物试验站成为第二批广西特色作物试验站。2018年，绿稻花海田园综合体被列为自治区田园综合体备选项目，成为河池市唯一备选项目。

南国之丹获科技部第三批生态农林产业星创天地认定。2019年成功创建河池市首个国家农产品质量安全县，获农业农村部推介为全国农村创新创业典型县。至2020年，全县累计培育新型农业经营主体442家，创建现代特色农业示范区（园、点）177个，获得认定176个，超额完成示范区创建三年行动目标任务。南丹瑶蚕平板丝、巴平米、苞谷李等3个农产品获国家农产品地理标志产品登记保护，农产品地理标志增至6个，总数居河池第一。

三、第三产业的发展壮大

面对经济新常态，南丹县抢抓新机遇、攻坚克难，第三产业继续保持强劲发展势头，全域旅游风生水起，物流、房地产、金融保险、交通运输、商贸等行业发展迅速。

（一）旅游业发展加快

2013年，全县旅游业发展总体规划通过评审，被自治区旅发委列入“广西民族特色旅游名县”全区首批备选县名录。八穿河地下大峡谷水利风景区成为全市首个国家级水利风景区，巴平下街乡村旅游区获评“广西三星级乡村旅游区”，全县获得广西星级农家乐16家。2014年，被河池市人民政府授予“河池市2014年度旅游发展进步县”。成功举办第二届“丹文化旅游节”等旅游节庆活动，“丹文化”旅游品牌不断提升。年内完成旅游基础设施项目建设52个，投资1.6亿元的丹泉藏酒洞和投资3000万元的歌娅思谷景区（一期）投入运营，歌娅思谷景区被评为全市首家自治区五星级乡村旅游区，里湖乡王尚屯、芒场镇巴平村下街屯被评为“全国休闲农业与乡村旅游示范点”。新培育出丹泉藏酒洞、歌娅思谷景区、巴平万亩梯田景区以及下水、洞湖原生态旅游休闲度假区和里湖白裤瑶风情小镇等一批景区景点，成为全县旅游新热点。2015年，拉希湿地公园列入国家湿地公园试点，歌娅思谷、洞天酒海景区被评为国家4A级景区，歌娅思谷酒店获得“2015中国十大特色民宿”“广西十大特色民宿客栈”称号，芒场镇巴平村下街屯获得“全国休闲农业与乡村旅游示范点”“广西四星级乡村旅游区”“广西农业生态旅游村”称号，全区、全市旅游扶贫现场会在南丹召开，南丹旅游的知名度和美誉度大幅提升。至此，“吃住行、游购娱”产业体系初步形成。2016年，丹泉洞天酒海景区被评为国家4A级景区，白裤瑶民俗风情宣传片在南京首届全国水利风景区博览会上荣获“最佳互动奖”。2017年，成为广西唯一入选的第三批徐霞客游线标志地，获自治区推荐为“国家全域旅游示范区”创建县。同时与贵州省荔波县签订县域经济发展合作框架协议，携手打造全国首个跨省全域旅游经济示范带。丹泉名酒文化城及体验中心正式对外开放，丹炉山景区建成国内单体最长（280米）、垂直高度广西第一（180米）的玻璃栈道，“千家瑶寨·万户瑶乡”旅游综合体项目获得各方高度认可，城关镇下水屯获评“广西休闲农业与乡村旅游示范点”。2018年，完成南丹县全域旅游发展总体规划等3个规划编制，出台南丹县创建全域旅游示范区三年行动计划及加快旅游业发展扶持奖励办法，成功入围广西全域旅游示范区创建县，成为河池首个广西全域旅游示范区，金富瑶旅游饭店成功创建南丹首家四星级饭店。

2019年，全面创建国家全域旅游示范区，“南国避暑胜地·世界白裤瑶乡”品牌更加响亮。2020年，获评“广西避暑旅游城市”，丹炉山景区获评国家4A级旅游景区，全县国家4A级旅游景区增至3个，排名全市前列。成功举办广西南丹·贵州荔波“大瑶山与世界对话”2020年民族地区脱贫攻坚经验交流峰会、南丹县第一届旅游商品评比大赛等活动。建成扬州、那地革命教育基地，吸引自治区多家厅级单位党组织和县内外10余万人次前往开展革命教育，红色旅游迈出实质性步伐。

（二）新经济业态的兴起

“十二五”期间，物流、房地产、金融保险、交通运输等行业蓬勃发展，商贸业持续繁荣，社会消费品零售总额年均增长14.57%。2012年，新增个体工商户866户，新建“万村千乡”市场网点30个；新开工桂西北综合物流中心和升级改造新城区农贸市场工程，车河等乡镇农贸市场改造加快推进；“引金入丹”效果良好，引进柳州银行和中国银行在南丹设立支行。2013年，外贸进出口总额2.42亿美元，百舜建材城、桂西北综合物流中心等项目扎实推进，新增商业网点98个，建成乡镇商贸物流配送中心2个，完成乡镇农贸市场改造2个。全年金融机构各项存款余额68.5亿元，增长10.1%，贷款余额47亿元，增长34.2%。“十三五”后，现代服务业快速发展。2017年，成功申报“国家级电子商务进农村综合示范县”，成立县电子商务协会挂牌，全县电商企业增至17家，进驻电商平台2个，建成乡镇电商服务站11个，包装策划上行农产品五大类20个品种。物流企业发展至8家，快递企业10家，农产品进城和工业品下乡渠道进一步畅通。建成广西首个金融精准扶贫综合示范区。2018年，莲都公司等8家服务业企业成功上规，金海、振宏、丹泉等交易市场和物流园加快建设。建成县级电子商务公共服务中心1个，农村电子商务综合服务站75个，电子商务交易额达1.2亿元，成功举办党旗领航·电商扶贫“我为家乡代言”南丹电商大集等电商推介活动。至2020年，全县建成大型电商物流产业园1个，圆通、中通、汇通、韵达、顺丰等快递企业进驻；建成“万村千乡”配送中心8个，实现乡镇物流全覆盖。

第三节　城乡统筹一体化的推进

一、中心城区的扩容提质和市政设施的完善

2013年，《南丹县城市总体规划（2012—2030）》通过河池市人民政府审批，年内编制完成6个市政专项规划，累计投入3.6亿元建设公共基础设施，丹城大道延长线、铜江景观大道等路网全面竣工，南丹县城荣获“广西园林城市”称号。2014年，完成县城城西区、城北区、旧城区等各片区控制性详细规划评审，平安大道、中兴东路、拉金大道、丹州路等城区路网建设全面启动，建材市场周边道路一期工程、丹城大道延长线、叠翠路等道路建设完工。同年，南丹县城被评为“广西森林县城”。2015年，实施城建项目25个，完成投资1.48亿元。南丹创建“广西卫生县城”并通过自治区验收，县城区人居环境更加优美。2016年，启动国家园林城市创建工作。实施城建项目29个，完成投资1.94亿元，城镇化率达到42.93%，全市县级排名第一。工人文化宫周边道路、丹州路等城区路网及14条小街小巷硬化项目全面竣工，城关镇农贸市场升级改造和扶贫创业街建设顺利完成。同年，南丹县被自治区住建厅列为“以克论净”环卫深度保洁试点县。2017年4月，组建成立县城市管理综合执法局，将县环境卫生管理站划归县城市管理综合执法局管理。同年，投入资金近2亿元，新建月亮坡公园、羊角山公园，提质改造铜江公园等4大公园，实施城区路网、绿化亮化等工

2020年拍摄的城东新区（南丹县融媒体中心供图）

程，新增公园绿地面积487500平方米，人均公园绿地达11.16平方米，10月顺利获得“国家园林县城”荣誉称号，成为河池首个获此殊荣的县份。同时，创新“银行贷款+企业融资”等多元融资模式，带动社会资金57亿元打造以“一核五区”为载体的丹泉特色小镇。南方家园项目实现开工，集住宅小区、五星级酒店、公司总部等于一体的城东新区加快建设。

对老城区重要节点进行栽花补绿，重点对城区主干道、城区农贸市场等重点功能进行疏导，修建16条小街小巷并进行“白改黑”工程建设，城区天然气利用工程开始实施。2018年，县城区五大公园全部投入使用，丹泉特色小镇被列为首批广西特色小镇，汽车站整体搬迁、铜江河景观提升改造等一批重点工程开工建设。实施拉金大道、平安大道、18条小街小巷改造等为民办10件实事工程。建设“丹”字雕塑，成为南丹的形象标志。

建设夜市集中经营区域，解决夜市扰民问题。垃圾处理，城区照明，人行道、广场建设等市政基础设施逐步完善。2019年，全力创建自治区文明县城，实施城区停车泊位收费管理，人文环境、市场环境明显好转。2020年，商品房销售面积增速达10%。拉要片区开发，富康幼儿园、集贸市场搬迁等项目实现开工。实施系列城区道路、地下管网工程，不断

2020年拍摄的“丹”字雕塑（南丹县委宣传部供图）

2020年拍摄的南丹县城全貌（南丹县志办供图）

优化城市布局，延伸城市框架，城区面积扩展至7.8平方公里、街道138条，全县城镇化率达47.1%。加强市容秩序整治，有效管护城区188.62万平方米道路、3.5万盏路灯、1031700平方米绿地，依法拆除违法建筑26.78万平方米，南丹县获评“广西十大最美县域”。

二、“美丽南丹”乡村建设的实施

党的十八大以来，南丹县依据自治区党委、政府《“美丽广西”乡村建设重大活动规划纲要（2013—2020）》，以农村垃圾治理为突破口，两年为期，梯次推进清洁乡村、生态乡村、宜居乡村、幸福乡村建设，并成立领导小组及办公室。

2013年5月，以“清洁家园、清洁水源、清洁田园”为主要任务的“美丽南丹·清洁乡村”活动正式启动，探索出“村收镇运县处理、户集村（镇）运乡镇处理、户集户运村（屯）处理”三种垃圾处理模式，仅用45天时间就建成全市首座乡镇生活垃圾处理场，仅1个月时间完成全县小型焚烧炉建设任务，创造了“清洁乡村”项目建设的“南丹速度”。同年，实施城乡人居环境项目77个，覆盖车河镇工贸强镇、里湖乡旅游名镇、六宜高速公路南丹段及寨任二级公路车河段沿线村屯人居环境改造和11个乡镇共22个新貌新风试点，打造了车河、里湖等2个特色名镇和城关洞湖、下水原生态旅游休闲度假区等4个旅游名村以及芒场镇巴平村下街屯等7个农业生态名村。2014年，“清洁乡村”活动纵深推进，建设大厂、车河、八圩、城关等6个乡镇垃圾中转站和芒场、六寨、里湖、月里、中堡、罗富等乡镇垃圾处理场，新建成县级生活垃圾填埋场1座。南丹县村镇生活垃圾、生活污水处理能力稳步走在全市前列。同时，车河镇列入全国重点镇、自治区第一批百镇建设示范镇，里湖瑶族乡列入全区少数民族乡示范建设项目，吾隘镇同贡村列入第四批广西特色生态农业名村。里湖瑶族乡王尚、怀里、巴哈等3个自然屯被评为首批“中国少数民族特色村寨”。

2015年1月，以“村屯绿化”“饮水净化”“道路硬化”活动为重要抓手的“美丽南丹·生态乡村”活动开始实施。当年完成58个示范村屯、600个一般村屯的“村屯绿化”，完成50公里的村级路和81公里屯级路以及151公里屯内路的“道路硬化”，完成农村饮水安全工程项目137个、家庭水柜工程600座、水质检测中心1个、实施沟渠清淤220公里、划定水源保护区22处的“饮水净化”。开展芒场、车河、里湖、中堡等乡镇以及同贡生态农业名村、塘香生态名村等风貌建设，5个村屯获得广西“绿色村屯”称号，一批特色鲜明的名镇名村陆续展现。2016年，完成车河工贸强镇、芒场生态特色名镇、六寨特色名镇5个特色乡镇建设项目，里湖瑶族乡八雅村巴哈屯、怀里村蛮降屯入选第四批中国传统村落名录。全县完成示范村屯绿化57个、一般村屯绿化810个，芒场镇拉者村被评为“美丽广西”乡村建设示范村，六寨、月里、芒场、吾隘4个乡镇污水处理项目逐步实施。

2017年2月，“美丽南丹·宜居乡村”活动全面铺开，通过集中开展“产业富民”“服务惠民”“基础便民”三个专项活动，车河工贸强镇、吾隘镇同贡村第四批广西特色名村、里湖瑶族乡第一批自治区少数民族乡建设、八雅村巴哈屯自治区乡土特色示范建设项目全面完成；芒场镇巴平村获评2017年中国美丽休闲乡村，吾隘镇古兰村、罗富镇塘丁村、里湖瑶族乡里湖社区及芒场镇巴平村、拉者村入选全国第一批绿色村庄名单，罗富镇塘香屯、吾隘镇中村屯、芒场镇黑泥屯、里湖瑶族乡巴哈屯被列为自治区绿色村屯，里湖瑶族乡蛮降屯、巴哈屯列入国家传统村落名录。2018年，完成村屯宽带安装46个、基站建设155个。芒场镇入选

2019年9月21日，南丹县以“礼赞农民、幸福南丹”为主题的农民丰收节活动现场（南丹县志办供图）

2018年国家农村一二三产业融合发展产业兴村强县示范乡镇。吾隘镇同贡村入选广西特色生态（农业）名村。

2019年4月，“美丽南丹·幸福乡村”活动全面启动，通过集中开展“环境秀美”“生活甜美”“乡村和美”三个专项活动，持续实施农村人居环境整治和乡村风貌提升三年行动，加快建设农村厕所改造、污水处理、村屯照明等项目，全力推动南丹—荔波旅游廊道建设，建成设施完善型村庄27个、精品示范型村庄4个、基本整治型村庄62个，获自治区红榜表扬。2020年，持续推进“生态宜居、幸福家园”人居环境提升项目，深入实施乡村文明“三治理”、村庄基础设施“七改造”、村庄公共服务“十完善”行动，完成县域乡村建设体系规划编制及村庄“三清三拆”环境整治，全面开展45个设施完善型、3个精品示范型村庄建设，县城至里湖至荔波小七孔景区旅游廊道更加优美，巴平村乡村治理新模式入选全国乡村治理典型案例，王尚村获评“广西十大最美乡村”。

三、城乡交通路网的完善和网络通信一体化的发展

2012年以来，南丹县积极谋划实施南丹长远发展的交通和网络通信重点工程建设，路网结构日趋完善，农村公路的通行品质和通达能力明显提升，网络通信飞速发展。

2020年拍摄的黔桂铁路、210国道、六寨至河池高速公路交汇处（南丹县融媒体中心供图）

（一）城乡路网结构的完善

2013年1月，南丹县筹集资金近3亿元实施农村交通基础设施大会战，涉及26条40多个建制村。9月，实施吾隘至昌里等村级水泥路14条209公里、屯级路41条74公里全部开工建设，年内完成投资1.7亿多元。2014年，农村交通基础设施建设大会战14条169.5公里通村水泥路基本完工，全县所有建制村即将实现通水泥路目标。2015年6月，河池至百色高速公路开工建设，其中南丹境内1.764公里，涉及大厂镇的龙藏村拉考、岜腊、宝藏三个村民小组。同年，续建八圩至七圩公路等11条160公里，改建甲坪至立坳等10条近100公里通建制村四级公路。12月3日，南丹至荔波二级公路正式开工。2016年，全县建设交通项目16个、总里程214.2公里，其中更棒至拉电、南冒至龙更、龙藏至八步、龙腊至宣明四条公路实现新开工，并于2017年11月底完成四条公路建设任务。2018年，南丹至天峨下老高速公路开工建设，河百高速公路南丹段、瑶山至南丹二级公路（一期）建成通车。2019年，完成20个72.4公里农村公路“畅返不畅”整治工程、13个12.7公里“窄路加宽”工程。2020年，完成南丹县综合交通运输发展规划，高效推进“南丹至天峨”“平塘至天峨”高速路项目建设，创造了日均征地106亩，仅用60多天完成平塘至天峨高速公路6300亩征地任务的南丹新速度。同年，实施月里至中堡、莲花山隧道至九龙沟景区等系列乡村振兴道路项目，农村道路生命安全防护工程全面完成，吾隘至东兰二级公路及罗富至同贡、六寨至巴定三级公路建成通车。

（二）城乡客运服务的提升

2013年5月1日，南丹县首条城乡公交线路——县城区至车河工业园区公交线路正式开通运营，线路从县城区横贯车河工业园区，辐射堂汉、五一矿等矿区及周边企业，全程29公里。9月，县政府将城市客运管理职能移交县交通运输局管理。2014年8月28日，修建于南丹县与金城江区交界处的河池机场正式开通运营。9月30日，六寨至河池高速公路南丹收费站正式启用。2016年1月1日起，国道210线南丹境内六寨至水任二级公路巴平收费站、八步收费站停止收费。2018年，城区开通公交线路5条，拥有公交车62辆，城市平均每万人拥有公交车8.2台。2019年3月，不再保留县运输管理局，更名为县道路运输服务中心。

2020年1月1日，南丹辖区G75兰海高速公路省界收费站桂黔六寨收费站成功实施撤站并网工程，实现高速公路省界不停车快捷通行。2020年，南丹县人民政府第十二次常务会议同意开设百舜小区至丹泉酒业广场新能源公交车线路。至此，全县共有公交线路8条（城区6条、城乡2条），建制村客车通达率100%。

2019年9月20日，南丹县城至八圩扶贫产业园客运专线和城乡公交开通仪式现场（南丹县志办供图）

（三）城乡网络通信的发展

2013年以来，南丹县积极推进“宽带南丹”战略行动计划，推进“智慧城市”、乡村网络和高速宽带网络建设。2013年12月，南丹县开始投放移动4G广告。2014年4月19日，4G试商用启动会在金芙蓉广场召开，标志着南丹县移动4G网络正式到来。至2017年12月底，全县完成151个村屯光缆线路、基站建设，手机信号及宽带网络全覆盖，建制村通宽带率达100%，县城区光网覆盖率达到100%，实现全县通宽带网络目标任务。至2020年，全县所有乡镇、建制村均接通光缆网络，移动5G网络实现全覆盖。

第四节　民生福祉的改善和社会治理的创新

一、教育事业的发展

南丹县坚持崇文重教，始终把教育放在优先发展的战略地位，不断深化教育综合改革，持续改善办学条件，教育事业取得长足发展。

（一）教育综合改革的深化

2013年，成立县政府教育督导委员会、教育督导室两个机构，聘任48位县政府督学，并设立县教育经费代管中心。2014年，撤销县教育经费代管中心和县教育局勤工俭学办公室。同年起，教师绩效奖励纳入县绩效奖励范围，全县教师每年享受人均1万多元的绩效奖励。2015年1月起，在对全县乡镇以下工作的教师发放每人每月300元乡镇工作补助基础上，继续对乡村教师按距离乡镇政府驻地远近不同，发放每人每月50元至280元不等的乡村教师生活补助。同时，制定《南丹县中小学校长、幼儿园长奖励性绩效工资核定和分配方案》，增设义务教育学校校长（园长）奖励性绩效工资，纳入县级财政预算。2016年，根据教育部关于“集中办学、均衡发展”的要求，加快教育布局调整，全县125所完小调整为78所，15所中学调整为13所（撤并中堡中学、宜明中学），停办城区、乡镇中心小学、部分村完小开办的学前班。同年，深入开展“定向培养乡村教师计划”，通过“国培计划”“区培计划”集中支持乡村教师培训。2017年，实施贫困户子女15年免费教育，全县125所完小调整为73所。2018年，义务教育均衡发展以全市最高分通过国家验收，县幼儿园顺利通过自治区示范幼儿园复评。

2018年开始，实施教育提升三年行动计划，每年财政新增投入1000万元给予教师奖励，在核定教师奖励性绩效工资增量时增设400多万元奖励班主任，其中幼儿园、小学、初中、高中班主任每年分别奖励1000元、3000元、4000元和6000元。2019年3月，组建县委教育工作领导小组作为县委议事协调机构，办公室设在县教育局。2020年，实施控辍保学专项行动，全县适龄儿童全部入学。

（二）办学条件的改善

2013年，争取到上级资金近9100万元实施农村中小学校舍维修改造等105个单项工程，惠及学校48所。年内新增幼儿园5所，达36所，幼儿学前三年入园率60.18%、学前一年毛入园率82.45%，幼儿入园难问题进一步缓解。2014年，教育支出达2.2亿多元。投资1000万元新建3所乡镇中心幼儿园和改扩建18所村级附属幼儿园；新增民办幼儿园6所。投资6600多万元实施农村中小学校舍维修、县第四小学搬迁、农村薄弱学校改造、农村教师周转房等工程。2015年，实施义务教育均衡发展工程，投入8883万元实施57所农村薄弱学校改造、农村幼儿园建设，涉及75个单项工程，总建设面积4.6万平方米，实现全县中小学校网络全覆盖。2016年，投资5000多万元对28所农村中小学校舍进行改造，实施县第四小学搬迁、城关镇中学搬迁、县第五小学建设等项目，策划建设县第二、第三幼儿园。2017年，投入3.93亿元在86所中小学校实施义务教育均衡发展基础设施项目214个，建设面

2018年12月，国务院教育督导委员会颁发的匾额（南丹县志办供图）

王尚小学2019年秋季学期开学典礼（里湖瑶族乡王尚小学供图）

积16.72万平方米。新县第四小学建成启用，增加学位700个。深入实施学前教育壮大发展工程，重点推进县二幼和县三幼以及中堡、罗富、吾隘等3个乡镇中心幼儿园基础设施建设，全县普惠性民办幼儿园共55所，普惠性幼儿园占比46.2%。同年，实施南丹高中教育基础设施扩建工程。2018年，筹集资金1.2亿元建设南方中学，投入9000万元建设王尚小学

2020年拍摄的城关镇中学（南丹县城关镇中学供图）

和幼儿园。2019年，王尚小学投入使用。

2020年，投入1.17亿元实施义务教育均衡发展基础设施项目78个，建设面积6.99万平方米，新建、改扩建25所中小学校舍，南方中学、县第二幼儿园建成并实现招生。

（三）教育质量的提升

2013年，高考本科上线率达64.97%，中考在全市万人口比中，A+及A等次均排在全市前3名。“十二五”期间，全县累计教育支出16.53亿元，年均增长5.2%，学前三年毛入园率达68.05%，小学入学率达99.82%，初中入学率达98.05%，高中毛入学率达72.03%。2018年，高考成绩创历史最佳，上一本线人数、总分超600分人数均实现新突破。同年，获评全国义务教育发展基本均衡县。2019年，学前教育三年毛入园率达89.86%，完成高中阶段招送生3890人，超出市级下达任务数414人。全县“三类”残疾儿童入学率达95.6%，义务教育巩固率达94.04%。

2019年拍摄的南丹县高级中学（南丹县高级中学供图）

2020年，高考成绩稳中有升，教育三年行动计划取得初步成果。“十三五”期间，全县教育领域累计投入26.65亿元，比“十二五”增加61.22%。

二、科技创新的推进

2013年，南丹县全国科技进步考核全市总分第一，广西知识产权区域试点示范项目通过验收，全年申请发明专利40件，获得市级以上科技项目15项、项目经费1128万元。2014年9月，县科学技术局由在县文化体育局挂牌调整为在县教育局挂牌。同年，向上争取获得科技项目10项、资金958.88万元，创历年新高，其中“南丹县瑶鸡健康养殖技术集成与产业化示范”首次获得国家专项立项，完成发明专利申请任务45件，每万人口发明专利拥有量增长40%，通过自治区知识产权区域试点示范县验收。2015年，南丹县专利申请量132件，被评为全区知识产权示范县，纳翁科普示范基地被评为2015年全国基层科普行动计划先进单位。2018年，全县发明专利授权48件，发明专利拥有量61件。

三、文化体育事业的繁荣

2013年，全县乡镇政府所在地光纤有线电视全部接通，广播电视覆盖率达98%。六寨镇银寨村村级公共服务中心被评为全区“优秀村级公共服务中心”。新建成南丹体育公园及7个农民体育健身工程项目，《南丹文学》办刊质量不断提升，舞蹈节目《瑶娃闹鼓》荣获河池市第十四届铜鼓山歌艺术节非物质文化遗产展演特等奖。同年起，“三馆一所”免费向群众开放。2014年，铜鼓舞（南丹）勤泽格拉进入国家级非物质文化遗产（以下简称非遗）代表性项目名录，“白裤瑶打陀螺”“壮族服饰”“丹泉酒酿造技艺”进入自治区级非遗代表性项目名录，5个农家书屋获得“全区示范（数字）农家书屋”荣誉称号，成功举办广西青少年男子篮球锦标赛。2015年，被确认为自治区级非遗代表性项目传承人5人，被列入市级非遗代表性项目名录3项，成功承办全市第五届运动会。2016年，城关镇文广站荣获第六届全国服务农民、服务基层文化建设先进集体，圆满完成全市青少年田径锦标赛、首届环红水河山地自行车赛、第八届广西狮王争霸赛和黔桂两省区南丹县“友谊杯”门球邀请赛等各项赛事。“十二五”期间，全县累计新建村级公共服务中心56个、乡镇体育中心项目9个、农民体育健身工程村级篮球场项目70个。

2019年9月20日至25日在南丹县举行的第十五届广西“拔群杯”篮球赛开幕式现场（南丹县志办供图）

2017年，国家级非遗代表性项目“壮族铜鼓习俗”传承基地在吾隘镇独田村挂牌，河池首个非遗工作站在里湖瑶族乡怀里村成立。成功举办全国山地自行车冠军赛（南丹站）、第二届环红水河山地自行车赛（第二站）等重要赛事。南丹成为全区首批全民健身和全民健康深度融合试点县，县文广新体局获评全国群众体育先进单位。2018年，成功举办第三届环红水河山地自行车赛分站赛等重要赛事，瑶族服饰传承人何金秀、铜鼓舞（南丹）勤泽格拉传承人黎芳才被列为国家级非遗代表性项目代表性传承人。2019年，成功举办第十五届广西“拔群杯”篮球赛、第二十届河池铜鼓山歌艺术节等重要赛事和节庆活动。推进业余体校综合楼项目建设，全力创建全国全民运动健身模范县。

2020年，全县133个建制村（不含22个社区）村级公共服务中心实现全覆盖。3个非遗代表性项目成功入选自治区级非遗名录，5名非遗传承人定为市级非遗代表性项目代表性传承人，人数居全市第一。瑶族特色舞蹈《长桌排排坐》荣获第八届全区基层群众文艺汇演二等奖，组织参加广西“决胜全面小康，决战脱贫攻坚”艺术展，入展作品数量居河池首位。南丹成功创建自治区全民健身和全民健康深度融合示范县。

四、卫生健康事业的进步

2013年，国家基本药物制度实现农业人口全覆盖。新型农村合作

2017年6月拍摄的南丹县中医医院全貌（南丹县志办供图）

医疗筹资标准提高到每人每年340元，全年参合人数20.7万人、参合率98.65%。投入6500多万元实施县、乡（镇）卫生院综合楼改造，投入1200万元实施各医疗卫生单位和村卫生室设备采购。2014年，公立医院形成医药价格统一目录，医药价格进一步降低。2015年10月，开始实施县级公立医院综合改革，开展现代医院管理制度建设、医联体建设，取消县级医院药品加成，同步实施医疗服务价格调整和医保支付方式改革。同年，深入实施新型农村合作医疗制度，新农合参加人数为23.76万人，参合率达99.77%，调整提高报销比例，基本实现全民医保。2016年，投资1.36亿元实施医疗卫生系统基础设施建设，顺利完成县中医医院整体搬迁。

2017年，投入2.5亿元构建全民医疗卫生体系，足额落实基本公共卫生服务经费，建立居民规范化电子健康档案26.05万份，建档率90.48%；组建121个家庭医生服务团队，家庭医生签约服务率持续增长，常住人口达58.4%，重点人口达81.96%，贫困人口达100%。成功举办黔桂两省（区）六州（市）二十四县（市）消除疟疾联防第三十三届年会，获评2016至2017年消除疟疾工作先进县。同年，完成整合城乡居民基本医疗保险制度工作，将新农合和城镇居民基本医疗保险合并，统称“城乡居民基本医疗保险”。2018年，县级公立医院综合改革稳步推进，12个乡镇卫生院全部参加县域医共体建设，乡镇参与率达100%，家庭医生服务团队服务范围覆盖全县所有村（社区）。2019年，启动自治区慢性病综合防控示范区创建工作，突出抓好医联体建设，累计建立规范化电子健康档案26.9万人，建档率达91.89%。2020年，投入3.03亿元构建全面医疗卫生体系，县人民医院、中医医院均通过二级甲等医院复审；足额落实基本公共卫生服务经费，建立居民规范化电子健康档案29.2万份，建档率92.56%；家庭医生签约服务率持续增长，贫困户签约率100%。医保参保率99.99%，医疗费用报销率66.25%；全面实施“健康广西”行动，荣获自治区级“慢性病综合防控示范区”称号。同年，成功创建自治区、河池市职工疗休养基地，县人民医院、县妇保院整体搬迁工程顺利开工，桂北医院南丹颐养中心竣工，运转困难的大厂工人医院成功转型。

五、福利保障事业和人口老龄化的应对

2012年以来，南丹县切实保障困难群体、老年人等特殊人群的各项权益，全县城乡低保、特困救助、残疾人补贴、孤儿救助、高龄补贴应发尽发，社会保障事业健康有序发展。

（一）最低生活保障的完善

南丹县实施城乡居民最低生活保障制度始于2008年，农村低保救助标准为不分类别所有享受低保的人员，每人每月为50元。此后，低保补助标准逐年提高，享受低保人数逐渐增加。2013年，城镇和农村低保每月分别提高到209元和84元，全年城乡居民享受低保补助对象13754户32514人。2013年后，南丹县定期跟踪保障对象家庭变化情况，形成低保对象“应纳尽纳、应退尽退”的动态管理机制。

2018年5月起，全县社会救助事项审批权下放到乡镇人民政府，农村低保、城镇低保平均补助标准分别提高到192元、356元，分别增长12.9%、8%。全年发放城乡居民最低生活保障救助金1.06亿元，11579户37472名低保对象受益。2019年，全县城镇居民低保人均370元，农村低保分为A类、B类、C类，A类每人每月250元、B类225元、C类200元，农村低保覆盖率15.2%，城镇低保覆盖率6.04%，共发放低保金1.03亿元，位居全市前列。2020年，城镇居民低保人均390元，农村低保A类370元、B类250元、C类220元。

（二）高龄老人生活补贴的实施

2013年12月18日，南丹县开始对80周岁以上高龄老人实行生活补贴，明确对高龄老人确认和补贴标准采取申报、初审、复审、审批等4个程序，补贴工作从2013年8月1日起执行。高龄老人相关材料由各乡镇负责申报到县民政局，对符合条件的，批准其享受高龄补贴待遇。对享受高龄补贴的老年人，每年开展定期认证复核工作，确保补贴发放对象精准。

（三）养老服务事业的发展

2013年，在各乡镇社会保障服务中心加挂乡镇中心敬老院牌子，名称统一为“南丹县××乡（镇）中心敬老院”。2015年以来，南丹县积极向上争取养老服务项目资金，先后实施了南丹县老年公寓、南丹县老年人文化活动中心、芒场示范敬老院改扩建、城关镇农村养老服务中心等养老项目，总投资达1500多万元。同时推进养老服务市场化改革，将老年公寓、老年人文化活动中心和县人民医院城北院区整合为康养项目，推行“公建民营”，2019年通过招投标方式，成立“南丹县颐养中心”。

与此同时，其他各项社会保险、社会福利、民政专项事务加快发展，人民群众面对年老、疾病、失业、缺失劳动力、残疾等风险时均有相应制度保障。

2020年拍摄的南丹县颐养中心大楼（南丹县志办供图）

六、生态文明建设的推进

2012年以来，南丹县以习近平生态文明思想和“绿水青山就是金山银山”理念为指导，始终把生态建设和环境保护放在更加突出的位置，打好打赢蓝天、碧水、净土保卫战，不断推动绿色发展深入人心、付诸实践。

（一）林业生态建设的推进

2013年，树立“城市抓森林、农村抓树林、单位抓园林”理念，深入实施石漠化治理和“绿满八桂”工程，全年植树造林6.2万亩，石漠化治理人工造林950亩，生态公益林面积达174.36万亩，创历史新高，全县森林覆盖率65.1%。2015年，全年完成植树造林3.2万亩，森林覆盖率年度考核任务数63.75%全面完成。“十二五”期间，全县植树造林25.5万亩，实施石漠化综合治理13.82万亩，生态公益林达到174.36万亩，森林覆盖率达65.7%。2017年，新增造林2.79万亩，全县森林覆盖率达68.94%。2018年，启动实施“林长制”，新增造林2.79万亩，完成石漠化治理12750亩，森林覆盖率71.61%。2019年，新增造林面积2.2万亩，森林覆盖率达73.41%，成功创建全国绿化模范县。2020年，实施国土绿化工程，持续加大公益生态林和自然保护地保护力度，全年新增植树造林2.7万亩，森林覆盖率达74.98%。

（二）生态保护修复的加强

2013年，深入开展环境安全隐患大清查大整治、“环境安全年”等专项行动，争取资金2.5亿元实施重金属污染防治项目28个，年度污染减排任务全面完成，城镇饮用水源水质达标率100%，地表水质达标率95%，城区环境空气质量达到环境控制质量二级标准。2014年，投资4600多万元在河池·南丹工业园区建设的生产废水资源化处理项目投入使用，全区重金属污染防治项目验收现场会在南丹召开。县环境监测站获得实验室资质认证证书，可独立依法承担第三方监测检验。出台最严格水资源管理制度，城镇饮用水源水质达标率100%，地表水质达标率95%，城区环境空气质量达到环境控制质量二级标准。加强地质环境保护和地质灾害防治，被国土资源部评为“地质灾害防治高标准‘十有县’”。2015年，19个“十二五”国家重金属污染防治项目完工

15个，年内申报获得国家重金属污染防治项目14个、资金1.17亿元。2016年，乡镇环保监管权限得到加强。深入推进环境突出问题整改，办结中央环保督察组交办案件10件，排查企业130家（次），立案查处环境违法行为33起，整顿违法违规建设项目72个。争取资金1.33亿元实施重金属污染防治项目5个，全国土壤污染防治先行区及部分省份土壤污染防治调研会在南丹召开，环保部督察组对南丹环境保护和治理工作给予高度评价。2017年，投入5.21亿元实施重金属污染防治等环保项目22个，县际河流交界断面水质达国家Ⅲ类标准。全面建立“河长制”，抓好水污染防治，重点监测刁江河南丹段水质达标率100%，城镇集中式饮用水水源地水质达标率100%。持续开展大气污染防治，城区环境空气质量达到国家二级标准。2018年，完成整改6个中央环境保护督察反馈问题以及5个群众向中央环境保护“回头看”督察组反映问题，获中央环境保护“回头看”督察组充分肯定。城区空气质量优良天数比例达98.9%，优于自治区下达的指标任务。加快矿山地质环境治理恢复和土地复垦，治理地质灾害点7个，完成南丹县矿山地质环境治理规划修编及县级永久基本农田划定。2019年，出台《南丹县禁止燃放烟花爆竹管理办法》，城区空气质量优良率为97.9%，居全区县级第七位。启动《南丹县国土空间总体规划（2020—2035年）》编制，全县国土空间规划工作有序推进。2020年，全年空气优良天数354天，优良率98.9%，城区集中式水源地水源达标率100%。全县矿山采选冶企业全部建成废水深度处理设施并正常运行，同时均在排污口安装在线监测系统，废水、废气排放达到污染物特别排放限值要求；全面落实“水十条”及“河长制”等各项措施，完成《刁江流域重金属污染防治行动计划》中涉及南丹的15个环境治理项目建设，辖区内主要河流断面水质重金属浓度达到国家地表水环境质量Ⅲ类标准；总投资2.3亿元，实施土壤污染防治项目9个，建成5个项目并通过验收，土壤污染治理取得良好成效。

七、社会治理体系的完善

党的十八大以来，南丹县始终坚持底线思维，时刻绷紧安全稳定之弦，持续强化社会综合治理，保持对各类违法犯罪行为严打高压态势，深入开展扫黑除恶专项斗争和平安南丹创建，群众安全感、满意度稳步提高，社会大局和谐稳定、人民群众安居乐业。

（一）平安建设的持续推进

2013年，完善和创新流动人口及特殊人群服务管理，车河企业流动人口管理模式在全区推广。创新“116”农村社会治安防控体系，全市经验交流现场会在南丹召开，公众安全感和满意度极大提升，荣获全市平安建设活动优秀县称号。2014年，根据人民群众反映强烈的治安等问题，开展社会治安专项行动、禁种铲毒等专项行动。拓展“116”农村社会治安防控模式，在全县2136个村屯建立综治小组和治安信息员，农村“五户联保、十户联防”的群防群治网络基本形成，平安乡镇和平安村（社区）创建达标率均达100%。2015年，群众安全感和满意度达到90.86%，全区排名从2014年的第46名提升到2015年的第40名，全市公安监管工作、“一所一队一教官”现场会在南丹召开。同年，在11个乡镇建立21支应急援救队伍，在里湖瑶族乡王尚屯成立河池市第一支屯级党员应急救援服务队，被列为自治区、河池市应急管理创新项目，经验在全区推广，柳州、来宾、河池三市应急工作现场会在南丹召开。2016年，投入1800万元在县城区安装高清摄像头430个，县中心城区8个社区实现网格化管理全覆盖。2017年，建立“110”社会应急联动机制，推动“天网”“地网”“人网”三网融合，“公安”“农安”“食安”三安联动。县看守所成功创建全国一级看守所，河池市首个“扫黄打非”走基层村级示范点和校园示范点落户六寨镇龙马村及龙马小学。2018年，深入开展扫黑除恶专项斗争，打造平安南丹、法治南丹、和谐南丹，打掉涉恶犯罪团伙11个，破获恶势力犯罪案件40起，刑事拘留138人，执行逮捕95人，形成强烈震慑。2019年持续推进扫黑除恶专项斗争，创新实施“千人驻百村”工作模式，中央扫黑除恶专项斗争第17督导组交办的30件信访事项全面完成，打掉涉黑犯罪集团1个、涉恶团伙7个，刑拘48人，逮捕33人，移送起诉94人，破获涉黑涉恶案件10起，坚决“打财断血”，冻结财产152万元。

2020年，强力推进扫黑除恶“六清”行动和“亮剑2020六打”专项行动，共打掉恶势力犯罪团伙2个。加强平安南丹建设，完成“天网”“地网”工程建设。

（二）安全生产责任制的落实

2012年，全县11个乡镇、23个部门、27个高危企业均签订年度安全生产目标管理责任状，深入开展安全隐患大排查大整治，抓好重点时段安全防范工作，全县安全生产形势稳定。2013年，集中开展安全生产大检查，深入开展专项整治和“打非治违”，年度安全生产考核主要指标控制在市下达的责任指标内，33家企业通过安全标准化认定。高压推进矿业秩序综合治理整顿，全年集中开展大规模整治行动，同时建立矿区监控管理工作长效机制，全面理顺矿业管理秩序，投入2000多万元建立有色金属矿产品监控管理系统，矿业秩序持续稳定。2014年，深入开展“六打六治”打非治违专项行动和安全生产专项整治，稳步开展金属非金属矿山安全生产攻坚克难工作，全县安全生产主要考核指标全部控制在市政府下达的年度控制指标内，县安监局获得自治区人社厅、自治区安监局记集体二等功。2015年，全县安全检查和“打非治违”工作实现常态化，安全生产形势保持平稳。2016年，圆满完成迎接国务院安委会和自治区安委会巡查工作，安全生产监督管理综合信息平台建成并启用，聘任45名安全生产专家和向具有资质的中介机构购买服务。2017年，按时完成2项市级挂牌督办的重大生产安全事故隐患整改和6项县级挂牌督办的重大生产安全事故隐患整改，通过政府购买服务的方式聘请专家对全县高危行业企业进行“会诊”，消除了一大批事故隐患。2018年，加大对非法成品油市场、非煤矿山、危险化学品、烟花爆竹等领域专项整治的力度，全县无较大以上生产安全事故发生。2019年3月，将县安全生产监督管理局的职责，以及县政府办公室的应急管理、县民政局的救灾、地震局的抗震救灾以及县防汛抗旱指挥部、县森林防火指挥部、县减灾委员会、县安全生产委员会的职责整合，组建县应急管理局，不再保留县安全生产监督管理局和县地震局。2020年，全面落实安全生产责任，重点部署开展安全生产专项整治三年行动，持续开展“强监管严执法年”和“打非治违”专项行动，推动安全宣传“五进”工作，在全县营造浓厚的安全生产氛围。

（三）法治南丹建设的深入

2013年7月，县司法局被中华全国人民调解员协会评为人民调解宣传工作先进集体。10月22日，县法制办公室增挂南丹县行政执法监督局牌子。之后，县法制办公室、县政府行政复议办公室、县行政执法监督局一套人马、三块牌子、合署办公。11月，县司法局与贵州省独山县司法局同时在六寨和麻尾司法所挂牌成立“通道党建跨省联建”司法行政协作工作站。2014年，南丹高中等三所学校成为河池市首批青少年法制教育示范基地。2015年，开始推进依法治县进程。制定《南丹县建立政府法律顾问制度实施方案》，聘请4名律师为首批县政府法律顾问，同时推进行政首长出庭应诉工作。严格执行人民陪审员参与案件审理、媒体公开报道案件等制度，全年陪审案件86件，裁判文书上网公布率100%。扎实开展“六五”普法工作，举办全县性法律宣传活动21场次，创新开展“村屯干部法律大培训”“法律夜讲进百屯”“驻村夜讲”等活动，受教育群众3万多人次。2016年，创新推进律师、基层法律服务工作者担任村（社区）法律顾问，法学工作在全区会议上作经验发言。2017年10月，县司法局与县人民法院共同建立引入社会第三方力量化解纠纷机制，在法院诉讼服务中心设置第三方化解工作室。同年，创新打造“三微两端一网”新媒体普法平台，成功构建“法治南丹”普法大联创格局。2018年，全县151个村（社区）全部配备法律顾问，司法服务实现全覆盖。2019年3月，组建县委全面依法治县委员会，作为县委议事协调机构，办公室设在县司法局。同时，将县司法局的职责、县政府办公室的法治工作职责整合，重新组建县司法局。2020年，运用法治思维和法治方式为南丹发展保驾护航，推行“一村一法律顾问”“一村一法官”“检察官入村”等制度，开展法治宣传活动近200场次。

第五节　全面建成小康社会目标的实现

一、“十二五”开发扶贫工程的实施

2012年，南丹县退出国家级贫困县序列，同时被列入国家滇黔桂石漠化治理天窗县和广西54个扶贫开发工作重点县之一。经过充分调研、

反复讨论，县委、县政府提出了从传统的扶贫开发思维定式转到开发扶贫的新思路。随后，出台《新阶段开发扶贫攻坚工程行动计划》及配套文件，以农民增收致富为中心，确定核桃、油茶、蚕桑、水果、瑶鸡、糖料蔗、瑶乡黑猪、高淀粉红薯八大扶贫产业为主攻产业，持续推进贫困地区基础设施建设。至2015年底，共投入各类资金4.3867亿元（其中财政扶贫资金3428万元、整合部门资金4.0439亿元），重点实施36个贫困村道路修建、危房改造、水利建设、安全饮水、种植和养殖业、环境生态建设和社会事业建设等项目，全县36个贫困村实现脱贫摘帽，农村贫困人口从2011年的71874人下降至38909人（含返贫数），累计解决40966名贫困人口的脱贫问题，贫困发生率由2011年的29.30%降至12.3%。

（一）扶贫产业发展的发展

2013年，深入实施开发扶贫“八大产业”，核桃产业开发2012年至2013年冬春新种植7.2万亩、成活率达93%。全县林业、畜牧水产、水果三大产业产值分别达到11.62亿元、5.01亿元和1.1亿元。2014年，继续抓好以核桃为龙头的扶贫“八大产业”，筹集资金2300万元，完成10万亩核桃产业发展任务，全县核桃种植达21万亩。新种猕猴桃3300亩、油茶2300亩。2015年，新种核桃10万亩，全县核桃总面积发展到31万亩，核桃产业实现贫困村屯全覆盖，实现全县常住人口人均1亩核桃种植大县目标；全县共有1.2万户贫困户参与核桃种植，种植核桃12万亩，占全县种植面积的40%，占全县贫困户数的92%。猕猴桃种植达1.2万亩，成为广西最大的猕猴桃种植县；猕猴桃种植覆盖农户4671户18279人，其中贫困户3918户15468人，发展模式获自治区党委批示肯定，并在全区推广。种植油茶2750亩、茶叶280亩、桑树662亩、珍珠李654亩。出栏瑶山鸡756万羽、瑶乡黑猪3.3万头。同时，能人带动作用增强，引导81名经营业主、经济能人依法开展土地流转近4万亩进行农业连片开发，带动上千贫困人口参与。新增农民专业合作社57个、家庭农场10个。至2015年底，全县95%以上农户人均有0.5亩以上的经济林并实现户均有1亩以上的核桃产业，实现贫困户每户都有一项收入稳定的脱贫致富项目。

（二）基础设施的改善

2013年，建成农村饮水安全工程178处，解决2.96万人饮水安全。

投入资金5000多万元实施农网改造工程。整合资金7738万元投入库区及安置区的经济社会发展和民生保障改善，同比增加7倍。筹措资金3061万元，实施以工代赈、巩固退耕还林成果、石漠化治理和易地扶贫搬迁等项目。2014年，实施一批农村小型饮水工程、家庭水柜等；投资150万元的广东帮扶示范村项目建设完工。投入848万元实施一批石漠化治理项目。完成车河、城关易地扶贫搬迁52户167人。2015年，农村饮水安全工程完工126个，新解决农村饮水不安全人口2.41万人，新实施农村水电增效扩容改造项目3处，顺利通过“十二五”农村电气化自治区级验收。通村道路开工建设78公里、屯级道路开工建设82公里、屯内道路硬化114公里。扶贫生态移民搬迁1295人。至2015年底，36个贫困村中除八圩乡瑶寨村通四级砂路外，其余具备条件的35个建制村通硬化路。共实施农村安全饮工程265个，36个贫困村90%以上的农户有安全饮水。完成电网改造36个村221个屯，36个村均已通电，通电率达100%，100%的农户用上电。

（三）“整乡推进”试点的开展

2014年，以芒场镇为试点的“整乡推进”工作全面启动。年内完成投入1.83亿元，竣工子项目683个。其中，道路建设基本实现20户以上自然屯通水泥路、硬化路或砂石路目标。巴平特米、猕猴桃、烤烟等特色产业初见效益。2015年，芒场镇开发扶贫“整乡推进”示范区建设基本完成，累计投入资金2.4亿元。

二、“十三五”脱贫攻坚战的全面胜利

脱贫攻坚是全面建成小康社会的底线任务和标志性指标。2015年10月，一场聚焦“稳定实现农村贫困人口不愁吃、不愁穿，义务教育、基本医疗和住房安全有保障”的脱贫攻坚战在南丹全面打响。脱贫攻坚战进程中，南丹县始终保持攻坚态势，决战决胜义务教育、医疗卫生、住房安全、饮水安全“四大战役”。2017年，南丹县整县摘帽，成为河池首个整县脱贫摘帽县。至2020年，全县47个“十三五”贫困村全部出列，现行标准下1.1427万户5.1676万建档立卡贫困人口全部脱贫，脱贫攻坚战取得全面胜利，兑现了“全面小康路上，不落一人一户”的铿锵承诺。

（一）脱贫攻坚战的打响

2015年10月16日，以全县精准扶贫攻坚动员大会暨贫困村党组织第一书记培训会召开为标志，一场前所未有、声势浩大的精准脱贫攻坚战在南丹正式打响。随后，南丹县迅速挂牌成立县脱贫攻坚指挥部，设综合协调、产业发展等8个专责小组和贫困村第一书记管理办公室。制定出台《南丹县整县脱贫摘帽工作方案》等政策文件，明确提出“到2020年，全县47个贫困村全部出列、现行标准下贫困人口全部脱贫”。同时，实行县、乡、村三级书记一起抓扶贫，11个乡镇党政一把手向县委、县政府签订脱贫攻坚责任书、立下军令状，向47个贫困村派出第一书记和驻村工作队，各乡镇党政正职在完成脱贫任务前原则上不得调离，分管副职和贫困村第一书记也保持相对稳定，对表现特别优秀、成绩特别突出的乡镇党政正职，县委推荐提拔担任上一级领导职务，但仍继续兼任现职，并把主要精力放在脱贫工作上。

（二）精准识别工作的展开

为摸清贫困户底子，把真正的贫困人口挑出来，2015年10月19日起，南丹县整合全县机关事业单位工作人员力量187人，全县81名第一书记（含“十二五”贫困村的36名）、结合自治区、河池市下派的联系单位工作队队员64人，乡镇派出工作人员404人，共计736人组成368个

2015年10月27日工作队队员在罗富乡沓村村灰叉屯开展精准识别入户调查评分（南丹县人大常委会办公室供图）

工作组，负责对全县139个村（社区）进行精准识别。每个村（社区）至少有1名县直单位领导干部联系，每个村民小组有2名以上县、乡干部。按照47个贫困村入户识别全覆盖，92个非贫困村由农户申请后入户识别的原则，根据“两不愁三保障”标准，按照14项设置基本分100分，住房精装修、家庭安装空调等17项设置加分不超过100分，遭受重大自然灾害导致家庭主要房屋倒塌、家庭成员中有1人患重大疾病或重度残疾等6项减分项，最后以总分高低排序，运用“一进二看三算四比五议”方法，按照“两入户、两评议、两公示、两审核、一公告”程序，严把群众申请关、入户调查关、民主评议关、公示监督关、审核确认关，对32067户12.45万人进行精准识别。

至2016年1月20日，全县精准识别工作全面完成，最终确定贫困户1.1527万户5.0656万人（含动态调整新增户和2014年、2015年退出户），贫困发生率达11.4%。尤其是里湖瑶族乡和八圩瑶族乡等地，精准识别最低分达负28分，属广西全区最低，八圩瑶族乡立坳村贫困发生率高达80%，属广西全区最高。同时，对识别出来的贫困自然村（屯）、贫困户，逐村（屯）逐户进行建档立卡登记、录入数据库，建立数据集中、服务下延、互联互通、信息共享的扶贫大数据管理平台。

（三）帮扶力量的选派

精准识别工作全面完成后，2016年3月起，从各乡镇、县直及驻县中直区直市直各有关单位选派118个定点帮扶单位对47个贫困村结对帮扶，按照领导联系贫困户“54321”（正处级5户、副处级4户、正科级3户、副科级2户、一般干部1户）要求，安排4652名领导干部与贫困群众开展结对帮扶活动，落实每个贫困村配备1名第一书记，安排包括非贫困村在内的驻村工作队队员336名，动员企业开展村企共建。全县47个贫困村全部实现有机关和企事业单位帮扶，所有建档立卡贫困户均有帮扶联系人，每名干部帮扶任务未超过5户。同时，全县结对帮扶干部按每月至少入户1次的要求进村入户，做好贫困户、脱贫户帮扶手册填写工作，精准填写受益明白卡、帮扶联系卡，完善2014年、2015年退出户信息登记，帮扶联系人因户制定帮扶计划（措施）。

（四）脱贫攻坚的首战告捷

2016年，投入4.15亿元全面启动贫困村基础设施建设大会战。完成农村饮水安全工程50个，解决1.04万人饮水不安全问题。投入6305.21万元实施农村电网改造。开工建设通村道路67.6公里、屯级道路1008.3公里，硬化屯内道路133.83公里。产业开发步伐加快，新种核桃2.03万亩，水果7306亩；新种猕猴桃1020亩、总面积达1.3万亩，成为广西猕猴桃种植大县，建成广西首家猕猴桃文化展览馆。出栏瑶乡黑猪3.5万头、南丹瑶鸡788万羽。核桃、猕猴桃、瑶乡黑猪、南丹瑶鸡等十大扶贫产业覆盖率60.2%，给予产业脱贫的贫困户每户每人1000元扶持资金，累计发放3614户1212万元。全县开工建设危房改造2400户，开工率100%；竣工2007户，竣工率83.63%。其中贫困户危房改造任务919户，实际开工建设1463户，开工率159.19%；竣工1316户，竣工率143.2%。狠抓移民搬迁，建设芒场镇公鸡山、罗富镇罗屯村、吾隘镇同贡村、县城区莲花山等移民安置点，其中芒场镇公鸡山、罗富镇罗屯村完成搬迁安置任务，全市易地扶贫搬迁工作现场推进会在南丹召开。推动企业参与承接扶贫小额信贷资金3.6亿元，贫困户获得红利分成共1856万元，实现企业发展和贫困户增收“双赢”。芒场镇“整乡推进”试点工作取得阶段性成效。全年低保政策对贫困户做到“应保尽保”。贫困学生资助实现各学段全覆盖，资助学生32713人次，资助金额3628.41万元，其中资助贫困户学生18862人次，发放助学金2666.96万元。9月23日，出台《南丹县脱贫摘帽激励办法（试行）》，对主动提出申请并通过自治区脱贫验收“双认定”的贫困户享受”六大扶持政策。10月至11月，组织专门力量对提出申请的贫困村和贫困户开展核验，按照贫困村脱贫摘帽“十一有一低于”和贫困户脱贫“八有一超”标准，全县共有12个贫困村、3005户贫困户、12086名贫困人口实现脱贫摘帽，完成自治区、市级下达任务，顺利通过自治区“双认定”核验，全县贫困发生率降至10.3%。同时，南丹创新扶贫工作模式典型材料得到自治区党委批示，编制实施《白裤瑶聚居区“十三五”脱贫发展规划》并获得自治区相关部门大力支持。

（五）整县脱贫摘帽目标的实现

2017年4月6日，自治区将南丹由脱贫摘帽备选县确定为正选县，成为当年广西脱贫摘帽的6个县之一，南丹县向自治区党委、政府递交了《脱贫摘帽承诺书》。

攻坚力量的不断凝聚。在实现结对帮扶全覆盖的基础上，2017年4月28日，成立县派驻里湖瑶族乡、八圩瑶族乡脱贫攻坚工作队，并各增派1名挂职副书记、1名挂职副乡长，派出17支驻村工作分队（含两个乡面上非贫困村分队各1支），210名工作队队员全脱产驻村工作。

创造易地扶贫搬迁的南丹成绩。创新“分散安置+集中安置”等多种安置模式，采取“上级支持+财政投入+企业参与”“银行贷款+企业融资”等多元融资模式，打造“易地搬迁+旅游景区+特色小镇”等多功能布局模式，投入13.7亿元分别实施乡镇分散安置点、县城集中安置点和“千家瑶寨·万户瑶乡”易地扶贫搬迁旅游开发安置点等3个项目，组建31个临时党支部，抽调处级领导18人、干部200余人、施工队伍6000余人，抢晴天、战雨天，“5+2、白+黑”，仅180天建成876栋4442套安置房，提前完成“十三五”期间2.2733万人的易地搬迁安置任务，项目建设工期之短、搬迁人数之多、工程任务之重广西少有。全区、全市易地扶贫搬迁现场会在南丹召开，易地扶贫搬迁工作经验和做法在广西全区推广。

基础设施建设的强力推进。融资4.15亿元集中实施贫困村基础设施建设大会战，全力解决村屯道路、人畜饮水、农村危房、公共服务、卫生室、宽带网络等6大基础设施问题。新建通屯硬化道路77条206公里、升级硬化道路176条528公里、便民桥梁92座、人畜饮水工程140处、家

2020年拍摄的南丹县城扶贫安置点——幸福社区全貌（南丹县志办供图）

庭水柜1154座、危房改造4192户。筹措1.42亿元实施非贫困村基础设施项目，惠及面上村广大人民群众。

贫困群众增收新局面的开创。出台《南丹县2017年就业创业特色产业精准扶贫实施方案》，推动“三业”融合发展。投入资金1.3亿元，创新建立“核心示范区+贫困户”“农民合作社+贫困户”等多种模式，发展十大扶贫产业，帮助5465户贫困群众从特色产业发展中收益，贫困户产业覆盖率达85.3%。坚持长效与短平相结合，投入资金3000多万元培育光伏发电、生态养殖、富硒米、猕猴桃、油茶等产业，促进村集体经济发展，全县47个贫困村集体收入全部超过2万元，填补了村集体经济收入的空白，在全区产业扶贫暨贫困村村级集体经济发展工作现场推进会上作典型发言。投入扶持资金1100多万元，鼓励支持2151户贫困群众主动转移就业，实现收入大幅增长。

同时，政策兜底、生态补偿、教育扶智、医疗救助等各项工作有序推动。

2017年底，经过上级反复督查、国家扶贫暗访组暗访、国家易地搬迁省际交叉检查、自治区第三方核验、自治区扶贫成效考核“四合一”实地核查等多重考验，南丹贫困县“九有一低于”各项指标全部达标，19个贫困村出列，5123户贫困户、23773人实现脱贫摘帽，贫困发生率降至2.58%。

2018年4月8日，自治区人民政府批复同意南丹县2017年脱贫摘帽，退出自治区扶贫开发工作重点县。至此，南丹县成功实现整县脱贫摘帽目标，成为广西第二批、河池首个整县脱贫摘帽县。

（六）整县脱贫摘帽战果的提升和脱贫攻坚战的决定性胜利

南丹县实现整县脱贫摘帽目标后，紧盯“2020年算总账”的总目标，坚持“投入不少、标准不降、力度不减、机构不撤、工作不停”原则，巩固提升扩大整县脱贫摘帽战果。2018年，在巩固原脱贫人口不返贫的同时，实现9个贫困村、370户贫困户1716名贫困人口脱贫摘帽，贫困发生率再降0.61个百分点。2019年，再实现2个贫困村、3175名贫困人口脱贫摘帽，贫困发生率降至1%。2020年10月31日，随着里湖瑶族乡瑶里村和八圩瑶族乡汉度村、利乐村、甲坪村、立坳村等最后5个贫困村、329户、1396名贫困人口脱贫摘帽认定工作的完成，标志着全县47个贫困村全部出列、现行标准下1.1427万户5.1676万建档立卡贫困人口全部脱贫，贫困发生率降至零。

攻坚力量的再加强。2018年4月，全县贫困村驻村第一书记和工作队完成轮换调整，新选派的47名驻村第一书记和335名工作队队员到位接棒，做到有建档立卡贫困户的138个建制村（社区）全覆盖。2019年，再向里湖和八圩两个民族乡增派98名驻村工作队队员。2020年，先后召开脱贫攻坚专题会议、警示大会、处级领导集体约谈会，出台最严厉的奖惩办法、执行最严肃纪律、出动最精锐力量，尤其针对5个预脱贫村（其中自治区挂牌督战利乐村、河池市挂牌作战汉度村），加派作战队、突击队、服务队等3支队伍驻村工作，逐村制定方案，每月列出清单，及时补齐短板。

基础设施的再完善。2018年，筹措7170万元，实施20户以上屯级道路硬化70条126.5公里，屯内硬化道路170.6公里，新修便民桥梁24座、水毁公路30条，惠及村屯260多个。新建农村饮水工程73处，巩固提升3135户2.35万人饮水安全。储备“十三五”脱贫攻坚项目2837个。同时，投入2亿元在安置区建设社区学校、道路硬化、污水处理等基础设施。2019年，筹措4300万元，升级硬化道路43条83.64公里，修建便民桥梁12座148米，维修水毁道路39条。2020年，投入2573.7万元新建通屯硬化道路25条42.02公里、产业砂石道路17条43.4公里、便民桥梁6座132.8米。投入903.7万元，新建饮水巩固提升工程122处，受益群众4781户24204人。投入2390万元，实施危房改造785户。

扶贫产业的再拓展。2018年，油茶、肉牛、肉羊以及淡水养殖等产业年度任务全面完成，贫困村成立农民专业合作社等新型经营主体116个，建立核桃、油茶等产业基地34个，辐射带动贫困户8340户，“5+2”特色产业覆盖率达89.42%。47个贫困村集体经济收入全部超3万元，其余村集体经济收入全部超2万元。2019年，长寿·生态·富硒农产品、油茶、肉牛、肉羊、瑶乡黑猪以及淡水养殖等“十大百万”扶贫产业年度任务全面完成，建立市、县、乡级示范基地58个，辐射带动贫困户8472户，特色产业覆盖率达96.39%。47个贫困村村集体经济年收入全部达4万元以上。2020年，大力发展“十大百万”扶贫产业、县级“5+2”特色产业，全县有8690户贫困户发展产业，产业覆盖率达99.1%；自治区党委对瑶乡黑猪的“托养回购”养殖模式进行专题调研并给予高度认可。同时聚焦肉牛、油茶、生态米等“5+2”特色主导产业，落实产业扶贫政策尤其是疫情期间的奖补政策，发放产业“以奖代补”资金1861.5万元，惠及贫困户7446户。投入4120万元创新实施资产收益模式，有效拓宽村集体经济增收渠道，全县47个贫困村集体经济均达5万元以上，其中18个贫困村达10万元以上。同时，全面落实消费扶贫，认定扶贫产品供应商31家，完成任务数的193.75%；认定扶贫产品69个，完成任务数的136%；扶贫产品销售额1.37亿元，完成任务数的137%。南丹县脱贫攻坚工作获得国务院扶贫办调研督导组充分肯定及自治区督查通报表扬。

搬迁后续发展新路的铺就。2018年，总规划用地面积2000亩、定位为劳动密集型的八圩扶贫产业园项目落地。11月30日，产业园一期工程标准厂房建设开工建设。2019年1月30日，一期工程建成交付企业使用，成功引入5家劳动密集型企业入驻。

2019年，实施后续产业创业、转移就业、项目建设、招商引资、社会管理创新5大行动，形成巩固脱贫摘帽成果“1+5”模式，易地扶贫搬迁后续扶持实施方案获国家发展改革委向全国推广（全国13个、广西唯一）。八圩扶贫产业园5家企业投产运营，为贫困群众提供1500多个就业岗位；里湖文化旅游扶贫产业为贫困群众提供500多个务工机会。同时，

2019年拍摄的八圩扶贫产业园区全景（南丹县志办供图）

高度重视移民搬迁安置点社会管理和基层组织建设，新成立幸福、团结、结拉、朵努4个社区，并选举产生社区居委会和党支部班子，确保搬迁群众管理有序；投资1.1亿元的王尚小学投入使用，可保障1600名搬迁群众子女就近入学，2019年秋季学期入学学生1087人，其中白裤瑶搬迁学生868人。

就业增长率的提高。2018年，全县8093名贫困劳动力转移就业，占全县建档立卡贫困劳动力的54%。2020年，依托重点企业、八圩扶贫产业园等开发公益性岗位392个，优先安排建档立卡贫困户就业；点对点输送农民工11批次753人，全县建档立卡贫困户外出务工18312人，同比增长106.8%，获自治区督查通报表扬。

三、“十三五”规划的顺利完成

经过持续奋斗，到2020年底，南丹县“十三五”规划主要目标任务胜利完成。经济运行总体平稳，经济实力保持河池领先地位，全县地区生产总值从“十二五”时期的83.86亿元增加到103.85亿元，财政收入从“十二五”时期的8.06亿元增加到11.38亿元。脱贫攻坚取得全面胜利，投入资金30多亿元，实施基础建设、产业发展、民生保障等项目，47个贫困村全部出列、1.1427万户5.1676万建档立卡贫困人口全部脱贫，近2.3万贫困人口通过易地扶贫搬迁摆脱了“一方水土难养一方人”的困境，区域性整体贫困得到解决，完成了消除绝对贫困的艰巨任务。供给侧结构性改革持续推进，工业经济加速崛起，工业总量持续扩大；粮食生产连年丰收，特色农业品牌效应大幅提升；全域旅游风生水起，世界白裤瑶乡品牌打响。污染防治力度加大，环境整治成河池全市标杆。“放管服”改革不断深入，营商环境持续改善。人民生活水平显著提高，全体居民收入从“十二五”时期的16413元增长到24313元，社会消费品零售总额从“十二五”时期的21.56亿元增长到32.88亿元。教育、科技、文化、就业、医疗、住房、社保、养老等社会事业全面推进，社会和谐稳定，安全保障体系和能力建设逐步加强，人民群众获得感、幸福感、安全感明显提升。

第六节　全面开启新时代南丹高质量发展新征程

一、“十四五”规划和2035年远景目标的提出

“十四五”时期是南丹县全面建成小康社会之后，全面开启新时代南丹高质量发展新征程的第一个五年。中共南丹县第十四届代表大会第五次会议审议通过了《中国共产党南丹县委员会关于制定国民经济和社会发展第十四个五年规划和二〇三五年远景目标的建议》。南丹县第十六届人民代表大会第六次会议批准了《南丹县国民经济和社会发展第十四个五年规划和二〇三五年远景目标纲要》（简称《纲要》）。

《纲要》综合考虑南丹县的发展基础、条件、趋势，提出“十四五”期间，要着力优化南丹县产业布局，全力提高经济发展质量，努力实现经济社会发展的协调性、高质量、高效益、可持续，坚定做到疫情防控常态化和经济社会发展双赢。到2025年即“十四五”期末，南丹县地区生产总值年均增速达7%以上，2025年地区生产总值达145.65亿元。

展望2035年，南丹县与全国同步基本实现社会主义现代化。经济实力、科技创新实力、乡村振兴建设、生态文明建设取得显著成效，经济总量和城乡居民人均收入迈上新台阶，产业转型升级取得新突破，综合实力进入全区县级前列；建成现代化经济体系，基本实现新型工业化、信息化、城镇化、农业现代化；充分保障人民平等参与、平等发展权利，建成法治政府、法治社会，基本实现社会治理体系和治理能力现代化；建成文化强县、教育强县、人才强县、体育强县、健康南丹，国民素质和社会文明程度达到新高度，文化软实力显著增强；广泛形成绿色生产生活方式，碳排放达峰后稳中有降，生态环境根本好转，美丽南丹建设目标基本实现；形成对外开放新格局，参与国际经济合作和竞争新优势明显增强，中等收入群体显著扩大，基本公共服务实现均等化，城乡区域发展差距和居民生活水平差距显著缩小，全面发展、共同富裕取得更为明显的实质性进展。

二、立足新发展阶段、贯彻新发展理念、构建新发展格局

中共南丹县第十五次代表大会提出：要准确把握新形势、新特征、

新机遇、新挑战，走出一条速度与质量相统一，目标与实际相吻合的高质量发展之路。

经济实力得到“成倍性”增强。到2023年，地区生产总值突破200亿元，财政收入突破20亿元，一般公共预算收入突破10亿元；到2025年，地区生产总值突破300亿元，财政收入突破30亿元，一般公共预算收入突破15亿元；全社会固定资产投资年均增长12%；其他主要经济指标全部保持增长态势。

产业结构得到“重塑性”优化。工业朝着高端化、绿色化、多元化、特色化方向发展。全域旅游及服务业、特色农业等规模不断扩大，占地区生产总值的比重明显增加，结构更加合理。

人民生活得到“稳定性”进步。城乡居民收入保持较快增长速度，差距进一步缩小。公共服务体系更加健全，教育、文化、社保、医疗等质量逐年提高。

生态建设得到“系统性”构建。主要污染物排放总量得到有效控制，森林覆盖率稳步提高，饮用水、空气质量稳定达标且保持在全区前列水平，上千年形成的重金属污染取得重大治理战果。

全民素质得到“递进性”提高。社会主义核心价值观深入人心，社会治理不断完善，移风易俗成效明显，人口素质明显提高，社会风气向上向善。

南丹影响得到“整体性”扩大。创建系列更有影响力、更有含金量的国家级、自治区级品牌，“南国避暑胜地·世界白裤瑶乡”的内涵不断丰富，品牌影响力走出广西，迈向全国。

三、向新时代新希望目标迈进

中共南丹县第十五次代表大会提出：面对机遇与挑战并存的新征程，必须精准把握新阶段特征，牢牢抢抓自治区明确支持南丹冲刺“中国西部百强县”的战略机遇，打造“广西县域经济强县”的政策机遇，聚精会神办好每件事情，千方百计抓好每项工作，不遗余力朝着既定目标迈进。

实施“三千三百”战略，树立百倍信心，打造具有全国影响力的产业集群，为县域发展提供强劲动能。紧抓自治区打造10大“千亿元园区”的战略机遇，全力实施“千亿元产业、千亿元园区、千亿元南方”工程，将有色金属培育成拳头产业。紧抓自治区打造30家“百亿元企业”的战略机遇，全力实施“百亿元丹泉酒、百亿元碳酸钙、百亿元大健康”工程，培育多元发展的产业体系。紧抓自治区实施“工业强县行动”的战略机遇，全力提升园区承载能力。

实施“五城”战略，推动县域协调发展，促进南丹竞争力不断增强，实力不断壮大，魅力不断显现，打造“新型工业样板城”，优化工业布局，增强发展后劲。打造“避暑旅游宜居城”，激发县域活力，提升三产实力。打造“城乡融合振兴城”，促进乡村振兴，推动城乡平衡。打造“生态文明示范城”，加固绿色屏障，建设一流环境。打造“开放创新活力城”，深化思想解放，构建崭新局面。

坚持“以人民为中心”的发展理念，突出民生福祉，提高保障水平，推动南丹社会事业取得重大进步。建设幸福南丹，让人民群众的幸福感更加充实。建设健康南丹，让人民群众的获得感更加充分。建设法治南丹，让人民群众的认同感更加广泛。建设平安南丹，让人民群众的安全感更加强烈。建设数字南丹，让人民群众的现代感更加明显。

奋进新时代，开启新征程。我们要更加紧密地团结在以习近平同志为核心的党中央周围，在自治区党委、河池市委的坚强领导下，永葆初心、牢记使命，以坚如磐石的信心、只争朝夕的劲头、坚韧不拔的毅力，一步一个脚印地把南丹的事业推向前进，南丹人民必将不断创造出更加幸福美好的生活，创造出新的更大的奇迹！

第五章

革命建设改革发展中的人物

（新民主主义革命时期至今）

南丹是左右江革命老区的重要组成部分。土地革命时期，邓小平、张云逸等老一辈无产阶级革命家在南丹留下了光辉足迹，影响和带动了无数南丹进步青年接受马克思主义信仰，韦国英、蓝志仁等一批又一批共产党员和仁人志士前仆后继、英勇斗争。抗日战争中，南丹人民在中国共产党抗日民族统一战线旗帜指引下共赴国难，多名南丹籍将士血洒淞沪会战、台儿庄大战等战场；日本侵略军侵犯南丹时，许多爱国将士为保卫南丹人民献出了宝贵生命。抗战胜利后及南丹和平解放后的各个时期，无数南丹优秀共产党员冲锋在前、奋斗不止，为南丹人民留下了自强向上、艰苦拼搏的宝贵财富。他们是人民的脊梁、南丹的骄傲！

第一节　革命人物

一、韦国英

韦国英（1901—1969），男，原名韦明宽，字春城，壮族，广西南丹人。1923年7月，与胞弟明峰串联28名青年建立邑暮农军，并参加韦拔群领导的三打东兰县城的战斗。

1925年9月，到东兰县北帝岩（今列宁岩）参加农民运动讲习所学习。学习结束，担任农民运动特派员，先后到南丹（那地）、凤山、东兰、凌云（天峨）等地发起农民运动。1929年11月加入中国共产党。1930年后，先后任那地县工农民主政府（苏维埃政府、革命委员会）主席，红七军二十一师六十三团代理团长、团长，中共黔桂边委员会委员等职务。1950年1月20日，率领桥头武装与中国人民解放军一同从六排挺进向阳，占领天峨县城。天峨县解放后，韦国英历任天峨县政府接管委员会工作人员、第三区副区长、人民委员会副县长等职务。1954年被选为广西省第一届各界人大代表，后还被选为广西壮族自治区第一届、第二届人大代表。1966年5月8日退休。“文化大革命”中遭迫害。1969年9月19日去世，终年69岁。1982年3月27日，中共河池地委决定，恢复韦国英党籍和政治名誉。

二、蓝志仁

蓝志仁（1904—1932），男，原名蓝艳庭，壮族，广西南丹人。1928年初，参加清算吾隘团防局长罗炳、副局长罗松侵吞群众建校捐款及其他罪行后到东兰投身革命。1929年9月，任吾隘区武装队长。1930年4月，被推荐去东兰第三纵队教导队训练班学习，在学习期间加入中国共产党，后历任红七军第三纵队第四游击大队大队长、红七军二十一师师部副官、中国工农红军独立第三师（右江独立师）六十三团政治指导员兼岜暮独立营指导员。1932年9月，在甘孟山阵地与敌作战时牺牲，时年28岁。

三、廖源芳

廖源芳（1880—1931），男，字萱城，壮族，广西凤山人。1925年9月，前往东兰参加韦拔群在列宁岩举办的第一届农民运动讲习所学习，结业回凤山后，投入农民运动。1928年初，到南丹开展革命活动。1929年12月，参加百色起义，任红七军第三纵队副官处副处长。1930年8月加入中国共产党。1931年6月2日，率队到东兰、凤山边界的隆维执行战斗任务时牺牲，终年51岁。

四、黄榜呈

黄榜呈（1895—1931），男，字祥卿，号愚夫，壮族，广西东兰人。

1921年秋，积极配合韦拔群等成立右江农民运动最早的组织“改造东兰同志会”。1929年3月加入中国共产党。1929年3月后，到南丹开展农民运动。1929年12月11日百色起义后任红七军第三纵队第一营教导员，率部解放那地并帮助建立了那地县苏维埃政府。1931年7月21日，奉命从下坳返回东兰途中在那地牺牲，时年36岁。

五、陈恩深

陈恩深（1903—1930），男，壮族，广西东兰人。1923年参加革命，1929年加入中国共产党，先后任农军队长、中队长、红军营长，在建立和保卫那地苏维埃政权中作出了重要贡献。1930年6月，奉命率部参加收复恩隆县战斗，在作战中牺牲，时年27岁。

六、韦金凤

韦金凤（1914—2005），女，壮族，广西南丹人。1930年参加红军，先后任宣传队宣传员、岜暮区妇女联合会主席。南丹和平解放后，先后任那地妇女主任、县人民代表大会代表。1958年12月，成立广西壮族自治区时，作为当年“那地县苏维埃”的特邀代表出席自治区人民政府成立庆祝大会。“文革”中受到迫害。1982年9月，恢复历史荣誉，享受老红军战士待遇。2005年2月8日因病去世，享年91岁。

七、胡翠珠

胡翠珠（1900—1987），女，广西南丹人。1928年参加革命，任扬州区妇女联合会主席。1932年10月，扬州革命根据点失守，她成为幸存者之一。南丹和平解放后，历任县第一至第八届人民代表大会代表。1987年7月14日，在扬州家中逝世，享年87岁。

八、韦汉超

韦汉超（1901—1938），男，原名韦展书，壮族，广西东兰人。1925年参加农民运动。1927年任东兰农军瑶族马刀队队长。1929年12月参加百色起义，任东兰县苏维埃政府土地委员会主席。同年加入中国共产党。1930年11月红七军主力北上后，他历任红七军二十一师（后为独立第三师）六十三团三营营长、独立营营长和都邑瑶族独立营营长，率部转战东兰、凤山、南丹、河池四县。1932年冬，韦拔群、陈洪涛等红七军主要领导人相继牺牲之后，韦汉超主领一支小分队从东兰突围到河池、南丹和贵州的独山、荔波等地坚持斗争。1937年8月，根据上级指示到南丹、河池边界组建成立丹池边革命委员会，并任主席。1938年底，在宜北县不幸被捕，英勇就义，时年37岁。

九、谭国联

谭国联（1904—1938），男，壮族，广西东兰人。1925年参加农民运动。1926年参加东兰农民自卫军。1929年12月参加百色起义。1930年加入中国共产党。同年12月任红七军二十一师六十三团三营政治指导员。1931年8月，任中国工农红军独立第三师（右江独立师）都邑瑶族独立营指导员，后转移至南丹、河池和黔桂边坚持进行革命活动。1937年任丹池边革命委员会副主席。1938年2月，在南丹县大平屯进行革命活动，不幸被捕入狱。同年4月在南丹英勇就义，时年34岁。

十、姚崇周

姚崇周（1905—1937），男，布依族，贵州荔波人。1930年参加革命。1932年4月，成为一名搜集和传递情报的地下交通员，在南丹、宜北、环江、荔波一带活动。1937年7月初，在南丹被国民党反动当局抓捕，同月14日英勇就义，时年32岁。

十一、莫与京

莫与京（1904—1960），男，壮族，广西南丹人。1948年1月，参加了宝藏游击小组；5月，游击小组扩编为平村和宝藏两个小分队，任宝藏小分队分队长。1949年7月，桂西人民解放军第十支队长老游击大队成立，下设三个中队，宝藏游击小分队升格为第三中队，任中队长。1950年2月，第三中队编为南丹县大队，任大队长。1951年初，到宜山专区公安处行政科学习，年末返回南丹，任大厂新洲劳改大队副大队长。1952年9月，在“三反”运动中，蒙冤被开除。1960年4月因病逝世。1979年，获平反昭雪。

十二、罗大嫂

罗大嫂（1915—1974），女，原名吴连英，苗族，广西南丹人。1950年参加革命工作。清匪反霸时，率领40余名瑶族妇女配合解放军和地方武装进行剿匪，先后荣立大、小功各两次，并被选为广西军区第二届庆功大会功臣代表，荣获“剿匪英雄”光荣称号。1951年12月，任南丹县第二区（八圩）妇女联合会主任。1952年12月加入中国共产党，并当选为区委委员。1962年12月底，回家从事农业生产。人民公社化时，她任公社党委委员。1974年3月1日病故，享年59岁。

十三、张泽甫

张泽甫（1897—1965），男，壮族，广西南丹人。1919年五四运动后，与同在贵州蔡锷护国军熊克丞部的韦拔群通过各种渠道收集《新青年》《向导》等宣传马克思主义和社会主义思潮的民主进步书刊在军营里宣传革命思想。同年，离开军营返回那地土州。1929年，在那地与朱哲三、何绍祥、蓝志仁一起发动群众开展农民运动。那地县苏维埃政府成立后，先后任财政委员、财粮部部长。1932年9月后，隐蔽乡间直到南丹和平解放。1965年因病去世，享年68岁。

第二节　革命先烈英名录[①]

一、革命烈士英名录

唐绍玉，又名唐兴喜，男，汉族，1908年生，大厂扬州人，1928年参加革命，1929年8月于车河区八步街牺牲，时任扬州乡农会赤卫队

---

① 烈士资料来源于1994年10月南丹县地方志编纂委员会编的《南丹县志》，以及南丹县退役军人事务局。

战士。

唐老四，男，汉族，1906年生，大厂扬州人，1928年参加革命，1929年8月于扬州村牺牲，时任扬州乡农会赤卫队战士。

陆兰谷，男，壮族，1875年生，吾隘那地人，1928年参加革命，1929年10月于吾隘街牺牲，时任那地村农会赤卫队战士。

杨胜芝，男，1905年生，岜暮大曹人，1927年7月参加革命，1929年10月于扬州村牺牲，时任那地县临时革命委员会特务营班长。

陈乡甫，小名陈老荣，男，汉族，1903年生，大厂扬州人，1928年参加革命，1929年11月于南胃四方井牺牲，时任扬州乡农会赤卫队战士。

陈兴发，男，汉族，1906年生，大厂扬州人，1928年参加革命，1929年11月于南胃四方井牺牲，时任扬州乡农会赤卫队战士。

周老丑，男，汉族，1900年生，大厂扬州人，1928年参加革命，1929年11月于南胃四方井牺牲，时任扬州乡农会赤卫队战士。

阳五生，男，汉族，1906年生，大厂扬州人，1928年参加革命，1929年11月于南胃四方井牺牲，时任扬州乡农会赤卫队战士。

阳生全，男，汉族，1906年生，大厂扬州人，1928年参加革命，1929年11月于南胃四方井牺牲，时任扬州乡农会赤卫队战士。

宁老三，男，壮族，1910年生，大厂扬州人，1928年参加革命，1929年于吾隘街牺牲，时任扬州乡农会赤卫队战士。

宁家珊，小名宁双福，男，壮族，1906年生，大厂扬州人，1928年参加革命，1929年于扬州村牺牲，时任扬州乡农会赤卫队战士。

邓洪英，又名邓大毛，男，汉族，1900年生，吾隘那地人，1928年参加革命，1930年2月于南丹县城牺牲，时任那地县工农民主政府粮食委员会副委员。

韦永新，男，1907年生，岜暮板花人，1928年参加革命，1930年6月于扬州村牺牲，时任那地县苏维埃政府宣传员。

韦选堂，男，1907年生，岜暮板花人，1929年参加革命，1930年6月于扬州村牺牲，时任岜暮区苏维埃特务排战士。

韦秀金，男，1907年生，岜暮板么人，1930年2月参加革命，1930年6月于扬州村牺牲，时任岜暮区苏维埃赤卫队战士。

马德元，小名马新贵、马老四，男，壮族，1905年生，大厂扬州人，1928年参加革命，1930年8月于那地新街牺牲，时任红七军第三纵队第四大队战士。

陈老丑，男，壮族，1905年生，大厂南胃人，1928年参加革命，1930年10月于先塘村牺牲，时任三合村（先塘、南胃、丹炉三个村的总称）农会赤卫队战士。

何老四，又名何洋烟，男，壮族，1911年生，大厂南胃人，1928年参加革命，1930年10月于先塘村牺牲，时任三合村农会赤卫队战士。

吴昌德，男，1910年生，芭暮平石人，1929年10月参加革命，1930年10月于德竹村牺牲，时任芭暮乡苏维埃赤卫队队员。

韦三合，男，汉族，1906年生，吾隘独田人，1930年6月参加革命，1930年11月于湖南武岗县城牺牲，时任红七军五十五团二营四连战士，1987年被追认为烈士。

阳正宏，男，汉族，1881年生，大厂扬州人，1928年参加革命，1930年11月于南丹县城牺牲，时任红七军二十一师六十三团战士。

阳炳南，男，汉族，1909年生，大厂扬州人，1928年参加革命，1930年11月于南丹县城牺牲，时任红七军二十一师六十三团财务员。

韩吉富，男，壮族，1906年生，吾隘古兰人，1929年参加革命，1930年12月于扬州牺牲，时任红七军二十一师六十三团战士，1987年被追认为烈士。

陈田氏，女，汉族，1882年生，大厂扬州人，1928年参加革命，1930年于扬州村牺牲，时任扬州乡农会委员。

黄永明，小名黄吉东，男，壮族，1902年生，大厂扬州人，1928年参加革命，1930年于东兰县长江村板隆屯牺牲，时任红七军二十一师六十三团排长。

陈玉林，男，汉族，1908年生，大厂扬州人，1928年参加革命，1930年于扬州村牺牲，时任红七军二十一师六十三团战士。

何瑞芬，男，壮族，1906年生，大厂南胃人，1928年参加革命，1930年于大厂公峨村牺牲，时任三合村农会赤卫队战士。

韦日兴，男，汉族，1895年生，罗富坡旁人，1928年参加革命，1930年于南丹县城牺牲，时任红七军第三纵队第四大队排长。

宁世刚，男，壮族，1904年生，吾隘同贡人，1928年参加革命，1930年于东兰县牺牲，时任红七军二十一师六十三团战士。

何瑞坤，男，壮族，1905年生，吾隘那地人，1928年参加革命，1930年于六排街牺牲，时任红七军第三纵队第四大队战士。

余长英，男，壮族，1903年生，吾隘那地人，1928年参加革命，1930年于吾隘街牺牲，时任红七军第三纵队第四大队战士。

陈寿桢（祯），男，壮族，1902年生，吾隘那地人，1928年参加革命，1930年于向阳街牺牲，时任红七军第三纵队第四大队战士。

陆世明，又名陆老昌，男，壮族，1910年生，吾隘那地人，1928年参加革命，1930年于东兰县城牺牲，时任红七军第三纵队第四大队战士。

阳双和，男，壮族，1907年生，吾隘那地人，1928年参加革命，1930年于东兰县武篆街牺牲，时任红七军第三纵队第四大队战士。

韦德高，男，壮族，1908年生，吾隘那地人，1928年参加革命，1930年于东兰县兰隆村牺牲，时任红七军第三纵队第四大队战士。

龙达邦，男，壮族，1894年生，吾隘昌里人，1928年参加革命，1931年3月于那地新街牺牲，时任红七军二十一师六十三团宣传员。

韦义芳，又名韦吉养，男，壮族，1903年生，吾隘昌里人，1928年参加革命，1931年3月于那地新街牺牲，时任红七军二十一师六十三团战士。

韦孔群，男，壮族，1895年生，吾隘那地人，1928年参加革命，1931年4月于吾隘街牺牲，时任红七军二十一师六十三团战士。

黄榜呈，男，壮族，1895年5月生，东兰武篆人，1922年参加革命，1931年7月23日于那地县苏维埃政府粮食部牺牲，时任那地县苏维埃政府副主席。

李祖同（桐），男，东兰城厢人，1931年7月23日于那地县苏维埃政府粮食部牺牲，时任警卫员。

陆水安，男，壮族，1905年生，吾隘那地人，1928年参加革命，1931年7月23日于那地县苏维埃政府粮食部牺牲，时任红七军二十一师六十三团战士。

朱栋坤，又名朱老五，男，壮族，1910年生，吾隘那地人，1928年参加革命，1931年7月23日于那地县苏维埃政府粮食部牺牲，时任红七军二十一师六十三团战士。

何绍祥，又名何老尧，男，壮族，1900年生，吾隘那地人，1928年参加革命，1931年7月23日于那地县苏维埃政府粮食部牺牲，时任那地县苏维埃政府粮食委员会委员兼那地区苏维埃政府主席。

向板别，男，壮族，1903年生，吾隘那地人，1928年参加革命，1931年8月于那地新街牺牲，时任红军右江独立师六十三团战士。

龙子勤，男，苗族，1910年生，大厂龙更人，1928年参加革命，1931年10月于先塘村牺牲，时任三合村农会赤卫队战士。

龙子隆，男，苗族，1888年生，大厂龙更人，1928年参加革命，1931年10月于先塘村牺牲，时任三合村农会赤卫队战士。

韩明送，又名韩天送，男，壮族，1910年生，大厂扬州人，1928年参加革命，1931年11月于罗富五道河牺牲，时任红军右江独立师六十三团战士。

黄恒波，男，壮族，1905年生，芭蓉平石人，1929年参加革命，1931年12月于独田村牺牲，时任芭蓉党支部书记、芭蓉区苏维埃赤卫队主席。

唐老林，男，汉族，1908年生，大厂扬州人，1928年参加革命，1931年于扬州决子洞牺牲，时任红军右江独立师六十三团战士。

衡吉恩，男，汉族，1903年生，大厂扬州人，1928年参加革命，1931年于扬州村牺牲，时任扬州乡农会委员。

宁永宽，又名宁利山、宁万金，壮族，1901年生，大厂龙更人，1928年参加革命，1931年于河池县河池街牺牲，时任三合村农会赤卫队副队长。

韦日昌，男，壮族，1897年生，罗富坡旁人，1928年参加革命，1931年于罗富莫德牺牲，时任红七军二十一师六十三团战士。

田大妹（森），男，汉族，1881年生，吾隘八隘人，1928年参加革命，1931年于那地街牺牲，时任红七军二十一师六十三团战士。

陆和清，又名陆吉狗、陆麻子，男，壮族，1895年生，吾隘那地人，1928年参加革命，1932年9月于南丹县城牺牲，时任红军右江独立师六十三团战士。

蓝志仁，又名蓝艳（献）庭、蓝传美，男，壮族，1904年生，大厂扬州人，1927年参加革命，1932年9月于岜暮拉好岩牺牲，时任红军右江独立师六十三团政治指导员兼岜暮独立营指导员。

石记（继）发，男，汉族，1908年生，大厂同车江人，1928年参加革命，1932年10月于岜暮拉好岩牺牲，时任红军右江独立师六十三团战士。

蓝建宜，男，壮族，1909年生，大厂扬州人，1928年参加革命，1932年9月于岜暮拉好岩牺牲，时任红军右江独立师六十三团宣传员。

蓝孝生，男，壮族，1911年生，大厂扬州人，1928年参加革命，1932年9月于岜暮拉好岩牺牲，时任红军右江独立师六十三团班长。

蓝锦山，男，壮族，1880年生，大厂扬州人，1927年参加革命，1932年9月于岜暮拉好岩牺牲，时任扬州乡农会会长。

蓝彩文，男，汉族，1905年生，大厂扬州人，1928年参加革命，1932年9月于岜暮拉好岩牺牲，时任红军右江独立师六十三团政工员。

蓝胜峰，男，汉族，1903年生，大厂扬州人，1928年参加革命，1932年9月于岜暮拉好岩牺牲，时任红军右江独立师六十三团副班长。

蓝彩娥，女，汉族，1906年生，大厂扬州人，1928年参加革命，1932年9月于岜暮拉好岩牺牲，时任红军右江独立师六十三团宣传员。

罗吉能，男，壮族，1911年生，吾隘独田人，1928年参加革命，1932年9月于岜暮拉好岩牺牲，时任红军右江独立师六十三团班长。

陆老肥，男，壮族，1906年生，吾隘那地人，1928年参加革命，1932年9月于岜暮拉好岩牺牲，时任红军右江独立师六十三团战士。

宁甲辰，男，壮族，1896年生，吾隘那地人，1928年参加革命，1932年9月于岜暮拉好岩牺牲，时任红军右江独立师六十三团战士。

向大明，男，壮族，1903年生，大厂扬州人，1928年参加革命，1932年9月于岜暮拉好岩牺牲，时任红军右江独立师六十三团班长。

陆昌甫，男，壮族，1902年生，大厂扬州人，1928年参加革命，1932年9月于岜暮拉好岩牺牲，时任红军右江独立师六十三团排长。

韦吉流，又名韦秀清，男，壮族，1910年生，吾隘那地人，1928年参加革命，1932年9月于岜暮拉好岩牺牲，时任红军右江独立师六十三团排（班）长。

宁美姣，女，汉族，1906年生，大厂扬州人，1928年参加革命，1932年9月于岜暮拉好岩牺牲，时任红军右江独立师六十三团宣传员。

韦秀今，男，壮族，1903年生，大厂扬州人，1928年参加革命，1932年9月于岜暮拉好岩牺牲，时任红军右江独立师六十三团战士。

黄老旺，男，壮族，1909年生，吾隘那地人，1928年参加革命，1932年9月于岜暮拉好岩牺牲，时任红军右江独立师六十三团战士。

梁洪飞，男，壮族，1903年生，吾隘那地人，1928参加革命，1932年9月于岜暮拉好岩牺牲，时任红军右江独立师战士。

黄宏（鸿）章，又名黄小生，男，壮族，1905年生，吾隘那地人，1928年参加革命，1932年10月于扬州水岩洞牺牲，时任那地乡农民赤卫队战士。

张新田，男，汉族，1907年生，大厂同车江人，1928年参加革命，1932年10月于扬州村牺牲，时任红军右江独立师六十三团战士。

蓝松甫，男，壮族，1900年生，大厂扬州人，1928年参加革命，1932年10月于扬州村牺牲，时任扬州区农会主席。

蓝顺基，男，壮族，1904年生，大厂扬州人，1928年参加革命，1932年10月于扬州拉歪水碾牺牲，时任红军右江独立师医师。

阳孔姣，又名阳生耀、阳才胜，男，汉族，1902年生，大厂扬州人，1928年参加革命，1932年10月于南丹县城牺牲，时任扬州乡农会赤卫队队长。

马肫意，又名马三吉，男，壮族，1902年生，大厂扬州人，1928年参加革命，1932年10月于南丹县城牺牲，时任红军右江独立师六十三团战士。

马德新，又名马吉福，男，壮族，1902年生，大厂扬州人，1928年参加革命，1932年10月于南丹县城牺牲，时任红军右江独立师六十三团战士。

宁家佑，男，壮族，1903年生，大厂扬州人，1928年参加革命，1932年12月于河池县河池街牺牲，时任扬州乡农会赤卫队队长。

陈林忠，男，汉族，1905年生，大厂扬州人，1928年参加革命，1932年12月于河池县河池街牺牲，时任扬州乡农会赤卫队副队长。

陈其斌，男，汉族，1882年生，大厂扬州人，1928年参加革命，

1932年12月于河池县河池街牺牲，时任红军右江独立师六十三团战士。

黎元光，男，1894年生，平果县人，1927年参加革命，1934年于南丹县牺牲，时任平果县农民赤卫队战士。

阳生晖，男，汉族，1909年生，大厂扬州人，1928年参加革命，1935年于四川省成都市南郊牺牲，时任中国工农红军第三军团战士。

张致芳，男，汉族，河北定州人，华北革命大学学生，1950年2月于八圩牺牲。

崖天明，男，壮族，1902年生，小场中平人，1950年3月参加革命工作，1950年3月于中平村牺牲，时任中平村农会主席。

崖天德，男，壮族，1905年生，小场中平人，1950年3月参加革命工作，1950年3月于拉易村牺牲，时任中平村农会委员。

郁昌伟，男，壮族，1921年12月生，芒场磨麻人，1949年12月参加革命，1950年4月18日于磨麻村牺牲，时任巴平乡人民政府副乡长。

潘正廷，男，汉族，1903年生，车河街人，1950年3月参加革命工作，1950年4月27日于车河新步牺牲，时任车河村农会主席。

龙明才，男，苗族，1909年生，南丹县城民行街人，1950年2月参加革命工作，1950年4月于四山大坳牺牲，时任县城民兵队民兵，1951年被追认为烈士。

刘乾兴，男，汉族，1926年生，小场挽白人，1950年1月参加革命工作，1950年4月于挽白板谢牺牲，时任挽白村农会主席。

陆金山，男，汉族，1910年生，车河八步人，1950年3月参加革命工作，1950年4月于车河新步牺牲，时任八步村农会主席。

容盛禄，男，壮族，1933年生，大厂龙藏人，1949年6月参加革命，1950年4月于六寨区巴定乡牺牲，时任中国人民解放军南丹县大队六寨区中队战士。

黄仕有（王仕友），男，汉族，1916年生，车河八步人，1950年3月参加革命工作，1950年5月4日于八步更有牺牲，时任八步村农会委员、民兵。

何老仁，男，瑶族，1910年生，里湖纪后人，1950年2月参加革命工作，1950年5月16日于里湖纪沓牺牲，时任里湖民兵队民兵。

兰老龙，男，瑶族，1920年生，八圩立坳人，1950年2月参加革命工作，1950年5月16日于砂厂洞左牺牲，时任立坳村民兵队民兵，1951年被追认为烈士。

容澎，男，壮族，1928年生，大厂龙藏人，1948年12月参加革命，1950年5月于灰罗街黄腊冲牺牲，时任六寨区人民政府副区长。

唐元清，男，汉族，1905年生，车河村人，1950年3月参加革命工作，1950年5月于车河拉朋牺牲，时任车河村农会委员。

杨昌文，男，汉族，1915年生，芒场拉麻人，1950年3月参加革命工作，1950年6月1日于拉麻村牺牲，时任拉麻村农会副主席。

缪凤文，男，汉族，1930年3月生，芒场拉麻人，1950年3月参加革命工作，1950年6月7日于拉麻村牺牲，时任拉麻村农会主席。

韦世昌，男，壮族，1889年生，车河街人，1950年3月参加革命工作，1950年6月12日于车河街牺牲，时任车河村农会副主席。

容盛辉，男，壮族，1903年生，大厂龙藏人，1949年6月参加革命，1950年6月于灰罗街牺牲，时任中国人民解放军南丹县大队供给保管员。

黄有恩，男，汉族，1906年生，车河黄泥坡人，1950年3月参加革命工作，1950年6月于黄泥坡牺牲，时任车河村农会委员。

张建成，男，汉族，1920年生，河南省南阳市方城县四扈区寅士应村人，1948年4月入伍，1950年8月11日于瑶寨关西牺牲，时任中国人民解放军五十八军一七四师五二〇团三营九连班长。

吴伟雄，男，汉族，1929年生，河南省平江县常得乡人，1949年2月入伍，1950年8月11日于瑶寨关西牺牲，时任中国人民解放军五十八军一七四师五二〇团三营九连战士。

刘马虎，男，汉族，1922年生，河南省许昌市鄢陵县大马人，1949年2月入伍，1950年8月11日于瑶寨关西牺牲，时任中国人民解放军五十八军一七四师五二〇团三营九连战士。

王有才，男，汉族，1923年生，山东省甫陶市七扈区陈应村人，1946年8入伍，1950年8月20日于南丹县城牺牲，时任中国人民解放军五十八军一七四师五二〇团三营九连排长。

吴三魁，男，汉族，1927年生，河南省平顶山市卫东区叶县八扈黄栋树人，1948年8月入伍，1950年8月20日于南丹县城牺牲，时任中国人民解放军五十八军一七四师五二〇团三营七连战士。

张记（继）武，男，汉族，1922年生，河南省南阳市王坊村人，1949年6月入伍，1950年8月20日于南丹县城牺牲，时任中国人民解放军五十八军一七四师五二〇团三营七连战士。

殷长安，男，汉族，1929年生，河南省叶灏县七扈区小河金村人，1949年4月入伍，1950年8月20日于南丹县城牺牲，时任中国人民解放军五十八军一七四师五二〇团三营七连战士。

范伦理，男，汉族，1921年生，山西省人，1946年10月入伍，1950年8月于南丹县城牺牲，时任中国人民解放军五十八军一七四师五二〇团三营八连班长。

赵建东，男，汉族，华北革命大学学生，1950年7月于坡前村牺牲。

何根义（更義），男，汉族，河南省人，中国人民解放军战士，生平信息待考证。

范传谋，男，汉族，河南省人，中国人民解放军班长，生平信息待考证。

余大清，男，汉族，河南省人，中国人民解放军战士，生平信息待考证。

罗寒弟，男，柳城县人，中国人民解放军战士，生平信息待考证。

余治中（治忠），男，汉族，河南省人，中国人民解放军战士，生平信息待考证。

刘清山，男，汉族，河南省人，中国人民解放军战士，生平信息待考证。

王存兴，男，汉族，河北（河南）省人，中国人民解放军排（班）长，生平信息待考证。

刘安，男，汉族，河南省宜阳县人，生平信息待考证。

潘德清，男，中国人民解放军战士，生平信息待考证。

王孟，生平信息待考证。

费锡義，生平信息待考证。

董振海，生平信息待考证。

赵子国，生平信息待考证。

陈玉峰，生平信息待考证。

胡世才，生平信息待考证。

阙园武，生平信息待考证。

李聚才，生平信息待考证。

莫绍光，男，壮族，1928年生，大厂龙藏人，1948年11月参加革命，1950年10月于大厂街牺牲，时任中国人民解放军南丹县大队代副排长。

姚斌，又名姚本明，男，汉族，1930年生，车河八步人，1950年1月入伍，1950年11月23日于朝鲜战场牺牲，时任中国人民志愿军一一二师三三五团战士。

张洪喜，男，汉族，1911年生，南丹县城民治街人，1949年10月参加革命，1950年12月6日于朝鲜战场牺牲，时任中国人民志愿军二十六军七十七师二三〇团六连战士。

宁祖隆，男，壮族，1927年生，吾隘同贡人，1948年11月参加革命，1950年12月于朝鲜战场牺牲，时任中国人民志愿军战士。

陆桂隆，男，壮族，1928年8月生，罗富罗更人，1950年10月15日参加革命，1951年1月17日于罗富拉叉牺牲，时任黄江民兵队民兵，1951年被追认为烈士。

牙述康，男，壮族，1924年1月生，罗富板劳人，1950年10月15日参加革命，1951年2月28日于罗富巴定牺牲，时任黄江民兵队事务长，1951年被追认为烈士。

李世芬，男，壮族，1918年生，罗富黄黑人，1950年10月15日参加革命，1951年2月28日于罗富巴定牺牲，时任黄江民兵队班长，1951年被追认为烈士。

吴老源，男，汉族，1919年生，罗富黄黑人，1950年10月15日参加革命，1951年2月28日于罗富巴定牺牲，时任黄江民兵队民兵，1951年被追认为烈士。

杨子清，男，汉族，1917年生，罗富黄黑人，1950年10月15日参加革命，1951年2月28日于罗富巴定牺牲，时任黄江民兵队民兵，1951年被追认为烈士。

杨双成，男，汉族，1912年生，南丹县城人，1948年1月参加革命，1951年4月30日于朝鲜战场牺牲，时任中国人民志愿军第十五军四十五师一三三团一连战士。

徐顺成，男，汉族，1924年生，南丹县城人，1950年10月入伍，1951年4月30日于朝鲜战场牺牲，时任中国人民志愿军第十五军四十五师一三三团七连战士。

乔现子，男，汉族，1933年生，河南省宜阳县人，1948年参加革命，1951年4月于南丹县牺牲，时任中国人民解放军第四野战军二十一兵团六四〇团三营战士。

韦吉业，男，壮族，1915年生，罗富更桥人，1946年10月参加革命，1951年5月18日于朝鲜战场牺牲，时任中国人民志愿军第十五军四十五师一三三团二连战士，追记一等功两次。

卢宝仁，又名卢宝彬，男，壮族，1928年生，大厂扬州人，1949年5月参加革命，1951年6月5日于朝鲜战场牺牲，时任中国人民志愿军炮兵二十团战士，追记一等功。

蓝金寿，宜山县人，1951年6月于中堡牺牲，时任中国人民解放军一七四师五二二团一营一连战士。

钟明高，男，汉族，1929年生，芒场街人，1951年6月入伍，1951年10月于朝鲜战场牺牲，时任中国人民志愿军铁道兵四师十四团战士。

覃勇，男，壮族，1927年生，里湖甲木人，1951年1月入伍，1951年12月15日于朝鲜战场牺牲，时任中国人民志愿军铁道兵四师十四团战士。

韦承华，男，壮族，1929年生，六寨街人，1949年12月参加革命，1951年于朝鲜战场失踪，时任中国人民志愿军十五军四十四师一三二团七连战士。

殷会卿，男，汉族，山东省黄县汉南区殷家店人，1944年参加革命，1951于车马村牺牲，时任中国人民解放军二一四师六四一团保卫股长。

吴会（金）廷，男，苗族，1931年生，芒场磨岩人，1951年1月入伍，1952年3月15日于朝鲜战场牺牲，时任中国人民志愿军一八八师五六三团六连战士。

余老碰，男，苗族，1924年生，月里拉纳人，1949年参加革命，1952年5月于朝鲜战场牺牲，时任中国人民志愿军一八八师五六四团战士。

班统仁，男，汉族，1920年生，罗富塘丁人，1949年参加革命，1952年于朝鲜战场牺牲，时任中国人民志愿军第三十一军九十师二〇团战士。

林老培，男，汉族，1920年生，吾隘街人，1948年9月参加革命，1953年1月26日于朝鲜战场牺牲，时任中国人民志愿军第十五军四十四师一三〇团通讯连战士。

麦永德，男，汉族，1928年生，南丹县城民生街人，1949年10月参加革命，1953年6月10日于朝鲜战场牺牲，时任中国人民志愿军第六十军后勤部司机。

赵林常，男，汉族，1931年生，河北省人，1949年参加革命，1955年于芒场牺牲，时任中国人民解放军第四野战军一五八师四七二团排长。

韦振强，男，壮族，1931年6月生，六寨龙马人，1951年参加革命工作，1955年6月因打捞国家财产于小场街牺牲，时任南丹县人民政府会计员。1955年被追认为烈士。

周俊良，男，汉族，江苏省人，1955年11月于车河金竹坳牺牲，时任中国人民解放军总后勤部战士。

刘继刚，男，汉族，四川省人，1955年11月于车河金竹坳牺牲，时任中国人民解放军总后勤部战士。

袁朝栋，男，汉族，1938年3月生，六寨街人，1956年1月入伍，1958年7月30日于青海省称多县牺牲，时任中国人民解放军某部战士。

韦元光，男，壮族，1938年8月生，大厂龙藏人，1959年3月入伍，1960年5月于广东省联阳县星子村牺牲，时任中国人民解放军某部战士。

唐昌明，男，1928年9月生，宜山县人，1951年1月参加革命工作，1962年7月于月里牺牲，时任南丹县公安局干事。

唐港全，男，汉族，1943年8月生，湖南永州人，大厂矿务局职工子弟，1961年8月入伍，1962年8月于桂林奇峰镇牺牲，时任中国人民解放军战士。

舒启德，男，汉族，1940年2月生，芒场拉者人，1959年3月入伍，1964年8月8日于湖南省资兴县陵江牺牲，时任中国人民解放军某部一分队副班长。

潘明帮（邦），男，瑶族，1939年生，八圩瑶寨人，1961年参加工作，1965年为铁路抢险于瑶寨村牺牲，时任瑶寨村小学教师，1965年被追认为烈士。

崔风（凤）歧，男，汉族，1928年7月生，辽宁省本溪市人，1948年9月参加工作，1966年9月26日于大厂扑灭林火灾中牺牲，时任大厂矿务局工程队队长，1966年被追认为烈士。

莫祥云，男，汉族，1935年8月生，江西省大余县人，1954年参加工作，1968年1月26日于大厂牺牲，时任广西冶金勘探公司二一五勘探队机长。

班荣才，男，汉族，1945年4月生，罗富央哨人，1964年3月入伍，1971年7月21日于四川省达县牺牲，时任中国人民解放军某部副班长。

韦洪，男，汉族，1955年生，平南县寺面公社六合大队庙边人，家迁居南丹，1975年入伍，1976年10月26日于河南省内乡县战备施工中牺牲，时任中国人民解放军战士。

罗玉堂，又名罗老水，男，壮族，1949年12月生，巴定罗里人，1969年1月入伍，1979年2月17日于对越边境自卫反击作战前线牺牲，时任中国人民解放军某部排长，追记三等功一次。

莫汉飞，男，壮族，1960年生，龙腊拉当人，1979年1月入伍，1979年2月17日于对越边境自卫反击作战前线牺牲，时任中国人民解放军战士，追记一等功一次。

莫忠敏，男，壮族，1959年1月生，月里化良人，1979年1月入伍，1979年2月22日于对越边境自卫反击作战前线牺牲，时任中国人民解放军五三五七一部队战士，追记三等功一次。

陈远堂，男，汉族，1957年生，芒场拉麻人，1979年1月入伍，1979年3月1日于对越边境自卫反击作战前线牺牲，时任中国人民解放军战士，追记三等功一次。

覃景祥，男，壮族，1958年生，里湖纪后人，1979年1月入伍，1979年3月8日于对越边境自卫反击作战前线牺牲，时任中国人民解放军战士，追记三等功一次。

黎敬能，男，壮族，1958年生，芒场者麻人，1979年1月入伍，1979年3月11日于对越边境自卫反击作战前线牺牲，时任中国人民解放军战士，追记三等功一次。

黄海堂，男，壮族，1959年12月生，车河八步人，1978年3月入伍，1979年3月于对越边境自卫反击作战前线牺牲，时任中国人民解放军战士，追记三等功一次。

关坤邦，男，汉族，1959年生，小场大平人，1978年12月27日入伍，1979年12月于对越边境自卫反击作战前线牺牲，时任中国人民解放军战士，追记三等功一次。

宋后凡，男，汉族，1959年生，大厂龙更人，1979年3月入伍，1981年7月13日于凭祥法卡山牺牲，时任中国人民解放军战士，追记三等功一次。

罗庭元，男，壮族，1934年生，南丹县城人，1956年参加工作，1988年12月在救火时牺牲，时任金城江石油分公司汽车队焊工。

凌荣康，男，1962年3月生，南丹县城人，1979年入伍，1989年8月于对越边境自卫反击作战牺牲，时任中国人民解放军某部八十五分队指导员。

韦意亮，男，壮族，1976年10月生，都安瑶族自治县板岭乡弄六村人，2000年7月参加工作，2001年10月2日在南丹维护社会治安秩序和保护人民群众生命财产安全时牺牲，时任南丹县公安局城关镇派出所民警。2002年9月24日，民政部追授韦意亮同志为革命烈士。

韦安伟，男，瑶族，1994年7月生，天峨县八腊瑶族乡甘洞村大湾屯人，2012年12月入伍，2020年4月12日在扑救南丹农贸市场火灾时牺牲，时任天峨县公安消防大队消防员、三班班长。2020年4月13日，广西壮族自治区人民政府评定韦安伟同志为烈士。

大事记

1922年

9月底　右江革命根据地农民运动领袖韦拔群到那地土州组织当地进步青年何绍祥、陆老昌、朱哲三、余长英、邓洪英等在张泽甫家召开秘密会议，宣传发动农民革命运动。

10月之后　韦拔群派陈友三、陈恩深、廖源芳等先后到那地开展革命活动。

1923年

春　韦拔群派遣牙苏民和邓洪英到那地土州邑暮哨组织发动农民革命运动。

6月28日　邑暮临时农民自卫队在都楼乡秘密成立，共28名队员参加，由韦国英、韦明峰两人领导，归东兰县第三路农军指挥。该自卫队成为南丹县第一支农民武装组织。

1925年

4月　在韦拔群的领导下，韦国英加紧在邑暮筹建农会组织。

1926年

2月　受韦拔群委派，韦国英担任南丹农民运动特派员，在那地发起农民革命运动。

11月　岜暮区农民协会成立，韦国英任会长。

1927年

3月　韦拔群派东兰县农军第三大队大队长陈友三、政委陈洪涛率30多名农军会合韦国英岜暮农军进入那地，攻打罗炳、罗松、陆丹桂等民团武装。

6月　韦拔群委派韦国英在原那地州土司辖境筹建农民协会，要求把那地农民协会建设成为中国共产党领导下的强大农民群众组织。

7月下旬　按韦拔群命令，邓鹏、牙美元、韦国英、陈恩深率领东兰、岜暮农军成功突袭吾隘团防局，并打开粮仓救济贫苦群众。

8月17日　韦拔群委派邓鹏、牙美元、韦国英到那地组织暴动，因条件不成熟未能举行，但吸收了蓝志仁、储文良等一批进步青年参加农军，并在那地、独田、塘谋等地开展游击斗争。

秋　黄翰庭担任南丹县农民协会筹备处委员。

1928年

2月　扬州一带群众推举扬州村唐定邦、蓝志仁等人为代表，参加清算吾隘团防局罗炳、罗松使用群众捐献的建校款问题。

11月　那地县临时革命委员会成立。

1929年

10月　蓝志仁、韦景年、陈友三率都安、河池、东兰农军30多人一道占驻吾隘，开展革命活动，筹备建立苏维埃政权。

11月中旬　韦国英被批准吸收为中国共产党预备党员，由此成为南丹籍第一位共产党员。

11月　南丹第一个党小组——岜暮党小组在岜暮区板花村板桂屯成立。

1930年

1月至2月 右江工农民主政府决定将南丹县芭暮区和河池县那地区合并设立那地县，那地临时革命委员会更名为那地县工农民主政府。

4月 蓝志仁到东兰学习期间，经韦国英推荐、张雍和介绍加入中国共产党。

5月 邓小平从东兰县出发经南丹县往河池。

5月 那地县工农民主政府更名为那地县苏维埃政府。

8月初 南丹县第一个基层党组织——中共芭暮支部委员会在芭暮区隆安乡桐岭屯的者昌山林成立。

1931年

8月 红七军第二十一师编为中国工农红军独立第三师（即右江独立师），原第四游击大队编入芭暮独立营。

夏秋 那地县苏维埃政府与武装人员转移至芭暮区一带坚持斗争。

1932年

12月下旬 南丹保卫苏维埃政权的反“围剿”斗争失败，革命斗争走向低潮。

1933年

1月 韦国英、牙永平等从贵州册亨、板陈一带潜回芭暮区，隐蔽在大糟山洞脚。

2月初（春节刚过） 韦国英、牙永平率红六十三团余部100多人到凌云县乐业区西马、幼朗（今属乐业县）一带活动。

5月 红军黔桂省边独立营成立，韦国英任副营长。

1934年

初夏 黄举平把黔桂边区工作交由韦国英负责。

秋 原红军右江独立师都邑瑶族独立营营长韦汉超和覃桂芬、谭国联潜伏河池、南丹边界长老地区活动。

1935年

9月　中共思果中心县委书记陆浩仁在原红军排长谭培芬的带领下到达丹池边，在南丹拉索与韦汉超取得联系，指示派人（覃桂芬）前往东兰县西山与党组织联系，在中共东兰县委领导下开展丹池边的革命斗争，其他同志则继续进行发动群众、联络同志的工作。

1936年

6月　中共丹池支部在拉索成立。

7月　中共拉索支部、大厂支部（又称南丹支部）相继成立。

9月　中共翁昂（现属贵州省荔波县）支部成立。

1937年

8月　卢沟桥事变后，南丹社会各界一致拥护政府抗战和国共两党合作抗日，全县迅速抗战动员，南丹人民有钱出钱、有力出力、捐款捐物，踊跃出征支援抗日前线。

9月中旬　丹池边革命委员会在南丹拉索成立。

9月　中共长老（现属河池）支部在长老六角村肯社屯成立。

12月　中共丹池支部改为中共丹池特支。

1938年

2月　谭国联在南丹大平屯进行革命活动时不幸被捕，同年4月英勇就义。

1939年

春　中共南丹地方组织和丹池边革命委员会解体，活动终止。

春　在国共两党抗日民族统一战线的指导下，南丹各城乡的救国同盟组织相继成立，广泛开展各种形式的抗日宣传活动。

夏　南丹籍共产党员张浩如受中共柳州地下组织委派，以探亲名义回到南丹，在城厢、芒场等公路沿线圩镇秘密开展抗日宣传活动，团结学校进步教师对学生进行爱国主义教育。

1944年

秋 南丹所有机关、学校、团体及全体民众紧急疏散，执行空室清野，组织上山打游击，保卫家乡。

11月 中共河池特委书记罗恒新受上级党组织派遣，到丹池边界宝藏村开展抗日斗争活动，同时建立人民武装。

11月28日 南丹核心阵地打锡坳、大土坪被日本侵略军攻破，南丹县城沦陷。

12月16日 南丹县境光复。

1947年

夏 韦钊等联络学生在八圩掀起反饥饿、反内战、反迫害的学潮运动。

1948年

1月 南丹宝藏地区召开成立游击小组大会。

8月24日 罗恩荣、梁丰、蓝展昌、宁云才在凡里村拉岜田秘密召开中坚骨干分子会议，宣布成立“长老游击大队那地联络组”。

1949年

12月25日 解放军第四野战军第十三兵团第三十八军一一二师三三五团第一营挺进南丹，队部设于小场。

12月27日 莫树杰几经权衡、反复审时度势，终于作出接受和平改编的决定。

1950年

1月14日 人民解放军第三十八军与国民党桂西军政区关于《和平改编决议案》签字仪式在河池县城举行。李际泰、黄翰庭分别代表双方在《和平改编决议案》上签字，并宣布协议即日起生效。

1月19日 南丹县人民政府成立。

1月　中国共产党南丹县委员会成立。

春夏之交　中共南丹县委根据中央人民政府《惩治反革命条例》和广西省委《关于剿匪工作的指示》精神，把剿匪工作列为最紧迫的政治任务、摆在一切工作的首位。

11月29日　南丹县首届各界人民代表大会在县城召开，到会代表124人。

1951年

2月　南丹县人民政府在县城召开清匪反霸万人动员大会。

2月　原属南丹县的翁昂乡划归贵州省荔波县管辖。

3月　南丹县大队主力二连全体指战员奔赴抗美援朝前线。

至12月　全县共消灭土匪8539人，基本肃清南丹的匪患。

是年　县委、县政府决定恢复全县小学64所，开办了2所少数民族学校。

1952年

6月　南丹县开始进行对农业、手工业和私营工商业的社会主义改造。

8月5日　南丹县在全县进行第一批土地改革运动。

11月24日　县委组织部进行党员统计，全县有支部7个，其中县直机关2个、一至五区各1个，党员120人。

12月20日　县委、县政府联合发出关于全县要抓紧搞好爱国卫生运动的号召。

1953年

4月　中共南丹县委纪律检查委员会成立。

5月　全县开启农业合作化运动。

6月21日　云榜乡划归天峨县。

6月30日　全县第一次人口普查工作圆满完成。普查结果显示：全县共有住户22707户，总人口99046人，其中女性48279人。

是年　枫木乡划归河池县。

是年 第二批土地改革结束，全县有互助组468个，入组农户721户。

1954年

1月28日 大瑶寨瑶族自治区人民政府成立。

5月 全县土地改革全部结束。

6月30日至7月4日 南丹县第一届人民代表大会第一次会议在县城召开，到会代表142人。

9月16日 南丹县人民政府发出通告，将大瑶寨瑶族自治区栏关乡改称瑶寨乡。

10月 南丹县吾隘、独田、古兰3个乡暴发疟疾，发病766人，占3乡人口总数的17.5%。县政府派出医疗队，经过16天的积极防治，疫情得到了控制。

是年 冶金部215地质队进入县境，在168平方公里的大厂矿田中用各种比例尺进行地质填图，并在大厂长坡找到3条矿脉。

1955年

3月1日 新版人民币开始在本县流通。新版人民币1元折合旧版人民币1万元。

3月 南丹县国营山口林场建立，场部位于县城西部7公里处。建场时规划林地40多万亩，其中有林地面积1.34万亩。

6月 全县有6个区62个乡设立信用合作社，股金和存款共11.79万元。

8月 在全县范围内开展肃反运动。

10月7日至10日 南丹县第一届人民代表大会第二次会议在县城召开。会后，南丹县人民政府正式改称为南丹县人民委员会。

12月 宜山军分区机关和各县兵役局现役军人举行授衔仪式。

是年 全县农业生产初级合作社发展到416个，入社农户9561户。

1956年

2月下旬 南丹县召开和平解放后第一次县、区两级财政、税收、金融三方面工作会议。

4月14日至18日　中国共产党南丹县第一次代表大会在县城召开，出席大会代表240人，列席代表21人。

4月　全县镇压反革命运动结束。

7月1日　创办中国共产党南丹县委员会机关报《南丹县报》。

12月24日至26日　南丹县第二届人民代表大会第一次会议在县城召开。

1957年

11月2日　中共南丹县委成立整风运动领导小组。

是年　全县建立125个高级农业生产合作社，基本实现了生产资料公有制。

1958年

1月22日至25日　县委召开烈军属、复员退伍军人积极分子暨优抚模范代表大会，到会代表74人。

2月13日至15日　南丹县第三届人民代表大会在县城召开，到会代表174名，列席代表13名。

3月5日　南丹县公债委员会成立。当年全县推销经济建设公债15000多元。

7月　经国务院批准，宜山专署改为柳州专署，南丹县人民委员会隶属柳州地区专员公署。

是年　全县掀起“大跃进”、人民公社化和大炼钢铁运动。

1959年

4月29日　县人委根据区党委、地委关于整顿和建设人民公社的指示精神，将全县7个人民公社划分为10个人民公社。

5月　设立中共南丹县委书记处。

6月　制定出台《南丹县委关于整顿和建设人民公社中若干具体问题处理的意见》。

12月　六寨至月里40.5公里公路动工，于次年4月上旬竣工通车，总投资75680元，投入人工3500人。

1960年

3月3日至8日 中国共产党南丹县第二次代表大会在县城召开，出席大会正式代表280人，列席代表97人。

8月 全县下放干部227人，其中县直机关83人，公社机关144人。

10月 南丹县第一座火力发电厂由24千瓦时扩至320千瓦时，县城居民开始用电照明。

1961年

7月 县人民委员会拨款7.7万元，在八圩乡甲坪村龙爪山兴建麻风病院，建房8栋34间，面积2360平方米，床位200个，国家对入院的病人免费治疗和给予生活补助。

9月23日至28日 南丹县第四届人民代表大会第一次会议在县城召开。

11月 县委根据中央十二条紧急指示，在全县党组织中进行第二次整党。

是年 南丹县第一届贫下中农协会成立。

1962年

1月 成立两省区（贵州、广西）四县（独山、南丹、平塘、荔波）护林防火联防指挥部，各县轮流值班，每届值班3年。

9月 全县恢复车河、大瑶寨（自治区）、罗富、芒场、六寨、小场、月里7个区，撤销公社建制，保留大厂、城关两个镇。

是年 在全县农村实行农业“四固定”，确定了山权、林权，大片林属国家、公社或大队所有，小片林属生产队集体所有和队造队管队有。

1963年

2月 根据上级有关指示，撤销县委书记处（书记处第一书记改为县委书记，书记处书记改为县委副书记）。

8月27日　南丹县拉么矿改为区直企业，由大厂矿务局党委领导。

是年　全县开展第二次人口普查。

1964年

1月　县委派出社会主义教育运动工作队进驻附城公社进行“社教”试点。

3月8日至12日　中国共产党南丹县第三次代表大会在县城召开。

12月　全县开展“清政治、清经济、清组织、清思想”的“四清”运动。

是年　成立中国人民解放军南丹县中队。

1965年

3月12日　南丹县体育运动委员会成立，并配备专职体育干部2人。

5月　河池地区专员公署成立，南丹县人民委员会由原来隶属柳州地区专员公署划归河池地区专员公署。

6月1日　南丹县文联开始创刊《南丹文艺》。

11月　接龙滩水库动工，1967年5月竣工。

冬　县人民委员会投资24万元，在瑶寨兴建总容量190万立方米的瑶寨水库。

1966年

6月16日　县委“文化大革命”领导小组成立。

1967年

3月9日　南丹县“抓革命，促生产”指挥部成立。

1968年

3月27日　广西革命委员会筹备小组、广西军区正式批准成立南丹县革命委员会。

年底 全县各级各单位革命委员会或革命领导小组全部建立。

1969年

3月8日 全县农业三级干部会议召开，会期12天。

9月 甲棉电站动工。1974年10月1日一号机组安装发电；1975年二号机组安装发电。装机总容量为2×400千瓦。

10月26日 南丹县革委会印发《关于全县实行统一圩日的通告》，在全县范围内统一规定每月逢十为圩日。

是年 南丹县抽调1500名民兵，参加罗城、环江等地的三线铁路建设。

1970年

3月 全县开展“一打三反”（打击反革命，反贪污、反盗窃、反投机倒把）运动。

6月12日 县革委会作出《关于县革委会办事机构设置及人员调配的决定》，设置办事机构四组一室一校，编制105人。

6月12日 南丹县革委会作出《关于公社、镇机构设置人员调配的决定》，其中：车河公社17人，小场公社17人，罗富公社20人，芒场公社17人，六寨公社19人，月里公社17人，瑶寨公社23人，大厂镇8人，城关镇5人。

6月29日 南丹县革委会在小场公社召开三级干部会议，会期5天，共186人参会。

11月 罗富乡黄江村打牛水利引水工程动工。工程设计灌溉面积5500亩，有效灌溉面积4000亩。

1971年

1月 设计灌溉面积800亩、有效灌溉面积650亩的六寨甲棉交索水库动工，11月竣工。

2月27日至3月2日 中国共产党南丹县第四次代表大会在县城召开。

6月 装机972千瓦的拉希电站建成发电。

1972年

1月 全县"农业学大寨"四级干部大会在县城召开。

10月 巴定蛮卷水库动工。1975年3月竣工。

12月29日 南丹县三级干部会议在县城召开，参会人员1921人，会期6天。

是年 巴平水库动工。

是年 全县掀起农业学大寨热潮，开展定向爆破、挖山填沟、造田造地的群众运动。

1973年

10月30日 县委决定：撤销南丹县革命委员会办事组、政治工作组、生产指挥组、人民保卫组；成立三部，即组织部、宣传部、统战部，一委，即县计划委员会，四室，即县委办公室、农业办公室、工交办公室、财贸办公室。

10月 南丹县公检法军事管制委员会撤销。

是年 设计总库容880万立方米，有效库容800万立方米的拉希电站双层模具拱坝竣工。

1974年

5月 雅陇至拉堡全长21公里的公路通车。

7月20日 县备战小组成立。

10月8日 第二批"三分之一"工作队进驻全县7个公社35个大队。

冬 全县完成冬季征兵任务101名，其中女兵1名。

1975年

2月初 南丹县根据党的十届二中全会精神，从稳定农村、发展农业入手，开展全面整顿工作，掀起大办农业、大办工业的热潮。

7月 湖北、湖南、广东、广西、江西、浙江、安徽、江苏、福建、云南、贵州、四川共12个南方省区在县山口林场召开杉木良种协作现场会。

是年 从吉林省先后引进100头梅花鹿来饲养，建立县养鹿场。

是年 引进杂交水稻品种。

是年 历时三年修建的巴平水库竣工。该水库设计库容88万立方米，有效库容77万立方米，有效灌溉面积1400亩。

1976年

2月15日 县委印发《关于部、委、办、局合署办公的通知》（丹字〔1976〕7号），成立7个办公室：县委办公室、党群办公室、文教办公室、工交办公室、纪委办公室、财贸办公室、公安政法办公室。

10月24日 县城举行万人集会，庆祝中共中央粉碎“四人帮”反革命集团的胜利。

是年 县农科所进行水稻系列杂交制种成功。

是年 天生桥水库动工。

1977年

3月 历时半年修建的天生桥水库竣工。设计库容480万立方米，有效库容240万立方米，设计灌溉面积5388亩，有效灌溉面积2600亩。

是年 国家补助资金修建罗富乡独田村内尾水库，总库容42万立方米，灌溉面积600亩。

1978年

2月13日至18日 全县农业学大寨先进代表大会在县城召开。

3月 县招生办公室成立，主管全县招生工作。

7月15日 南丹县第一个电视差转台建成并向城区转播广西

电视台节目。

10月16日至18日 中国共产党南丹县第五次代表大会在县城召开。

1979年

2月 根据中共中央《关于地主、富农分子摘帽问题和地、富子女成分问题的决定》，县委决定由公安机关负责这项工作，至3月底共摘帽1306人，占90.7%。

2月 在对越边境自卫反击作战中，全县共有180名青年民兵应征入伍上前线，其中，有2人立二等功，有58人立三等功，7人牺牲。

5月 南丹县下发《关于开展真理标准学习和讨论活动的通知》。

6月 全县实行农业生产责任制，搞分组作业，包产到组，联产计酬。

是年 拨乱反正，全面落实党的有关各项方针政策。

1980年

1月 自治区粮食局下文决定：瑶寨中学白裤瑶学生粮油全部由国家供应。

3月 全县各大队信用社并入公社信用社，属公社集体金融组织。

8月 天津下放到南丹的医务人员，最后一批离开南丹返回天津。

12月29日 县第七届人民代表大会第一次会议在县城召开，出席代表244人。

是年 县革委会拨款1500元，在六寨修建革命烈士纪念塔。

1981年

1月4日 县第七届人民代表大会第一次会议胜利闭幕。会议讨论并通过了撤销县革命委员会、恢复县政府建制和设立县人民代表大会常务委员会等相关决议。

9月 南丹县高级中学正式建成招生。

是年 县“处遗”办公室成立，同时着手处理1950年至1978年的冤假错案。

1982年

2月4日 河池地区行政公署审议批准南丹县人民政府《关于要求给瑶寨地区免税的请示报告》，同意八圩和里湖两个公社范围内的部分大队、生产队由原来划定为二类税收照顾区调整为一类税收照顾区。

2月 全县农业生产责任制由包产到组改为包产到户。

3月 全县共有133名烈士编入自治区民政厅编印的《烈士英名录》。

7月 六寨中学高中部最后一届高中班学生毕业。至此，全县除南丹中学、瑶寨中学保留高中部外，其余各校高中部停办。

是年 县财政实行管理体制改革，推行“划分收支、分级包干”新体制。

1983年

1月 县政府抽调300多人深入农村贯彻落实林业三定（确定山权林权、划定自留山、确定林业生产责任制），在全县8个公社124个大队2232个生产队发放责任山和自留山证书。

2月 南丹县第一个大型国有园艺场——麻阳园艺场在原麻阳汞矿旧址开园建场。

3月1日 县政府公布了全县第一批7个重点文物保护单位：那地土司衙门遗址、那地县苏维埃政府遗址、扬州水岩洞、莲花山古城遗址、南丹县革命烈士陵园、塘丁古生物化石遗址、南丹县铜江公园。

是年 县乡两级工作组对677个贫困户进行跟踪扶贫。

是年 山口林场杉木优质树在全区国有林场中按比例数计算占第一位。

1984年

6月 全县10个公社管委会改为乡（镇）人民政府，公社党委也改为乡（镇）党委。

10月 增设吾隘、巴定和中堡乡，全县共有13个乡镇。

11月17日 政协南丹县第一届委员会第一次全体会议在县城正式开幕。

年底 各大队革命委员会改为村民委员会。

是年 全县“文革”处遗工作基本结束。

1985年

1月1日 中共中堡苗族乡委员会、乡人民政府正式成立。

5月5日至8日 中国共产党南丹县第六次代表大会在县城召开。

6月 占地68.17亩的城关农贸市场动工，总投资为382.42万元。

6月 历时15年修建的罗富乡打牛水利引水工程全面竣工。

12月31日 南丹县首届民间文体大会在县城举行。

是年 县委、县政府投入资金50万元，先后修建人畜饮水工程280余处，共计解决了2.07万人和1.35万头牲畜的日常饮用水问题，使瑶寨、八圩、里湖、中堡等地的缺水突出问题得到缓解。

1986年

1月21日 扬州、那地革命纪念塔竣工，并被列为县级爱国主义教育基地。

6月27日 南丹县农村信用合作联社成立。

9月26日 县政府决定，在城关镇卫生院的基础上组建南丹县中医院。

是年 “南丹型泥盆纪地层”被中国科学院南京地质古生物研究所鉴定命名。

1987年

1月21日 城关新贸易市场举行落成典礼大会，正式交付使用。

6月11日 县政府作出《南丹县人民政府关于对引进科技人

员实行待遇从优的通知》，大力引进人才。

7月 县委、县政府制定《关于贯彻执行计划生育的十条规定》。

是年 利用“以工代赈”资金230.44万元修建的总长49.56公里的月里至中堡、吾隘至那地公路建成通车。

是年 南丹县被自治区列为优质烟叶基地县。

1988年

1月 国务院授予南丹县人民政府“全国民族团结进步先进集体”称号。

4月24日 南丹县被评为“全国民族团结先进县”。

10月23日至25日 中国共产党南丹县第七次代表大会在县城召开。

12月 装机9600千瓦、投资2360万元的同贡电站动工。1989年11月27日召开竣工典礼。1991年1月10日发电。

12月 投资472万元的拉希电站新坝开工。

1989年

3月10日 南丹县旧机场土地（今新城区）移交给南丹县人民政府。

8月27日 投资1047万元的乡镇企业“南丹化肥厂”建成投产，主产钙镁磷肥。

12月24日 占地6628平方米，总投资191万元的南丹县新农贸市场动工，1990年12月12日竣工并交付使用。

1990年

1月10日 县政府作出《关于发展林业力争12年绿化南丹县的决定》，目标是从1989年起到本世纪末，全县森林面积由原来的121.73万亩增加到本世纪末的225.73万亩。

12月25日 县人大、政协办公楼动工，占地面积1600平方米，总投资100万元。

是年 那地“板鞋舞”参加第十一届亚运会表演，并到中南海作专场表演，在中央电视台《综艺大观》节目播出后，赢得社会各界的好评。

1991年

1月2日 同贡电站举行盛大的发电典礼，同时并入国家电网运行。

2月4日 国务院确定南丹县为全国第二批建设农村初级电气化试点县。

8月10日 自治区党委、自治区人民政府决定对1989年基本解决群众温饱问题的13个县（市）予以通报表彰，南丹县名列其中。

10月27日至29日 中国共产党南丹县第八次代表大会在县城召开。

是年 文化部授予南丹县吾隘乡那地村文化站为“全国先进文化站”。

1992年

2月15日 南丹县实行粮食购销同价。

6月10日 《南丹县利用引进外资技术若干规定》政策正式出台。

11月20日 南丹县第一家中外合资企业“八兴锑业有限公司”举行开业庆典。

1993年

8月13日至28日 由县政府主办的《南丹乡情展》在北京文化馆展出，展品有实物108件，照片130幅，共接待观众6000多人次。

11月19日至22日 中国共产党南丹县第九次代表大会在县城召开。

12月28日 南丹县城有线电视网络开通，无线电视节目不再播出。

是年 南丹龙泉矿冶总厂被授予“全国最佳经济效益乡镇企业”

和“全国出口创汇先进乡镇企业”。

1994年

9月28日 中堡苗族乡举行通电仪式。至此，全县13个乡镇全部通电。

11月9日 南丹县第一部儿童发展规划——《南丹县儿童发展“八五”计划、十年规划》颁布实施。

12月28日 南丹县达到国家规定的初级电气化六项标准，提前1年实现“农村初级电气化达标县”目标。

1995年

1月 南丹防灾减灾气象预警系统建立，实现自治区、地区、县三级联网。

2月17日 撤县建市领导小组办公室成立。

4月上旬 里湖仁广陨石在广西自然博物馆首次公开展出。

7月1日 南丹县“大哥大”移动通信电话开通。

1996年

2月 国家计委、水利部授予南丹县“初级农村电气化县”称号。

4月1日 县人民武装部由地方建制收归军队建制，执行部队和地方党委双重领导。

8月13日 投资110万元、建筑面积1554平方米的城关敬老院（位于县城南）建成使用。

12月 南丹县首次引进水稻抛秧栽培技术。

是年 南丹县被自治区人民政府授予“财政自给先进县”称号。

1997年

1月1日 县委号召全县党员开展以“双学双争奔小康”的主题活动，并确定车河、小场两个镇为示范镇、村试点单位。

10月21日 全县推行和参照试行国家公务员制度工作全面启动。

11月16日　自治区政协在南丹举行“莫树杰先生诞辰100周年”座谈会，有关领导和莫树杰亲属等100多人出席。

11月28日　由国家投资2.5亿元、全长60公里的南丹至天峨二级水泥硬化扶贫路在南丹城西龙王坡脚举行开工典礼。

是年　全县农村茅草房改造工作启动。

1998年

2月28日　县人民医院副主任医师赵小媛在自治区第九届人民代表大会第一次会议上当选为第九届全国人民代表大会代表。

5月6日　由南丹县人民政府投资873.01万元兴修的总容量为7.82万立方米的9394个家庭水柜全部建成使用，累计解决5万余人的日常饮用水问题。

5月28日　小场等10个乡镇拉开“村村通公路”大会战序幕。

10月23日至24日　中国共产党南丹县第十次代表大会在县城召开。

12月24日　塘仙水利大坝定向爆破筑坝起爆（炸药用量992吨），总抛方量为110万~155万立方米。

12月25日　全县完成农村茅草房改造3218户。

1999年

8月30日　全县143个行政村全部开通广播电视，电视综合覆盖率达85%。

9月19日　全县143个行政村全部通电，用电户达6.06万户，占全县总户数的96.5%。

11月22日　全县143个行政村实现村村通公路。

12月23日　全县累计建成地头水柜4152个，总容量为19.5万立方米，完成上级下达任务的102.5%。

2000年

1月5日至6日　南丹县举行庆祝那地苏维埃政府成立七十周年纪念活动。

7月20日 南丹县被国务院发展研究中心农村发展研究部、农业部和中国农学会联合命名为“中国瑶山鸡之乡”和“中国长角辣椒之乡”。

10月15日 总投资429万元的八圩瑶族乡拉汉山引水工程竣工，解决了八圩片区5000多人的饮用水问题。

11月下旬 投资1700万元用于县城区2700米铜江河治理工程正式启动。

12月30日 塘仙电站装机容量为1×4600千瓦的二号机组成功发电。

2001年

1月1日 县直各单位开始推行财政统一发放工资制度。

1月18日 由恒源有限责任公司捐资1000万元兴建的南丹县体育馆奠基仪式在县体育运动中心举行。该馆占地7700平方米，建筑面积8800平方米，馆内可容纳观众4000名，是县体育运动中心的第二大工程项目。

3月30日 县城火幕水库供水工程可行性研究报告通过上级评审。该供水工程静态总投资2025.11万元，动态总投资2118.63万元。

4月28日 在广州举办的2001国际（广东）食品博览会上，南丹县组团参评的地方土特产“瑶乡牌”板栗荣获金奖。

8月30日 南丹县首次获自治区“双拥模范城（县）”称号。

2002年

2月22日 南丹县荣获“全国科技先进县”称号。

6月27日 县文化广场奠基仪式举行。

8月8日 县城市汽车公司20辆捷达牌出租的士首次在丹城营运。

10月8日至10日 中国共产党南丹县第十一次代表大会在县城召开。

10月31日 河池市第四届铜鼓山歌艺术节在县体育场隆重开幕。

2003年

1月　南丹发现明万历三十五年（公元1607年）抄录的南丹莫氏族谱，共18页。

2月8日　县文物管理所工作人员在芒场镇拉者村考察发现一批明代古墓群，古墓碑上记载的文字，对研究南丹历史具有实质意义。

4月11日　南丹古树名木普查项目通过市级专家鉴定：全县共有古树名木73株。经筛选后，报自治区存档32株，其中国家一级古树8株，二级4株，三级19株，名木1株。

9月15日　巴定乡帮里村73岁老人莫继雄献出珍藏多年的南丹州印。据考证，该印鉴用于1647年以后南丹州文告，属国家珍贵文物。

12月3日　南丹县白裤瑶生态博物馆在里湖乡怀里村举行奠基典礼。该馆为广西第一个生态博物馆，中国第一个瑶族博物馆。

2004年

2月19日　南丹县首届白裤瑶民俗文化节隆重举行。

9月9日　南丹县第二高中（现职业中学）挂牌成立。

9月22日　广西南丹至贵州荔波（贵江）四级柏油路建设工程开工。该公路总长43公里，总投资2515万元。

2005年

5月10日　装机容量2.55万千瓦、总投资1.39亿元的新纳力水电站开工建设。

5月　国务院授予里湖瑶族乡政府“全国民族团结进步模范集体”。

5月　自治区党委、政府授予南丹县“2004年度县域经济发展进步县”。

6月26日　南丹县通过自治区级电气化建设达标验收。

10月　南丹县获得“全国文化先进县”荣誉称号。

12月　自治区政协原副主席莫树杰的亲属将一枚由中共中央、国务院、中央军委颁发给莫树杰的抗日战争胜利60周年纪念章送给县文物管理所收藏。

2006年

2月28日 南丹县村村通广播电视工程通过自治区复检验收。

7月25日 南丹县老年人活动中心建成使用。该中心占地面积7700平方米，建筑面积3900多平方米，总投资近700万元。

8月12日至14日 中国共产党南丹县第十二次代表大会在县城召开。

9月28日 六寨至月里三级水泥路开工仪式在六寨镇壮里村举行。公路投资4200万元，全长51公里，沿线受益群众2万多人。

2007年

3月2日 城区火幕水库供水工程引水隧道工程全线贯通。

4月26日 南丹县新型农村合作医疗管理系统正式投入使用，参保农民看病可以刷卡报销。

4月 自治区党委、政府授予南丹县“2006年度广西经济发展十佳县”。

12月 南丹县被列为第三批“全国科普示范县”。

2008年

5月13日 南丹县2006—2007年珠江治理项目通过水利部珠江水利委员会及自治区水利厅组织的验收。

7月3日 南丹向东兰县捐赠30多万元用于修建韦拔群革命烈士纪念馆。

9月16日 由北京有色金属研究总院副院长熊柏青、中国工程院院士张国成组成的北京有色金属研究总院专家组一行10人到南丹考察调研。

是年 芒场镇巴平村荣获“全国文明村”称号。

2009年

1月16日 县人民医院举行新住院楼落成庆典暨与广西医科

大学第一附属医院结成协作医院揭牌仪式。

6月10日 黔桂两省（南丹至荔波）县际行政区域界限完成联检。

7月8日 南丹县城镇居民基本医疗保险全面启动，标志着城镇居民可以参加基本医疗保险。

8月14日 南丹县首个民营企业党委在广西堂汉锌铟公司成立。

8月18日 县城风貌建设大会战正式启动。

9月25日 农村危房改造工程全面启动。

12月13日 首届中国南丹白裤瑶民俗文化旅游节开幕。

2010年

1月6日 南丹县首个屯级党支部在芒场镇巴平村下街屯挂牌成立。

4月16日 广西大石山区人畜饮水工程建设大会战南丹项目（农村饮水工程1136处，新打水井20个，新建和维修山塘、塘坝65个，新建和维修地头水柜3500个，总投资1.28亿元）在六寨镇壮里村拉骂屯启动。

6月10日 由国家投资300万元兴建的里湖瑶族乡大石山区人畜饮水工程（家庭水柜571个、集中供水工程13处）全面开工建设。

10月14日 中国流动眼科手术车“复明18号”开进南丹县人民医院，为南丹县200名贫困白内障患者实施复明手术。

2011年

1月7日 华锡集团铜坑矿等6家企业共同投资416万元实施的金属矿区地震监测台网建设项目正式通过验收。

7月7日至9日 中国共产党南丹县第十三次代表大会在县城召开。

8月4日至5日 全区城乡风貌改造三期工程暨特色名镇名村建设中期工作推进会在南丹召开。

10月 吾隘镇拉潭二级水电站开工仪式在吾隘镇拉潭河工地举行。该电站装机容量为1600千瓦，预算总投资为1683万元。

12月30日 县第一小学隆重举行建校100周年庆典活动。

是年 大厂镇财政收入首破5亿元大关，达5.19亿元，成为全县财政收入第一大镇。

2012年

4月11日 南丹县召开创建“广西园林城市”动员大会。

4月23日 九龙水泥粉磨有限公司年产60万吨水泥粉磨站易地搬迁技改项目开工。

6月6日 全县2012年通村水泥路建设项目全面启动。

12月20日至21日 南丹县召开土司文化研讨会。

2013年

3月 东谋集团投资1亿元重新打造里湖甘河旅游景区，并把景区命名为歌娅思谷。

4月16日 县特警大队正式揭牌成立，成为全市首支县级特警大队。

9月12日 南丹县召开《左右江革命老区振兴规划》启动会。

是年 广西丹泉实业集团投资600万元，对八圩火车站两旁村民的3000多亩土地实施小块改大块连片整治，作为丹泉酒的生态原料——红高粱生产基地。

2014年

3月3日至4日 南丹县5000亩猕猴桃种植示范工程项目入围2014年广西“十百千”产业化扶贫示范工程项目。

8月12日 南丹县成功申报中央财政小型农田水利重点县。

9月12日 全县农村土地承包经营权确权登记颁证试点工作在芒场镇启动。

10月16日 河池市“千企助百村”行动在八圩瑶族乡八圩社区甲坪屯启动。

2015年

4月1日至2日 广西村镇建设工作会议在南丹县召开。

4月9日 全县养老保险人员资格认证启用人脸识别技术。

6月26日 首部反映南丹土司历史文化的书籍——《南丹土司史》在县图书馆举行发布会。

10月16日 全县精准扶贫攻坚动员大会暨贫困村党组织第一书记培训会召开。

12月3日 南丹里湖至贵州荔波的二级公路正式开工，总投资4.05亿元。

2016年

1月12日 丹泉洞天酒海文化旅游景区通过国家4A级验收。

2月28日 全县脱贫攻坚精准帮扶动员大会召开。

3月8日 南丹县脱贫攻坚指挥部举行揭牌仪式，并召开第一次工作会议。

7月11日至13日 中国共产党南丹县第十四次代表大会在县城召开。

8月26日 南丹县第十六届人民代表大会第一次会议举行首次宪法宣誓仪式。

是年 南丹筹措资金3000多万元，用于实施生态乡村建设。

2017年

2月28日 县委、县政府召开“千家瑶寨·万户瑶乡”易地扶贫搬迁旅游开发项目工作会议，采取由县政府“统一选址、统一设计、统一建设”的方式，在里湖王尚、里湖岜地、八圩瑶寨、八圩社区等4个集中安置点搬迁安置3000户共1.5万人。

4月7日 南丹县召开2017年脱贫攻坚誓师大会。

4月28日 全县首家贫困村集体经济合作社——城关镇四山村村民合作社挂牌成立。

5月18日 灰罗片区古矿冶遗存、玉龙百丈瀑布、囤山土司遗址、巴平、六寨合掌山在徐霞客科考历程中具有重要价值和纪念意义，被确认为徐霞客游线标志地。

6月 吾隘镇古兰村，罗富镇塘丁村，芒场镇巴平村、拉者村，里湖乡里湖社区5个村（社区）同时入选全国第一批绿色村庄。

10月27日 南丹县被住房城乡建设部命名为“国家园林县城”。

12月8日 南丹县被文化部非物质文化遗产司列为2018年度非遗保护观察点。

12月21日至22日 黔桂两省（区）六州（市）二十四县（市）消除疟疾联防第33届年会在南丹召开。

是年 南丹县全年财政收入突破10亿元大关，达10.04亿元。

2018年

4月8日 自治区人民政府批复同意南丹县2017年脱贫摘帽，退出自治区扶贫开发工作重点县。

5月30日 县国家气象观测站被中国气象局认定为中国百年气象站。

7月20日 国家税务总局南丹县税务局挂牌成立，原南丹县国家税务局、地方税务局正式合并。

9月18日至19日 滇黔桂三省（区）“两江一河”（南盘江、北盘江、红水河）二十一县市政协联席第32次会议在南丹召开。

11月5日 南丹县举行新能源汽车充电桩试点使用启动仪式，首批投入20万元建成2个充电站12个充电桩。

12月25日 广西第二届米香型白酒发展高峰论坛在南丹举行。

2019年

1月7日 全县2019年扫黑除恶专项斗争大会召开。

1月23日 南丹县与广西国土资源环保科技股份有限公司签约，就环境综合治理项目开展合作。

1月 南丹县南国之丹生态农林产业星创天地入选第三批国家

级星创天地名单。

5月5日 南丹县与中国华能集团开发风电项目协议书正式签订。

7月7日 广西丹泉酒业与中国食品发酵工业研究院举行合作签约仪式。

11月27日 南丹县被农业农村部命名为“第二批国家农产品质量安全县”。

12月2日 第二十届河池铜鼓山歌艺术节开幕式文艺晚会“神韵河池·奇美南丹”在南丹举行。

12月24日 芒场镇巴平村获农业农村部、中宣部、民政部、司法部评定为“全国乡村治理示范村”。

是年 由中国南方电网有限责任公司超高压输电公司投资的乌东德电站送电广东广西特高压多端直流示范工程，在南丹县落地、开工实施。南丹县项目段线路总长38千米，投资额达2.16亿元。

2020年

2月13日 南丹县在县人民医院举行“方舱病区”竣工仪式。

4月18日 南丹县获自治区命名为“广西民营经济示范县”。

5月22日 以“好山好水好粮酿好酒、酱香浓香米香桂酒香”为主题的全区振兴桂酒产业发展大会在南丹召开。

6月4日 南丹县在全区油茶“双千”计划推进工作会上作典型发言。

6月29日 全长7.56千米、总投资2.95亿元的瑶山至南丹公路二期工程项目开工仪式举行。

11月21日至22日 大瑶山与世界对话——2020年民族地区脱贫攻坚经验交流峰会在广西南丹县和贵州荔波县举行。

12月29日 纪念南丹县人民代表大会设立常务委员会40周年座谈会召开。

附录 革命遗址

革命遗址是南丹悠久历史和厚重文化的一部分，蕴含着中国共产党自强不息、艰苦拼搏的革命奋斗精神，是中国共产党领导南丹人民进行革命斗争的真实历史见证，是革命先烈留给南丹世世代代的宝贵文化遗产。现南丹境内共有邓小平留宿地、那地县苏维埃政府旧址、南丹革命烈士纪念塔等遗址19处，遍布全县7个乡镇。

邓小平留宿地

邓小平留宿地位于吾隘镇那地村塘下屯，距离南丹县城52公里，建筑面积180平方米，坐东北向西南，面宽15

邓小平途经那地下榻处（河池革命纪念馆供图）

米，进深12米，原是青砖墙，木结构，大门口用石麻条砌石梯为步道，原为那地土司家属住所。后东、西、南面坍塌，北面砖墙还保存得比较完整。东、西、南面墙坍塌后，户主重新建房，屋顶盖瓦。2009年得到危房改造资金扶持，户主将旧房拆除，建成钢筋水泥房，现在只有从照片上才能看到原房旧貌。

那地县苏维埃政府旧址

那地县苏维埃政府旧址位于吾隘镇那地村那地屯（老街），距离南丹县城52公里。那地县工农民主政府成立时的办公驻地占地面积540平方米，原有6个大开间门面，中有天井，后有厢房，是一座可容纳上百人在内食宿的大院落，青砖瓦面结构。1930年5月，那地县工农民主政府更名为那地县苏维埃政府，办公驻地移至原那地土司衙署。1931年7月，那地县苏维埃政府解体，旧址现为那地小学所在地。

1987年拍摄的那地县苏维埃政府旧址（南丹县文物管理所供图）

扬州水岩（革命）洞

扬州水岩（革命）洞位于大厂镇扬州村南部约400米，距离南丹县城44公里。此洞口高13米、宽15米，洞深2000多米，内有宽广洞厅，宽约30米，可容纳数百人。从1930年4月至1932年9月，河池、南丹、东兰等县民团武装先后8次围攻扬州，红军、赤卫队和农会凭借水岩洞开展了长达三年的艰苦战斗，上演过可歌可泣的革命斗争故事。中华人民共和国成立后，人们为了怀念革命先辈，把水岩洞称为革命洞，1992年3月公布为县级重点文物保护单位。2020年6月，经

2020年拍摄的扬州革命洞（南丹县委宣传部供图）

县委、县政府批准，在水岩洞的壁崖上镌刻了“革命洞”三个红色大字，以告慰先烈，激励后人。

扬州古桥（邓小平拴马处）

扬州古桥（邓小平拴马处）位于大厂镇扬州村，距离南丹县城44公里。1930年5月，邓小平从东兰往河池过境南丹，途经此桥到扬州，系马于此。1996年，南丹县人民政府将扬州古桥列为县级重点文物保护单位。

2000年拍摄的邓小平途经扬州时的拴马处（南丹县文化馆供图）

丹池边革命委员会旧址

丹池边革命委员会旧址位于大厂镇官山村拉索屯半山坡上，距离南丹县城34公里，为泥墙盖瓦，一共三间，二楼可铺设木板供人居住和办公。旧址坐北朝南，长13.5米、宽8.5米、高约7米。旧址左侧朝前一面的墙上设有瞭望孔和射击孔，外墙还留有不少弹痕的痕迹。现已无人居住，房屋已破旧。

2020年拍摄的丹池边革命委员会旧址（南丹县融媒体中心供图）

南丹革命烈士纪念塔

南丹革命烈士纪念塔位于南丹县城丹东路，始建于1957年，是为纪念土地革命战争、抗日战争、解放战争时期以及新中国成立后社会主义革命和建设事业中英勇献身的南丹籍和牺牲于南丹的外籍等142名革命烈士而修建。原址位于农科所附近，后因县城扩建，1980年迁到现所在地铜江公园内。1985年12月，县委、县政府在铜江公园山坡上重新修建南丹革命烈士纪念塔，塔墓合一。2015年5月，进行修缮。2016年，南丹县拨出专款扩建县革命烈士陵园。南丹革命烈士纪念塔基地面积20平方米，墓塔坐东向西，为边长4米的正方形，墓塔高11.65米，塔西面题有“革命英雄永垂不朽”的大字，陵园总面积为2000平方米。塔西面正前方为牌坊大门，大门上写着“与日月同辉”，牌坊左联为“为国为民流

2020年拍摄的南丹革命烈士陵园（南丹县融媒体中心供图）

尽血”，右联为“一心一德献终身”。烈士纪念塔设施完好，绿树成荫，环境幽雅。

那地革命烈士纪念塔

那地革命烈士纪念塔位于吾隘镇那地村那地屯（老街），距离南丹县城52公里。1985年8月，为纪念在第二次国内革命战争中牺牲的31位那地区革命烈士和牺牲于那地的外籍革命烈士，县委、县政府拨款修建那地革命烈士纪念塔。2014年，县政府选址于那地卫生院旧址重新建设那

2020年拍摄的那地革命烈士纪念塔（南丹县融媒体中心供图）

地革命烈士纪念塔。塔高10.62米，占地面积约800平方米。纪念塔坐西北朝东南，面向黄花岭。2020年6月，县政府再次扩建，现为县内重要革命教育基地之一。

扬州革命烈士纪念塔

扬州革命烈士纪念塔位于大厂镇扬州村东北面300米的干田堡土坡上，距离南丹县城44公里。1985年8月，为纪念在第二次国内革命战争中牺牲的45位扬州区革命烈士，县委、县政府拨款修建扬州革命烈士纪念塔，塔高8米，占地面积约160平方米，塔座上铭刻着扬州革命事迹概况及烈士名单。2020年6月重建，塔高9.28米，占地面积614平方米，背景墙由“水岩洞结盟、水岩洞防守工事、拉好岩九勇士”等三幅雕塑组成。现为县内重要革命教育基地之一。

2020年拍摄的扬州革命烈士纪念塔（南丹县政协办公室供图）

巴平革命烈士纪念塔

巴平革命烈士纪念塔位于芒场镇巴平下街一座叫更山坡的半山腰，距离南丹县城32公里。纪念塔坐北朝南，纪念塔下是巴平水库，左侧是巴平下街，右侧是二级公路。纪念塔面朝巴平，眺望南丹，占地约1000平方米。巴平烈士纪念塔是塔墓合一，墓中葬有赵林常烈士遗骨，塔高10米左右。赵林常烈士牺牲后原葬于巴平小学旁，后因巴平小学扩建，

2020年拍摄的巴平革命烈士纪念塔（南丹县融媒体中心供图）

当地村民将烈士遗骨迁至烈士陵园不远处安葬。2012年，巴平村民专题向县政府报告，获得县政府拨给专款，重新修建了烈士陵园，并重建纪念塔，将赵林常烈士的遗骨迁葬于此。墓碑上刻着五角星，五角星下刻着：赵林常十位烈士千古。碑两边刻的对联是：血染江山秀，陵中英名留。

八圩革命烈士纪念塔

八圩革命烈士纪念塔位于八圩瑶族乡八圩社区一处叫百坟堡的地方，

2020年拍摄的八圩革命烈士纪念塔（南丹县融媒体中心供图）

距离南丹县城36公里。烈士纪念塔坐南朝北，面朝娘娘山。县委、县政府为纪念在剿匪时期牺牲的烈士，于2014年9月修建。纪念塔塔高约11米，占地面积约1600平方米，纪念塔碑文两边的对联是：血洒瑶山山壮丽，骨埋异地地芬芳。

车河革命烈士纪念塔

车河革命烈士纪念塔位于车河镇六孔桥往南丹方向的三岔路旁的小坡上，距离南丹县城22公里。1955年11月，解放军后勤部在执行援藏战略物资运输过程中，有两位解放军战士驾车运输军用物资途经车河金竹坳时，因路况较差，导致军车翻下山沟，两位解放军战士牺牲，因当时情况特殊，两位牺牲的战士就地掩埋。1969年5月，为纪念两位牺牲的解放军战士，烈士纪念塔建成。纪念塔高约6米，占地面积约100平方米，塔后是烈士墓。

2020年拍摄的车河革命烈士纪念塔（南丹县融媒体中心供图）

六寨革命烈士陵园·抗日纪念碑

六寨革命烈士陵园坐落在六寨中山公园西面坡脚下，陵园建有两座纪念塔，一座是革命烈士纪念塔，一座是南丹抗日纪念塔，革命烈士纪念塔无碑文，抗日纪念塔有碑文和烈士名单。烈士陵园占地约1400平方米，纪念塔坐东朝西，背靠中山公园。烈士陵园右边立有一块石碑，碑上刻有重建革命烈士陵园碑序。原有一块老碑是六寨群众在解放前为纪念抗战死难的同胞而立的，老碑位于六寨小学大门对面，上中山公园的路旁，碑高1.5米，宽0.4米左右，碑的下方立有南丹县重点文物保护单位碑，整个中山公园都列入了保护范围。

2020年拍摄的六寨革命烈士陵园·抗日纪念碑（南丹县融媒体中心供图）

参考文献

[1] 中共南丹县委党史办公室.南丹党史资料选编：第1辑［Z］. 1990.

[2] 南丹县地方志编纂委员会.南丹县志［M］. 南宁：广西人民出版社，1994.

[3] 中共南丹县委组织部，中共南丹县委党史办公室，南丹县档案局.中国共产党广西壮族自治区南丹县组织史料［M］. 南宁：广西人民出版社，1994.

[4] 中共南丹县委组织部，中共南丹县委党史研究室.中国共产党广西壮族自治区南丹县组织史料：第二卷（1987.10—1999.12）［M］. 南宁：广西人民出版社，1994.

[5] 中共南丹县委党史办公室.中国共产党南丹县历次代表大会简介：1956—2006［Z］. 2007.

[6] 中共南丹县委党史办公室.中国共产党南丹县历史：第一卷（1926—1978）［Z］. 2008.

[7] 中共南丹县委党史办公室.中国共产党广西市县历史·南丹卷（1978—2009）［M］. 南宁：广西人民出版社，2010.

[8] 河池市地方志编纂委员会.中国共产党河池历史：第一卷（1919—1949）［M］. 南宁：广西人民出版社，2010.

[9] 中共南丹县委党史办公室.红水河畔红旗飘：新民主主义革命时期南丹县革命斗争史料［Z］. 2011.

［10］当代中国研究所．中华人民共和国史稿：第一、二、三、四卷［M］．北京：人民出版社，当代中国出版社，2012.

［11］南丹县地方志编纂委员会．南丹县志：1984—2005［M］．南宁：广西人民出版社，2013.

［12］中共广西壮族自治区委员会党史研究室．中国共产党广西历史：第二卷（1949—1978）［M］．北京：中共党史出版社，2019.

［13］中国共产党简史编写组．中国共产党简史［M］．北京：人民出版社，2021.

［14］中华人民共和国简史编写组．中华人民共和国简史［M］．北京：人民出版社，2021.

［15］朱荣．百县市经济社会调查·南丹卷［M］．北京：中国大百科全书出版社，1991.

［16］余姚市革命老区开发建设促进会．余姚市革命老区发展史［M］．杭州：浙江人民出版社，2020.

［17］中共东兰县委员会，东兰县人民政府．东兰县革命老区发展史［M］．南宁：广西人民出版社，2020.

［18］廖庆堂．韦国英传［M］．北京：团结出版社，2020.

［19］绍兴市上虞区革命老区开发建设促进会．绍兴市上虞区革命老区发展史［M］．杭州：浙江人民出版社，2021.

［20］天峨县革命老区建设促进会．天峨县革命老区发展史［M］．南宁：广西人民出版社，2021.

后记

千淘万漉虽辛苦，吹尽狂沙始到金。欣逢中国共产党成立101周年和中国共产党第二十次全国代表大会胜利召开之年，历经编纂委员会成员一千五百多个日夜的辛勤付出和往复耕耘，这本沉甸甸的近三十万字的《南丹县革命老区发展史》终于付梓成书，这是一份献给南丹历史和南丹人民的珍贵礼物。

南丹是邓小平、韦拔群、张云逸等老一辈无产阶级革命家战斗过的地方，是左右江革命老区的重要组成部分，拥有丰富的红色资源。深入研究南丹红色文化、真实记录南丹革命老区发展历史、继承弘扬南丹革命老区的红色精神，既是历代革命先辈的心愿，更是我们当代人的使命和责任。

多年来，南丹老区的建设、改革、发展始终得到各级领导的关心和支持。2017年6月，中国老区建设促进会组织全国各地老促会启动编纂《全国革命老区县发展史》丛书后，南丹县委、县政府高度重视《南丹县革命老区发展史》编纂工作，并由县老促会具体承担。

2018年5月，《南丹县革命老区发展史》编纂出版工作领导小组和编纂委员会组建完成，标志着《南丹县革命老区发展史》的编纂工作正式启动。编纂小组成员由部分退休老同志及县直相关部门同志组成，实现老中青搭档配合。在此基础上，大力整合部门资源，积极发挥县人大常委会机关、县政协机关、县委党史研究室、县志办、县社科联、县档案馆等职能部门作用，经常性开展沟通联系，共同献计出力。

编纂工作纷繁浩杂。2018年12月，莫晓明工作变动，唐焰、黄克同志先后接任后，对资料搜集、完成初稿给予直接指导。2021年7月，韦礼科同志到任，对书稿直接把关定向，至2022年1月，先后组织召开4次改稿会、1次评审会。为了使本书达到“入书史料不误、重要史实不漏”的要求，2022年2月起，负责总纂的同志坚持运用正史史笔，以良好精致的史风和锲而不舍的毅力，对每一段章节和每一份资料都细心审读分析、认真查找档案、严谨考证核实、反复推敲修改，尽力避免错漏现象的发生。同时，为了保持和尊重历史本来面目，原原本本地引用档案资料，其中大部分是首次公开。杨承勇、韦礼科、梁彩艳等领导同志在党务政务相当繁忙的情况下，仍然抽出宝贵时间多次直接听取汇报，为此倾注了大量的心血。

《南丹县革命老区发展史》是在县委的正确领导下，县老促会全体同志的集体智慧和劳动成果，县委办公室、县人大常委会机关、县乡村振兴局、县山口林场等部门做了大量协调推动工作。本书在资料搜集、定大纲、初稿、再稿、修改、反复修改、行文润色过程中，得到了市老促会的精心指导和有关县（区）老促会同仁的大力帮助以及全县各级各部门的关心支持。市老促会会长王佳玉多次询问进展并不顾事务缠身给予悉心指点，秘书长黄恒泽给本书提供了不少启发性思想；天峨县老促会会长易继超，百色市右江区老促会会长庾宏清、秘书长苏祖胜、办公室主任覃志坚等同仁为编纂小组成员赴天峨县岜暮乡拉好岩革命洞、百色红七军军部旧址、百色起义纪念公园、百色起义纪念馆等地搜集资料提供了很大的帮助；县第七届人大常委会副主任黄俊，县第八届人民政府副县长、第九届人大常委会副主任张小玲，县第七、第八届政协主席和第十六届人大常委会主任覃建军，县文物管理所原所长徐金文，县委宣传部原副部长何正文以及县自然资源局原局长黎祖强等老领导、老同志，或提供南丹历史进程线索，或提出指导性修改意见，或回忆工作场景，或勘正疑问，或提供历史图片，他们虽已退休，但均将本书的编纂视如己任，全力支持、热心帮助。

在编纂过程中，县直相关部门及部分乡镇不少热心干部也为本书的编纂提供了很多宝贵的参考意见。他们是县委办公室罗实环、黄定杰，县人大常委会机关韦家涛、莫仁楼、张日文、杨立、马训康、方娜、卢昌义，县政协机关杨静、潘丹燕，县委党史研究室赵江兰、倪庆福，县志办白应志，县纪委黄硕、覃杏逢，县委组织部牙廷相，县委宣传部梁新源、韦乐、李麟，县委统战部黄爱玲、岑玉韩、杨彩元，县教育局韦克俭，县自然资源局莫宇棋、帅燕萍，县文广体旅局谭善亓、覃秋盛，县道路运输服务中心潘宝丹，县生态环境局李方，县退役军人事务局刘颖、王延生、刘延，县发改局陆冬园，县民政局吴昌飞、彭慕丹，县人民医院张娅妮，车河镇党委覃大军，城关镇政府车秋君，里湖瑶族乡政府陆朝金、韦勇，六寨镇龙马村莫庆等。在书稿终审阶段，徐金文、何正文、梁宝剑、张海智、倪庆福、白应志、王德富等参加集体修改会议，并对送审稿进行审读。

广西人民出版社对本书的出版给予了大力支持和帮助。

谨向所有重视、指导、关心本书编纂出版工作的各级领导干部，向所有为本书提供全力支持和大力帮助的单位、个人，向参加本书编纂、讨论和修改的全体同志，致以崇高的敬意、表示衷心的谢意！

诚然，尽管我们竭力虔心、集思广益，但由于时间跨度大，加之一些参与和见证南丹革命建设和改革发展历史的同志已经作古，有些早期资料寻觅无着，又限于学识水平，疏漏和欠妥之处在所难免，祈盼各位领导、同志们和广大读者不吝赐教，以备后辈再修时修正。

南丹县革命老区建设促进会

2022年7月1日